U0671924

英语民族史

新世界

［英］温斯顿·丘吉尔　著

王之光　译

浙江人民出版社

图书在版编目（CIP）数据

英语民族史.新世界／（英）温斯顿·丘吉尔著；
王之光译. — 杭州：浙江人民出版社，2023.10
书名原文：A HISTORY OF THE ENGLISH-SPEAKING
PEOPLES
ISBN 978-7-213-09993-9

Ⅰ.①英… Ⅱ.①温… ②王… Ⅲ.①世界史
Ⅳ.①K1

中国版本图书馆 CIP 数据核字（2021）第 009907 号

英语民族史　新世界
YINGYU MINZUSHI　XINSHIJIE

[英] 温斯顿·丘吉尔　著　王之光　译

出版发行：浙江人民出版社(杭州市体育场路 347 号　邮编　310006)
　　　　　市场部电话：(0571)85061682　85176516
策划编辑：潘海林
责任编辑：潘海林
营销编辑：陈雯怡　张紫懿　陈芊如
责任校对：何培玉
责任印务：幸天骄
封面设计：张庆峰
电脑制版：杭州天一图文制作有限公司
印　　刷：杭州丰源印刷有限公司
开　　本：880 毫米×1230 毫米　1/32　　　印　　张：11.375
字　　数：340 千字　　　　　　　　　　　插　　页：4
版　　次：2023 年 10 月第 1 版　　　　　印　　次：2023 年 10 月第 1 次印刷
书　　号：ISBN 978-7-213-09993-9
定　　价：78.00 元

如发现印装质量问题,影响阅读,请与市场部联系调换。
审图号:GS(2021)2228 号

编辑说明

　　由讲英语人口构成的庞大帝国的存在，深刻改变了世界的文明版图，强有力地左右着人类命运和历史的走向。在 19 世纪，英国号称"日不落帝国"，其属地与殖民地遍布全球。第二次世界大战后，美国则以其雄厚的经济、军事力量影响着世界历史的进程。自工业革命以来，两个英语国家先后称霸全球达 200 余年，这绝非偶然。诺贝尔文学奖获得者、英国历史上最负盛名的人物温斯顿·丘吉尔以其如椽大笔，以深邃的洞察力和史诗般的笔触，描述了英语民族从蛮荒走到世界超强的历史轨迹，深刻地揭示了其中奥秘。这就是史学名著《英语民族史》（共四卷）。

　　2002 年，英国广播公司（BBC）进行了一次名为"最伟大的100 名英国人"的调查，结果丘吉尔获选为"有史以来最伟大的英国人"。丘吉尔是历史上掌握英语单词数量（12 万多个）最多的人之一，又是 20 世纪重大历史事件的当事人，是书写《英语民族史》的"天选之人"。本书兼具学术性和可读性，是研究英语民族发展史的权威之作。

　　本书原版采用 Barnes & Noble 出版的版本，最具代表性。丘吉尔学识渊博，叙事妙笔生趣，用语巧妙得体，因此，译者、编者深感翻译之不易。我们力求深入理解原文，并予以清晰表达。但限于编者水平，译文仍会有错误或不妥之处，望读者不吝指正，以便再版时修改。

本书的地图系原版所有，选用是为了衬托文字的效果，以期读者对世界历史的重大局势和事件有一些具体的印象。但原书地图清晰度较低，一些图中的文字较难辨认，编者对照正文，参照权威地图册将其译出。

需要指出的是，丘吉尔本人对广大亚非拉地区存有西方式的傲慢。作者在叙述相关事件时，自然带有一定的帝国主义倾向，编者已对一些带偏见之词略作删减。我们相信读者对作者的观点自有鉴别能力。

编者

2023 年 8 月

前　言

　　本卷所涉及的两个世纪发生了诸多影响深远的事件。欧洲探险家发现美洲新大陆，许多欧洲人在此定居。在思维与信仰、诗歌与艺术领域，另有新世界向人类精神敞开大门。1485—1688 年，英语国家开始向全球扩张。他们击败了西班牙无敌舰队，建立海上霸权，美洲殖民地如雨后春笋般崛起。大西洋西岸之滨涌现出一批生机勃勃、满怀信心的社群，组成了日后的美利坚合众国。英格兰与苏格兰转而信奉新教。这两个王国在苏格兰王朝的统治之下团结一致。长期的原则分歧引发了一场空前的内战。英国在奥利弗·克伦威尔巨大的人格魅力下进行了共和制的尝试。然而，在全民族的要求下，又恢复了王政传统。本卷末，新教信仰在一位尼德兰君主的统治下得到巩固，议会阔步走向了国家最高权力，美洲蓬勃发展，英法两国间长期的世界性战争一触即发。

温斯顿·斯潘塞·丘吉尔

于肯特郡韦斯特勒姆查特韦尔庄园

1956 年 9 月 4 日

目　录

第四部　文艺复兴与宗教改革

第1章
地球是圆的

现在进入所谓的 16 世纪初，就是 1500 年开头的年代。这个说法令人困惑，但英语中必然这么说。这一时期天翻地覆，影响了整个欧洲。其中有些变革酝酿已久，只是在此刻才全面爆发。两百多年来，文艺复兴一直激荡着意大利的思想与精神，如今又在古希腊、罗马传统中满血复活，在不影响基督教信仰根基的范围内蔓延滋长。与此同时，教皇掌握了俗权，他们像其他统治者一样贪得无厌、大肆铺张，却自诩还拥有教权。通过出售使生者与死者免入炼狱的"赎罪券"，教会赚得盆满钵满。主教和红衣主教的职位可以买卖，平民的捐税重得连他们都不信教了。教会中这样那样的弊病广为人知，积怨已深，但依然我行我素，毫无改进。然而，文学、哲学、艺术却在古典文化的启发下百花齐放，求知若渴者思维得以更新开拓。这些人就是试图调和古典文化与基督教教义的人文主义者，其中首推鹿特丹的伊拉斯谟。文艺复兴思想传入英国主要就归功于他。印刷术使知识与争论通过构成中世纪欧洲的诸多宗教团体传播开来，大约自 1450 年起，印刷术成为这一日益壮大的领域的核心。从里斯本到布拉格，西方世界已拥有60所大学，在16世纪初期，这些学校主动为教育与交流开辟广阔途径，大学生活亦因此欣欣向荣、不拘小节。在中世纪，教育主要限定在培训神职人员。如今教育稳步扩展，其宗旨不只为培养牧师，也在培养世俗学者和见多识广的绅士。培养博学多才者成为文艺复兴的理想。

随着人文精神的愈加活跃，人们对自古以来的理论也提出了质疑。15世纪，人们首次将上一个千年称为中世纪。尽管中世纪的种种依然存留在心中，但人们自觉即将步入一个崭新的现代时代。这个时代的特征不啻璀璨的艺术与建筑，亦是哥白尼掀起的科学革命的开端。他确证了地球绕太阳运转，此后伽利略又在某著名场合肯定了哥白尼的说法，这一全新的观点将对人类的世界观产生深远影响。在此之前，人们一直认为地球是宇宙的中心，全宇宙均为满足人类的需求而设计。如今，崭新而广阔的视角跃然眼前。

人们汲汲于查究、辩论、追寻新的解释，从古典学术领域扩散到宗教研究领域。希腊文、拉丁文甚至希伯来文的《圣经》都要重新细究。公认的宗教信仰不可避免地受到质疑。文艺复兴孕育了宗教改革。1517年，34岁的德国牧师马丁·路德公然谴责赎罪券的买卖，在维滕贝格城堡教堂门上张贴自己的论文，辩论此事与其他事宜，并开始对教皇展开大胆而理性的讨伐。起初，只是抗议教会的行为，随后快速演变为对教会教义的挑战。在这场争斗中，路德展现了不屈不挠的信念，甘冒火刑的风险，因此流芳百世。他发动或者说推动的这场运动十年内便席卷整个欧洲大陆，他自豪地称之为宗教改革。不同国家的改革形式不一，由茨温利和加尔文为首的瑞士改革尤为如此。后者的影响力从日内瓦经由法国，扩展到尼德兰、不列颠，在不列颠的苏格兰尤甚。

路德的教义极为丰富，但他本人谨遵"因信称义"，而非"因行为称义"。这就意味着即便是良善正直的异教徒，死后亦不能保证进入天堂，唯有借着对基督启示的信念才重要。路德的指明灯是《圣经》中的话语与良知的鞭策，而非教皇的权威。他本人信奉得救预定论，亚当在伊甸园中犯罪，是全能的上帝使然，于是有了原罪。在人类存在期间，约十分之一的人能逃脱因原罪而下地狱的命运。但所有修道士、修女均有权利从婚姻中得到慰藉。路德本人就树立了榜样，40岁时与一名逃跑的修女结婚，并且婚后一直生活幸福。

*　　*　　*

欧洲所有国家都深受宗教改革的影响，德意志最甚。德意志人民在罗马的苛捐杂税下跃跃欲试，而路德的改革运动激发了他们的民族自豪感。他翻译的德文版《圣经》至今仍被视为珍宝。他还为德意志诸侯创造机会，夺取教会财产。极端主义者利用他的教条在南德意志发动了一场社会战争，丧生者成千上万。路德本人强烈反对被他煽动的民众。尽管他用最粗俗的语言激起暴民的怒火，但他们有所行动时，他会毫不犹豫地把矛头对准他们。在教义问题上他会不遗余力地对抗教皇，但对为他撑腰的受压迫群众却熟视无睹。他用"猪猡"甚至更粗鲁的字眼称呼他们，并且指责他称之为"领主"的王公贵族和富裕的统治阶级未能镇压农民起义。

异端邪说历来就有，几个世纪以来，反对罗马教会的情绪在欧洲几乎所有国家甚嚣尘上。但路德所掀起的这场教会分裂史无前例，非同小可。不论是罗马教廷的仇敌还是卫士，参与运动者都深受中世纪观念的影响。他们自视能恢复古时和早期教会的纯粹作风。但宗教改革使这个时代愈加混乱不堪，难以捉摸，人民和国家迫不得已，浑然不知地拉扯着长期以来稳定欧洲的锚。经过一段时间罗马教皇与宗教改革派的较量，新教在欧洲大陆风起云涌，各教派百家争鸣，其中又以路德教派最得人心。罗马教廷则开展了自省的天主教复兴运动，即"反宗教改革"，此外设立了宗教裁判所扩大世俗事务的处理，因此巩固了地位，从大大小小的宗教战争中全身而退。旧秩序的攻击者与捍卫者间的分裂，威胁着近代欧洲各国的稳定，并且破坏了某些国家的统一。英国和法国走出这场战争时已是伤痕累累、胆战心惊，但幸而国内依然保持统一。爱尔兰与英格兰产生了新的隔阂，英格兰与苏格兰却缔结了新联盟。德意志民族的神圣罗马帝国分解成小公国、小城邦，尼德兰解体为现在的荷兰和比利时。各个王朝受到威胁，过去的忠君誓言遭到背弃。到了16世纪中叶，加尔文教派成了新教进攻的前锋，而耶稣会成了天主教防御的盾牌和反击的利剑。又过了100年，彼此斗得精疲力竭，谁也奈何不了对方，路德掀起的这场革命才算终结。三十年战争后，中欧已是千疮百孔，1648年的《威斯特伐利亚和约》结束了这场争斗，而人们几乎已忘却最初掀起这场恶斗的出发点是什么。直到19世纪，出于互相尊重的宽容意识才在整个基督教世界盛行起来。

著名神学家兼布道者查尔斯·比尔德于19世纪80年代抛出了一些尖锐的问题：

平心而论，宗教改革是否是一场失败的运动？它打破一套枷锁，是否只为套上另一套？我们不得不承认它很快背离了自由的学术宗旨，在德意志尤为如此。它抛弃了文化，迷失于枯燥乏味的神学纷争，对苏醒的科学也未伸出欢迎之手……此后，即便是声称拥护宗教改革神学的神学家也对科学冷眼相待，并申明他们的神学观点与科学毫无干系。真不晓得宗教改革的哪个学说能应对这些事实中隐含的控告。现代最为渊博、宽容的神学家也不能完全接受梅兰希通和加尔文的学说……事实上，改革者发动反抗，想撼动中世纪基督教坚不可摧、至高无上的地位，尽管他们为真理与自由作出的贡献再高估也不会过分，但他们绝无可能解决自己挑起的难题。他们不仅缺乏必要的知识，甚至无法看清所处纷争的范围。他们的任务只是打开泄洪闸，尽管他们好意奋力制止，但从此洪流滚滚，时而摧毁古老地标，时而灌溉新生田地，但无论到哪它都带来生机与活力。观察宗教改革本身，若只从神学与教会的发展来评判，相当于宣判它的失败；若把它看作欧洲全民思想运动的一部分，展现它同即将成熟的学术和不断进步的科学有重要联系，证明它必须与自由结盟，说明它正慢慢向宽容发展，那就不仅是为其过去辩护，同时也预示它拥有未来。[1]

*　　*　　*

当文艺复兴与宗教改革的势力在欧洲逐渐增强时，世界其他地方不断向欧洲探险家、商人和传教士揭开神秘的面纱。自古希腊时代开始，就有人得出"地球是圆的"理论。现在到了16世纪，航海活动将证实这一点。故事说来话长。早在中世纪，欧洲旅行者便涉足东方了，传说在人类的发祥地有梦幻的国度和满地的金银，他们因此浮想联翩。传说中所说的是祭司王约翰国，不知位于中亚还是

地理大发现时的世界地图

哥伦布
卡伯特
达·伽马
麦哲伦

现在的阿比西尼亚间的哪个地方，后来，马可·波罗从威尼斯旅行到中国，还在游记中提到了该国真真切切发生的情况。同样，亚洲人也正向西方挺进。有时欧洲似乎会屈服于东方咄咄逼人的威胁。亚洲中心的蒙古游牧民族是异教徒，他们盘马弯弓、骁勇善战，铁蹄迅速踏遍俄国、波兰、匈牙利，并于 1241 年在布雷斯劳附近和布达佩斯附近同时痛击德意志和欧洲骑士军团，至少德意志和奥地利任其宰割。天遂人愿，窝阔台汗同年暴毙，蒙古将领们快马加鞭、千里迢迢赶回首都哈拉和林，推举继承人，至此西欧逃过一劫。

整个中世纪，基督教与异教徒①在东欧与南欧边界的战争从未停止过。边民们生活在持续的恐惧中，异教徒稳步推进，到 1453 年，君士坦丁堡被奥斯曼帝国的土耳其人攻占。这样巨大的危险冲击威胁着欧洲基督徒的财富与经济。拜占庭帝国亡了，土耳其人占领了小亚细亚，通向东方的通道被阻断了。这条通道曾滋养了地中海沿岸各城镇，为热那亚人和威尼斯人创造了财富与辉煌，但如今被阻隔了。动乱向东方蔓延开去，尽管土耳其人想继续同欧洲人做交易，以便收取通行费，但贸易和旅行越来越不安全了。

长期以来，意大利地理学家和航海家试图找寻一条通往东方的新海路，不再受异教徒的阻碍。但尽管他们经常出入东地中海、造船、航海经验丰富，却缺少远洋冒险的资本实力。葡萄牙率先发现了一条新航道。她在英国十字军的帮助下，于 12 世纪获得独立，并逐渐将摩尔人逐出本土，如今已扩张到非洲海岸。冈特的约翰之孙、航海家亨利王子发起了多个远洋事业，从里斯本开始探险。之后整个

---

① 指穆斯林。——译者注（以下页下注未特别注明的均为译者注）

15 世纪，葡萄牙航海家一直沿非洲西岸向南推进，寻找黄金和奴隶，逐步拓展已知世界的疆域，直到 1487 年巴塞洛缪·迪亚士环行至非洲大陆最南端的伟大岬角。他将其命名为"风暴角"，但赋有真知灼见的葡萄牙国王将其更名为"好望角"。美好的希望没有落空，1498 年瓦斯科·达·伽马在卡利卡特港抛锚，通往印度与远东的财富之路终于打开。

*　　*　　*

与此同时，一个名为哥伦布的热那亚人正在酝酿对世界未来影响更大的探险。他看到自己的同胞开辟出梦幻般的航线图，心有不甘，于是计划越过已知岛屿西渡大西洋，另辟通往东方的航道。他与一名曾在亨利王子手下服役的水手的女儿结婚，从他岳父的文件中得知了远洋探险。1486 年，他派兄弟巴塞洛缪去英国寻求远洋事业的支持。巴塞洛缪在法国沿海被海盗所擒，但最终抵达了英国，并且觐见新国王亨利·都铎，但为时已晚。哥伦布已经获得阿拉贡的费迪南德和卡斯蒂利亚的伊莎贝拉两位西班牙君主的联合支持，在其赞助下，他于 1492 年从安达卢西亚的帕洛斯扬帆前往未知之地。经过为期 3 个月的航行后，他在巴哈马群岛的一个岛屿着陆。他无意中所发现的并非是通往东方的新航线，而是西方的一块新大陆，不久得名为"美洲"。

大约再过百年，英国才开始发挥其潜在的海上力量，而这一时期它相对默默无闻。布里斯托尔的商人们曾试图寻找一条西北的航线，越过大西洋通往远东，但并未成功，也无人支持。伦敦和英国东部的同行则更关注同尼德兰进行贸易的丰厚收益。但亨利·都铎更愿意投资远洋事业，只要不跟西班牙发生争端就行。他资助了约翰·卡伯特出海远征，后者和哥伦布一样是热那亚人，住在布里斯托尔。1497 年，卡伯特于布雷顿角岛附近上岸。但眼前是一片不毛之地，完全不可能发展贸易，似乎也挡住了前路。再次出海时，卡伯特沿美洲海岸驶向佛罗里达，但离西班牙的活动范围太近了。卡伯特死后，行事谨慎的亨利国王便放弃了大西洋远洋事业。

　　＊　　＊　　＊

　　西班牙人抵达新大陆后发现了贵金属，于是和葡萄牙人开始了唇枪舌剑。两国的动机之一都是将基督教传播到未发现的异教地区，于是他们向教皇申诉，因为大家认为教皇掌握了新大陆的归属大权。15 世纪 90 年代，出身于波吉亚家族的教皇亚历山大六世颁布了一系列训谕，将世界一分为二，划清了归属西班牙和葡萄牙的范围。这一巧妙分割促使两国达成条约，在亚速尔群岛以西 370 里格处^①划出南北向分界线，因此葡萄牙自恃有权占领巴西。

　　尽管葡萄牙率先投入远洋探险，但蕞尔小国无力维持下去。据说葡萄牙半数人口为控制海外属地而丧生。西班牙很快后来居上。哥伦布第一次出海那年，摩尔人在西班牙国土上唯一一存活的格拉纳达城，也陷落在了中世纪最后一支伟大的十字军脚下。此后，西班牙人便转而将精力投入到探索新大陆上。不到一代人的时间，葡萄牙人麦哲伦在西班牙的资助下率船队前往南美洲，横渡太平洋，欲环行地球。麦哲伦在菲律宾群岛被杀，但他的大副率船绕好望角返航。世界散落的文明逐渐拼凑起来，新的发现将给北方海域上的小国带来新的势力，成为葡萄牙和西班牙的继承者，尽管继位的时辰还未到。

---

　　①　1 里格约等于 5.556 公里。

但彼时东方的香料已漂洋过海进入安特卫普的欧洲市场。贸易路线产生了整体的转变和变革。陆上的贸易线路黯然失色，意大利的城市相较于西北欧也相形见绌了，未来的繁荣不再取决于地中海地区，大西洋沿岸已取而代之。英国、法国、尼德兰这些新兴列强，拥有大西洋沿岸海港、海湾，可轻易进出海洋。

　　　　＊　　　＊　　　＊

　　不久，新大陆的财富影响了欧洲的旧秩序。16世纪前半叶，科尔特斯战胜了墨西哥的阿兹特克帝国，皮萨罗征服了秘鲁的印加人。这些土地上大量的矿产财宝开始源源不断地经由大西洋运往欧洲。"大量的金银通过这些航道成倍地注入欧洲"，烟草、马铃薯、蔗糖等新奇物品也流向欧洲。这些新财富到来时，旧大陆本身正经历一场变革。长期的徘徊过后，其人口又开始增长，农场和作坊不断扩大生产。为进行新的探险，建造新房子，创办新企业，改善治理方法，对金钱的需求普遍增加了。不论是统治者还是老百姓，对理财都知之甚少，穷困潦倒的各国国王采取的首选手段就是货币贬值。于是物价急剧上涨，路德在维滕贝格张贴檄文之时，币值已快速下跌。在美洲白银泛滥的刺激下，20世纪以前一场前所未有的通货膨胀席卷欧洲大陆。地主农民构成的旧世界举步维艰，一股新生力量在全欧洲崭露头角，受到各国统治者的青睐，势力也日益增强。对商人、银行家而言，这是充满机会的时代。其中最为著名的大概要数德意志的富格尔家族，斥巨资支持文艺复兴的艺术创作，因而名声在外。教皇和神圣罗马帝国皇帝曾一度仰仗其丰厚的财力。

　　同以往一样，在通货膨胀加剧时期，人们生活艰辛，三角债清偿困难，但同时人们也强烈感觉到经济会有新的发展，幸福生活即将到来，最终整体的改善会造福每个阶级。一个世纪以前，欧洲约三分之一的人口死于黑死病，激发脑力体力的机会难得。人们正在探索更伟大的时代，更自由地交易众多的商品和劳务，并且越来越多的人加入进来。新大陆的大门已敞开，不止在地理上为欧洲人增加了北美、南美两个居住地，还扩展了人们的生活方式，开阔了视野，使一切物尽其用。

第 2 章
都铎王朝

　　超过一代人的时间，英国王位继承之争如惊涛骇浪。1485 年 8 月 22 日，里士满伯爵亨利·都铎在英格兰中部的小镇博斯沃思集市附近赢得决胜，对手篡位者理查三世在战斗中死亡。亨利七世登基，新的王朝诞生了。在接下来 24 年的精心治理之下，英国历史开启了崭新的时代。

　　亨利的当务之急是劝说权贵、教会、绅士阶层接受博斯沃思战役的结局，巩固王位。深谋远虑的亨利赶在召开议会之前加冕登基，这样一来，武力征服使他顺理成章地登上王位，而议会的认可只是次要的了。无论如何，议会决定让他试行统治权。之后他实现了长久运筹的计划，娶了敌对的约克家族的女继承人伊丽莎白。

　　长期以来，英国王室因财政拮据而实力削弱，但如今的军事胜利帮亨利收回了 15 世纪被没收的大部分王室领地以及其他大幅地产，再加上从兰开斯特王朝继承的一块宝贵的核心领地。此外，他占领了格洛斯特公爵理查在英格兰北部的领地，之后威廉·斯坦利爵士对博斯沃思战后封赏不满，因叛国罪被处以死刑，他在英格兰中部辽阔的领地收归王室。于是亨利有了一笔稳固收入。

管理英格兰现有土地的所有权至关重要。敌对王族快速改朝换代，使得各业主惶惶不安，法律上出现混乱。处决和阵亡摧毁了封建大家族的实力。幸存者和拥有少量土地的乡绅群众则时时面临失去产业的危险，他们害怕因对前朝的忠诚或者说对现王朝的背叛而被仇家起诉上法庭。难以找到哪个人的家族在频仍内战中从未支持过战败方，这一切对亨利而言已是危机重重，假如地主们认为自己合法的土地所有权毫无保障，那一旦出现别的篡位者他们便可能奋起响应。因此，颁布法令，声明效忠于在位国王者的生命、财产均受保护。合法统治者与实际统治者区分，这正是这位新国王典型的手段。他踌躇满志，毫不犹豫地从实际出发掌握了实权。

* * *

接下来就是边境的问题了。整个中世纪历史中，英格兰南北之间势如水火。南方社会高度发达，城乡富饶，与佛兰德斯和意大利的羊毛交易火爆。玫瑰战争严重威胁了原本有条不紊的生活，亨利正是在南方获得了重要支持。正如编年史家所说："他无法忍受贸易受创。"他为同尼德兰有贸易往来的英国商人争取了有利条件，和平的环境拯救了商业。他镇压了乡村的骚乱，商人阶级代表则在议会中与他携手合作。亨利一开始对这个阶级格外关注是因为利益相通，他需要财力巩固统治。如果说这是专制的话，那也是甘愿接受的专制。

而北方截然不同。像珀西家族这样的封建大家族呼风唤雨。山地贫瘠，百姓目无王法、难以驾驭。通信不便，国王权威常被忽视，有时甚至遭到蔑视。自古以来，与苏格兰人的边境战争不断，盗贼蜂起，抢劫牲口，烧毁村庄，时有发生。格洛斯特公爵理查曾在这一带深得民心。他的精神与周遭合拍，虽然他的统治有些粗放，但井井有条，即便博斯沃思战败，约克市依然对他忠心耿耿，念念不忘。亨利不仅要维护这一带的秩序，树立自己的权威，还要巩固边防对抗苏格兰人。作为格洛斯特的新主人，他在北部已占据了一个战略根据地。在15世纪，要从伦敦统治整个英格兰是不可能的。统治机制过于原始，地方分权至关重要。于是北方地区与威尔士边界地区成立了摄政委员会以代行王权。国王亲信被赋予广泛的行政权，新上任的官员感恩戴德，学习过律法，并开始在行政工作中拥有绝对话语权。他们一直活跃在宫廷和法庭之中，这是有史以来他们第一次力压封建旧贵族。国王在北方的亲信代理人兼贝里克郡要塞司令亨利·怀亚特和在南方的埃德蒙·达德利便是此等人物，西德尼家族、赫伯特家族、塞西尔家族和拉塞尔家族就是他们及其同僚的后裔。

内忧外患一同逼近，亨利不得不时时提防觊觎王位者在外族的援助下武装入侵。他的王位并非是世袭继承，而是仰仗于他的政治手腕和判断。主要策划阴谋反对他的是勃艮第宫廷，因为勃艮第公爵夫人正是理查三世的妹妹，她曾两次推动觊觎王位者袭击都铎王朝。率先进攻的是兰伯特·西姆内尔，结果被撵到宫廷厨房打杂，名誉扫地。第二次是图尔奈一个船主兼税吏的儿子珀金·沃贝克，他比兰伯特更难对付，冒充是伦敦塔内遇害的王子之弟。沃贝克有心怀不满的爱尔兰约克派贵族为他撑腰，勃艮第为他提供资金，奥地利和佛兰德为他提供军队，还博取了苏格兰的同情，因此7年来他一直逍遥法外，公然夺权。他曾三度试图夺取英国王位。然而，自博斯沃思之战后，拥护国王的阶级依然忠于国王。沃贝克进攻肯特时，正规军还没开到，他就被那里的乡下人击退了，从苏格兰进攻时只进入了边境4英里①。1497年他加入的康沃尔起义也作鸟兽散。他败逃避难，但还是被押往伦敦关押。之后他两次企图逃跑，两年后他对自己的罪行供认不讳，在泰伯恩刑场被绞死。沃贝克事件以耻辱和讥笑告终，但他着实对亨利构成过威胁。

　　亨利感到自己的王座微微震颤，理由很多。虽然玫瑰战争削弱了英格兰对威尔士的统治，但对爱尔兰的影响才是最为突出的。在爱尔兰，人们积极参与王权之争，盎格鲁－爱尔兰裔大家族中有兰开斯特派和约克派之分，都柏林周围的英格兰统治区和像利默里克、戈尔韦这样偏僻的英格兰人前哨城市也有兰开斯特派和约克派之分。但所有的纷争都只是家族世仇的延续。由世袭领主奥蒙德伯爵所带领的巴特勒家族，向来比敌对的菲茨杰拉德家族更忠于英格兰国王，因此属于兰开斯特派。由伦斯特的基尔代尔伯爵和芒斯特的戴斯蒙德伯爵所带领的菲茨杰拉德家族，均与土著首领有血缘关系和姻亲关系，因此属于约克派，他们希望借此加强扩张。

　　在芒斯特，戴斯蒙德的菲茨杰拉德家族早已"比爱尔兰人还爱尔兰"。若是在英格兰统治区佩尔，被称为"大伯爵"的基尔代尔可能会履行封建职责，统领英格兰人，但在香农河岸这片偏远的土地上，另一套规则大行其道。英格兰派来的总督发现，面对基尔代尔在当地的统治地位和全岛联盟的局面，主张英格兰的合法权力毫无益处。基尔代尔大家族甚至可能在爱尔兰全岛建立自己的王朝，这在爱德华·布鲁斯战败身亡之前绝无可能。但即便基尔代尔依然忠于英格兰，在王位之争中他会追随约克派还是兰开斯特派呢？他的亲戚戴斯蒙

---

① 1英里相当于1.6公里。

德拥护兰伯特·西姆内尔，此外诸多迹象表明他本人拥护珀金·沃贝克。1494 年，爱德华·波伊宁斯爵士就任爱尔兰总督，企图限制其权力，防止胡作非为。他在德罗赫达说服了爱尔兰议会通过著名的《波伊宁斯法》(Poynings' law)，使爱尔兰议会下属于英国议会，虽然招致不满，但该法延续了 300 年，直至 20 世纪才废除。

基尔代尔被控告，押往伦敦。但是亨利深谋远虑，并没有用封建法律制裁这个势力庞大的罪犯，因为他的战斗宗族住在都柏林郊区，他的表亲、姻亲以及他的臣民遍布整个爱尔兰。且不论这位大伯爵有偏袒珀金·沃贝克之嫌，针对他的其他指控已是罪恶滔天。难道不是他烧毁了卡瑟尔大教堂？他对此供认不讳，但他说的理由倒让国王觉得很有意思。他说："是我烧的，但我以为大主教在里面。"亨利七世逆来顺受，说了这样一句话："既然整个爱尔兰都管不了基尔代尔伯爵，就让基尔代尔伯爵来管爱尔兰吧。"这话即便不是亨利原创的，却也成了千古名言。基尔代尔被赦免、释放，还娶了国王的表妹伊丽莎白·圣约翰，回到爱尔兰后接替波伊宁斯的总督一职。

能否在爱尔兰掌权，依然取决于能否召集、指挥充足的武装力量。在这点上，英王发挥了个人强大的影响力。他可以给能够召集、控制军队的任何大贵族佩戴王室徽章，授予总督的权位，也可以提拔巴特勒家族和伯克家族，让势力雄厚的基尔代尔也无法掌控各大家族的首领。这种摇摇欲坠、变化无常的平衡状态一度是建立中央统治的唯一途径。一位英王要戴上"法兰西国王"的冠冕已是千难万难，要成为"爱尔兰国王"更是天方夜谭。

但一位强大的"盟友"近在咫尺，它就是火炮。火炮曾帮助法兰西驱逐英国人，如今也能帮助英格兰入侵爱尔兰。大炮用通俗易懂的语言同爱尔兰城堡"对话"。但大炮来自英格兰，爱尔兰人会使用却不会制造。大炮曾一度成为英格兰控制爱尔兰事务的关键，这点是亨利七世和爱德华·波伊宁斯爵士都始料未及的。世代以来，菲茨杰拉德家族首领身居半盖尔语（half-Gaelic）王朝，使英格兰统治区提心吊胆。在爱尔兰人眼中他们才是真正的国王，是都柏林城堡中手足无措的英王代表所不能比的。但如今，随着文明的突飞猛进，得火药者得天下。

＊　　＊　　＊

亨利对付苏格兰的手段体现了他精明的判断力。第一步棋就是通过贝里克郡向国王住在角塔里的对手运送军备，并不断与反对派暗中谋划，以此动摇苏格兰国王詹姆斯四世的地位。边境向来多事，影响两个王国的和平共处，詹姆斯力挺冒名的觊觎王位者珀金·沃贝克，形势诡异。但是亨利最终的目的是建设性的。他与詹姆斯签订了休战协议，然后订下和约确认。他显然不是个想象力丰富的人，但也有自己的梦想。他甚至期望有一天能结束苏格兰和英格兰之间无休止的战争，彻底瓦解长期威胁中世纪英国的法兰西－苏格兰联盟。无论如何，亨利迈出了统一英格兰和苏格兰的第一步。他于1502年将女儿玛格丽特嫁给了詹姆斯四世，北方在他有生之年一直相安无事。

他的政治手腕对法兰西也同样奏效。他意识到引而不发比战争本身让他受益更多。亨利召集议会，希望议会同意为对法战争征税，继而集结了一支小军队，于1492年渡海抵达加来，包围了布洛涅。与此同时，他与法兰西国王进行谈判，法王无力同时应对西班牙、神圣罗马帝国和英国，只得花钱息事宁人。真可谓一举两得。像爱德华四世一样，他不仅从法兰西入账大笔补贴，还在英国征收了战争税。

通过阿拉贡国王斐迪南和卡斯蒂利亚的伊莎贝拉的共同努力，加上对摩尔人之战的胜利，西班牙近来加强了国力，成为欧洲最强大的新兴君主国。两人的联姻标志着国家的统一。自 1489 年亨利的长子亚瑟与两人的女儿凯瑟琳公主订婚起，英国和西班牙齐心协力从法兰西打劫，西班牙获得领土，亨利每年收取贡金，头几年所得收入约为王室常规岁入的 1/5。

亨利七世作为政治家，被灌输的是欧洲文艺复兴时期残忍无情的政治新观点。他年轻时被流放异国宫廷、悬赏通缉，这段经历让他受益匪浅。他见过联姻谈判、条约签订，见过雇佣职业重骑兵参加路易十一和勃艮第公爵查理的决战，了解贸易的管理，也清楚法国国王与地方贵族的关系、教会与国家的关系。针对当代难题，他细腻、准确分析当前政治，进一步提高了作为威尔士人特有的精明，这在拉丁种族中已是凤毛麟角。

他力求在英格兰土生土长的体制上建立强大的君主国。就像同时代的佛罗伦萨的洛伦佐·德·美第奇一样，亨利几乎总是对旧的形式进行微调，而不是粗暴地革新；并没有根本的宪法性改动，而再次建立了稳固的统治。国王御前会议得到加强，得到议会授权可调查民众，不管有没有宣誓，并且只依靠书面证词就可以判刑，这一做法在习惯法中从未出现过。星室法庭^① 定期在威斯敏斯特举行，

---

① 15 世纪至 17 世纪英国最高司法机构，为亨利七世所设，因该法庭设在威斯敏斯特王宫中一座屋顶饰有星形图案的大厅中得名。

两位首席法官都出席。它原先是御前会议的司法委员会，审判需要特别处理的案件，如其中一方过于强势或犯罪案件新奇、罪恶滔天。弱者受压迫者对富人和得势者的控告，用家仆私建军队的案件，贿赂陪审员的腐败案件，这些全都在星室法庭的审理范围内。

但御前会议的主要职能是管控而非审判。国王的职能就是挑选枢密院的成员，即便国王挑中，也不一定能依法进入枢密院，可能被立即撤职，但是他们可以叫停英国任何法庭的任何审判，接管该案件，也可以逮捕、拷问任何人。内部设立了一个小型委员会管理外交事务，又设立了一个委员会管理财政，在中世纪财政署烦琐的事务中另辟蹊径，新任命的财政大臣直接对国王负责。而国王位居政体中心，体现直接的个人统治，常批准或者审计哪怕是微不足道的开销，还大字草体签下名字的首字母缩写，这在伦敦的档案馆依然能看到。亨利七世大概是历代英王中最会做生意的人。

他还是一位精明的伯乐。他的大臣几乎没有世袭贵族之后，大部分出身卑微，很多是神职人员。温切斯特的主教理查德·福克斯高居首相之位，一人之下，万人之上，但在巴黎遇见亨利之前不过是赫里福德的一个教书匠，流亡途中与亨利成为患难之交。埃德蒙·达德利以前是伦敦金融城的行政司法副官，在管理佛兰德羊毛贸易时引起了国王注意。约翰·斯泰尔首先发明了外交密码本，被任命为驻西班牙大使，但他起初是杂货商或是绸缎商。理查德·恩普森是制筛匠的儿子。起先，亨利的势力不够强大，容不得犯任何错误。他利用每天闲暇时间记下要关注的政治事务，"尤其是涉及人事的事务"，如雇用、奖励、监禁、剥夺公民权利、流放、处死等等。

和其他同时代的君主一样，除了对统治满腔热忱之外，他主要的兴趣就是外交政策。他养着英国第一批永久驻外使节，他认为外交可以很好地代替前面几代国王采用的武力手段，而及时、准确、源源不断的情报对实施外交手段至关重要。他甚至在英国建立了间谍系统，米兰使节写给其主卢多维克公爵的急件中这样描述亨利卓越的国外情报："英王对欧洲事务了如指掌，他的使节、雇佣的异国国民、商人都在为他提供情报。若殿下想向他提供情报，必须要特别详尽，或者就要抢在别人之前。"他又写道："意大利局势的转变让他改变了心意，倒不是意大利和威尼斯在比萨问题上的纠纷，国王每天都收到信件汇报的。真正让他改变心意的是，他了解到教皇与法王已缔结联盟。"

亨利和其他君主还有一个相同之处，就是喜欢建造和改造楼堂馆所。他的威斯敏斯特小教堂和里士满宫殿完美诠释了他的建筑品位。尽管个人生活节俭，但在公众场合他也刻意追求排场。他穿着华丽的服装，佩戴精美绝伦的珠宝，衣领璀璨夺目，出门时侍从高举隆重的华盖，贵族前呼后拥。他在伦敦塔每日宴请随行的700多名王室人员，弄臣、游方艺人、猎人还有身边出名的豹子群为他表演助兴。

亨利七世摒弃传统模式，有意识地进行变革到了何种程度，史学家对此意见不一。即便是在玫瑰战争的后期，约克派的诸位国王仍在准备建立一个全新的、强大的中央集权国家。经历千难万险，在亨利七世的带领下，愿望成真了。他将中世纪的制度变成了当代的统治工具，他在这方面的手段和智慧毋庸置疑。

他的成就震古烁今，流芳百世。他在先人留下的废墟灰烬之中建立了自己的权柄。他节俭地悉心集聚起当时颇为可观的流动财富，训练出一批能干的官员。他扩大了王权，却没有失去下议院的合作，并且带领国家在君主制下繁荣昌盛。在文艺复兴时期的欧洲众君主中，他的成就与声望是法兰西的路易十一和西班牙的斐迪南也不可企及的。

恐怕大家都忘了，几乎所有现存的亨利七世雕像都是根据他死后的面部模具制作，无疑如实反映了他的面容，但也使他的表情显得冷酷严肃，与当时关于他的描述不符。但这些雕像似乎和我们所知的他的性格、经历相符。然而，国家肖像馆收录的画像是他去世的四年前所画，画中他灵敏、冷酷、灰色的眼睛在拱形的背景中注视远方。纤弱、悉心保养的双手轻轻搭在画框底部，双唇紧闭，嘴角露出一丝微笑。他一副疲惫、警觉、幻灭的神态，尤其显得悲伤、负重致远。这就是都铎王朝的设计师，这个王朝将带领英国走出中世纪的混乱，变得强大富足，迈向一个更为广阔的时代。

第 3 章
亨利八世

在后世看来，年轻的君主亨利八世成长的岁月，正是旧秩序即将消亡的时代。但对于生活其中的人们而言，似乎并非如此。统治者眼中最显而易见的变革便是欧洲现代国家制度的诞生。这一来势汹汹、令人困惑的新事物并非遥不可及。英吉利海峡彼岸，法国新王朝历经百年战争之后势力已大大增强。路易十一与其子查理八世已经不只是松散的封建公国集团的首领。在他们的统治下，法兰西已是一个统一的，人口众多的国家，从英吉利海峡一直延伸到地中海地区。法国最可怕的封臣，同时又是英格兰的国王，最终被逐出了封地。英王的先王们曾是势力庞大的领主，拥有与法国王室平起平坐的封地权。如今只有加来依然掌握在征服者威廉和金雀花王朝的缔造者亨利二世的后裔手中。

近百年来，法国王室的幼支勃艮第家族一直与法王分庭抗礼，直到 1477 年"大胆的查理"（Charles the Bold）死后，勃艮第家族覆灭，路易十一终于吞并了勃艮第。勃艮第剩余所有的遗产做玛丽的嫁妆，归入神圣罗马帝国皇帝马克西米连的名下。此后，哈布斯堡家族控制了勃艮第公爵曾靠手腕和运气在尼德兰和比利时获得的公国、郡、贵族领地、城市。这时，哈布斯堡王室和瓦卢瓦王室在法国东北边境对峙，拉开了长期斗争的帷幕。虽说假以时日，法国王权将趋于不稳，但瓦卢瓦王朝历代国王所统治的，至少可以称其为法兰西国家。其君主经过与英国的长期斗争，实力倍增。他如今不必征得国会同意就能向非贵族阶级征税，另外，他还有一支常备军。有了税收岁入，他便可以雇佣瑞士步兵，建造并维持大型野炮营，将忠诚的法兰西骑士团收入囊中。

有一个中世纪国家似乎对这种中央集权的进程不以为然，它就是神圣罗马帝国，显然正走向解体分裂。但在过去两代人的时间内，哈布斯堡家族首领一直是帝国皇帝。军队无法做到的事，外交和机遇帮他们做到了。马克西米连娶了欧洲头号女继承人，作为皇帝他很好地诠释了"打江山"与"守江山"的区别。此后，奥地利皇族开始将通过联姻取得重大胜利作为信条。下一代依旧贯彻这一信条，并且青出于蓝而胜于蓝。马克西米连和玛丽的继承人腓力大公娶了胡安娜公主为妻。她是卡斯蒂利亚、阿拉贡、西西里、那不勒斯的继承人，身世较其母玛丽更为显赫。她的妹妹则嫁给了亚瑟亲王，后来又改嫁亨利八世，促进了都铎王朝的崛起。

邻国日益强盛，英国国王不得不靠可怜巴巴的资源行事。他的臣民只有300万多一点，岁入少于别国，没有常备军，亦没有只对王室负责的国家机关。但由于毗邻法国和西属尼德兰，英国不得不涉足欧洲政治。国王卷入了战争、谈判、阵营变换、均势变化的血雨腥风之中，但他对此毫无经验，也无足轻重。

世事变幻无常，曾经，"常胜将军"贡萨尔沃·德·科尔多瓦率领的西班牙步兵战无不胜，左右陆上战局，偶尔，瑞士步兵和加斯顿·德·富瓦等法王手下将军率领的可怕骑士团也会扭转乾坤，但如今，让英国国王常年屹立不倒的传统政治手腕和屡试不爽的兵法战术却失灵了。一个世纪以来，英国的统治者们如履薄冰，他们一方面受到灾难的威胁，一方面意识到自身致命的弱点——欧洲大陆的政局一旦有变，英国将独自应对法兰西和西班牙。

＊　　＊　　＊

直至长兄亚瑟亲王死前，亨利的目标一直是进入宗教界。因此，亨利在父亲创造的学习氛围中成长。他长时间潜心学习拉丁文、法文、意大利文、神学和音乐，还进行体育锻炼；他精于长枪比武又练习网球、猎鹿。他性情直率，是个言而有信的年轻人，博得了当代才女尼德兰摄政王、奥地利的玛格丽特的青睐。由于其父小心积蓄，他即位时名下的财富比基督教国家中任何一位王子都多。各国使节都对他赞誉有加，"亨利陛下是我见过的最英俊的君主，他身材高挑，腿肚匀称，肤色白皙，红褐色的头发梳成法式直短发，圆脸十分精致，脖子粗长，竟有几分像女子……他会说法语、英语、拉丁语，还会一些意大利语，善吹笛弹琴，瞅一眼歌谱便能唱。他拉弓的力气胜过英国任何勇士，长枪比武是一绝。""他好打猎，命人预先在狩猎路线上预备马匹，不累倒个十匹八匹马决不罢休。他极爱网球，看他打球真是人生快事，他白皙的皮肤透过精致的衬衣熠熠生辉。"[1]

亨利成年后，个子高挑，满头红发，继承了祖先的精神与活力，而他的祖先几个世纪以来早已对威尔士边界地区的战事习以为常。他身材魁伟，鹤立鸡群，周遭的人感受到他身上隐藏的绝地反击精神、潜在的力量和激情。一位法国使节在宫中居住数月后坦言道，他每每靠近国王都心惊胆战，害怕他会有暴力行为。虽然亨利对生人显得坦诚、友好、可靠，而且直率豪爽、风趣横生，让人顿时心生好感，但即便是与他过往甚密的人也很少能摸透他的心思，他不会对任何人推心置腹。在他身边的人看来，他算得上判若两人。在狩猎、宴会和游行时，他是一位喜笑颜开的君主，是孩童之友，是各项运动的赞助人；在枢密院上，他是一位冷静敏锐的旁听员，警惕地观察，权衡各方意见，若非重大事件，绝不发表个人意见。在他长途狩猎期间，每逢收到信件，他便立刻离开打猎随从，召集"顾问侍从"，商讨他所谓的"伦敦事务"。

他既有暴戾恣睢的一面，又有异常耐心勤勉的一面。亨利笃信宗教，常常一听布道就是一两个小时，他还写过不止一篇高水准的神学专论，礼拜天他惯常听五次弥撒，平日里听三次，做弥撒时还亲自做助祭，礼拜天从未错过吃圣餐、洒圣水，在受难日必做苦修。他对有关神学的争论满怀热情，被教皇誉为"教义卫士"。他是个孜孜不倦的工作狂，每日处理大量急件、报告和规划，从来不用秘书帮忙。他还写诗作曲。他对国务讳莫如深，选用的谋臣大多寒门出身：托马斯·沃尔西的父亲是伊普斯威奇一个贫穷卑鄙的屠夫，曾因卖臭肉而上了该市的黑名单；托马斯·克伦威尔是一个小小的律师；托马斯·克兰麦是一个默默无闻的神学讲师。他和他父亲一样不信任世袭贵族，更愿意任用交际圈不广、谨言慎行的人当谋士。

登基初期，他便宣言："我绝不允许任何人弄权摆布我。"渐渐地，他变得刚愎自用，脾气暴躁。他暴怒时，令人望而生畏。他的国家没有什么贵族可言，他曾说："若有逆我者，人头落地。"他在位三十八载，确有多人人头落地。

伴君如伴虎，他的谋臣噩梦缠绕。他一旦打定主意，便难以改变，抗拒只会让他更加顽固。但他一旦着手做一件事，若不加以劝阻便总是行之过甚。他虽然自诩广纳谏言，但若他心意已决还依旧劝阻便是愚不可及。"陛下认为，"正如托马斯·莫尔爵士对沃尔西所说，"最危险的莫过于冒死进谏。"沃尔西和克伦威尔失势后坦言，左右他的唯一秘诀，就是确保不要让任何危险的想法传进他的耳朵。但是这些解决办法并不奏效。他爱好同各阶层的人聊天——理发师、猎人、"平民御厨"，尤其喜欢和航海有关的人士交谈，倾听各方意见，不论其有多卑微。他常骑马远出狩猎，有时一去便是几个星期，足迹踏遍岛内。每年夏季，他行至全国各地，与百姓交往密切，因此对自己的臣民相当了解。

1509 年，父王驾崩后 6 周，他干的第一件事就是娶了兄长亚瑟的遗孀、阿拉贡的凯瑟琳公主。他当时年方十八，妻子比他年长 5 岁又五个月。凯瑟琳为俘获君心煞费苦心，最终如愿以偿。斐迪南和亨利七世提前筹划了这门亲事，并得到教皇特许，免受教会禁止近亲通婚的限制。毫无疑问，亨利自己也迫不及待想结成这门亲事。亨利八世在位的头 22 年，凯瑟琳一直伴君左右。当时，英国逐渐在欧洲事务中成为举足轻重的国家，不容他国忽视。除了三四次短暂失宠之外，直到 38 岁，凯瑟琳一直享有亨利的宠爱，并约束他的蠢行。在凯瑟琳多次怀孕分娩间隙，她也在小范围内帮亨利指导国家事务。亨利遭受了一系列厄运，换作一个意志薄弱的人早就心灰意冷了，但他很快定下心来融入婚姻生活。亨利刚过完 19 岁生日，凯瑟琳王后生下了第一个孩子，却是个死胎。一年后又生下一胎，但也很快夭折了。她先后让他失望了 5 次。

＊　　＊　　＊

亨利八世同岳父阿拉贡国王斐迪南保持联盟，由此为英国带来了荣耀与财富。他拥护教皇，并被授予基督教君王所能得到的最高荣誉——金玫瑰。他遇事便与父亲的重要谋臣商议——大法官兼坎特伯雷大主教威廉·渥兰、温切斯特主教理查德·福克斯、达勒姆主教兼国王秘书托马斯·鲁瑟尔。在他们的指导下，他一度执行了父王一直推崇的孤立主义政策，只要法国继续缴纳贡金就不介入欧洲事务。但当时亨利正站在欧洲新政治的旋涡边缘。他应该跳进去吗？近几年来，欧洲最富裕的城市多次易手，每次都会缴纳贡金。各国边境几乎每月都有变动。岳父阿拉贡国王征服了那不勒斯王国以及法国边境的塞尔达涅省和鲁西荣省。别国国王的战果也所差无几。攻城略地的诱人前景展现在亨利眼前，而他父亲那群年迈的谋臣依然坚持和平不扩张。仅有一次，亨利八世曾向海外派出英国征募的军队，他更倾向于雇佣军与外国军队并肩作战。现如今他决心逆转这一政策。

他对林肯主教沃尔西已观察了一些时日。沃尔西是多塞特侯爵发现的人才，他在牛津马格达伦学院担任院长时，侯爵的几个儿子就在那里读书。多塞特侯爵厚爱沃尔西，邀请他到家中共度圣诞节，还给他提供了多个牧师职位。之后，年轻的牧师获得了加来总督随军牧师的职位。除了学术研究，沃尔西在谈判和财政方面也天赋异禀，他曾担任马格达伦学院财务主管一职。亨利八世察觉到他的才能，从总督手中把他调来，派到国外处理琐碎公务。1509 年 11 月，亨利八世将他提拔到枢密院任王室施赈官。当时，他 36 岁。

两年后，英国决意加入反法神圣联盟，同一星期内，沃尔西签署了作为枢密院执行委员的第一批公文，由此他的影响力可见一斑。他受命负责备战事宜，而总司令正是他以前的门生小多塞特侯爵。法国一门心思在意大利大胆开拓，亨利计划乘机重新占领 60 年前丢失的波尔多，而此时斐迪南国王入侵了横跨比利牛斯山脉的独立王国纳瓦尔，教皇和威尼斯共和国则在意大利采取军事行动对抗法军。彼年为 1512 年，也是英法百年战争以来英军首次在欧洲作战。

英军远征加斯科涅的行动失败。斐迪南占领整个纳瓦尔，据英国驻西班牙资深大使威廉·奈特博士所言，斐迪南干劲十足，他将大炮运过比利牛斯山脉，还邀请英国与他一同对法国作战。英国人在玫瑰战争中学会了使用长弓和重装骑兵的作战方式，但他们发现这一套在欧洲大陆已经被淘汰了。斐迪南和法兰西都雇用了职业步兵，这些步兵是瑞士和奥地利人，他们组成坚实的方阵大步向前，手拿 18 英尺的矛指向四面八方。当时使用的火器是原始的火绳枪，十分笨重，发射缓慢，难以对快步前进的方阵给予重击。斐迪南对亨利提了很多军事建议，建议用集聚的资金自建强大的职业军队。但是，亨利还没来得及实施这个计划，多塞特的军队就溃不成军了，一则他们像不适应加斯科涅的葡萄酒那样不适应法军的战术，二则他们染上了痢疾。军队拒绝服从长官的命令，自己登船回国了。多塞特也只得放弃徒劳无益的作战，也跟着回国去了。经过 1512—1513 年整个冬天的谈判，斐迪南和威尼斯人抛弃了亨利和教皇，与法国讲和。他们认为神圣联盟虽然名头响亮，但不过是一个徒然无益的政治组合。

在英国，连连失败的责任被推到了新谋臣沃尔西的身上。事实上，正是这次战争产生的艰巨的行政工作，使他的才干和干劲崭露头角。

亨利八世时的欧洲

亨利八世时的欧洲

阴影部分为哈布斯堡家族的领地

其实，枢密院成员一开始便反对由一名牧师来负责作战政策，密谋将其赶下台，奈何亨利八世和教皇毫无动摇。教皇尤里乌斯二世曾遭法军围困于罗马，于是革除了全体法军的教籍。他蓄起了时下已经过时的络腮胡子，发誓不向法王复仇便不剃胡子。亨利不甘落后，也留起了胡子。他的胡子跟头发一样，是红褐色的。马克西米连皇帝手下有帝国炮兵和奥地利大部分军队，他便命人将其买通，为英国王旗效命。据说，法王要求马克西米连皇帝平铺旗帜时被一口拒绝，他说自己此战将为英王和圣乔治卖命。

　　虽然代价颇高，但这些筹谋不愧为神机妙算，卓有成效。在亨利的统帅下，英军和奥地利雇佣军于 1513 年 8 月的"马刺之战"（the battle of the spars）中击溃法军。之所以称之为"马刺之战"是因为法军转瞬间便仓皇败逃了。欧洲最著名的骑士巴亚尔与众多法国要人一同被俘。法国东北最富裕的城市图尔奈，一见到帝国炮兵就投降了，随后被一支英国卫戍部队占领。凯瑟琳王后作为摄政留在英国，从英国北部送来捷报，可谓锦上添花。

　　为了支援法国盟友，苏格兰人趁国王出征于 9 月横渡特威德河，5 万士兵攻入英格兰。理查三世在位时，诺福克公爵在博斯沃思战败阵亡，整个家族被剥夺公民权，但其子萨利伯爵托马斯·霍华德依然受托指挥。他久经沙场，对地形了如指掌，是多塞特失利以来英国本土仅剩的一位经验丰富的将军。虽然兵力是敌军的一半，但他雷厉风行，绕过苏格兰军队，穿插到敌军与爱丁堡之间。1513 年 9 月 9 日，两军面朝自己的祖国在弗洛登原野展开了一场血战。苏格兰全境，包括苏格兰高地和低地，带领家仆组成传统的长矛圆阵，围绕在苏格兰国王的旗帜下。英格兰弓箭手又一次向这支可怕的大军不停地发射毁灭性密集箭雨。英格兰步兵手中的钩镰枪短兵相接，对付苏格兰的长矛卓有成效，并且英格兰骑兵看准士兵倒毙产生的缺口，伺机冲入敌阵。夜幕降临，苏格兰精英骑兵僵卧沙场，他们的国王詹姆斯四世也在其中。这是长弓取得的最后一次大胜。诺福克公爵爵位重新封赏给了萨里。在苏格兰，一岁的孩童继承了王位，成为詹姆斯五世。其母是亨利的长姐玛格丽特，担任摄政王。于是其在位大部分时间，和平降临到北方边境。

神圣罗马帝国皇帝的女儿、奥地利的玛格丽特在布鲁塞尔为新王举行盛典。亨利此时年方二十二，获准"穿着衬衫"同帝国宫中的绝色美女彻夜跳舞。米兰大使汇报说："他跳得像雄鹿一样欢快，舞姿出众。"枢密院严禁赌博，禁止女子出入英军，但是"对他"，大使补充说："奥地利人却有求必应。"他的馈赠也十分慷慨，每次坐到赌桌前必定大散钱财，还给达官显贵送去丰厚的礼物，皆大欢喜。

第4章
红衣主教沃尔西

1513 年秋，法国四面受敌。沃尔西通过马克西米连皇帝雇用了一支瑞士军队，经由法兰斯孔德的首府贝桑松要塞入侵勃艮第。法兰斯孔德本是勃艮第的属地，却掌控在哈布斯堡家族手中。随后第戎沦陷。法国没有军队抵抗瑞士人，便征收双倍的人头税来雇佣外国生力军。1514 年，亨利一心想在法国卷土重来，但是他的胜利让西班牙国王斐迪南不快。西班牙遂单独与法国讲和，还想拉马克西米连皇帝一起谈和。

眼见同盟军背叛，亨利立即发动反击。他首先关注国内防御，千方百计加强海军。之后，以有利条件寻求与法国缔结和约，从而每年获取大额贡金，数额正好是法国向其父亲缴纳贡金的两倍。亨利之妹玛丽与路易十二的联姻进一步促成了和平。玛丽年方十七，路易十二已 52 岁。据说，玛丽迫使兄长许诺，若这一次她为国家外交成婚，下一次要随她意愿为爱结婚。且不论亨利有否许诺，但她说到做到。她当了法兰西三个月的王后，便成了王太后，然后结束了寡居生活，嫁给了萨福克公爵查尔斯·布兰登，亨利为此勃然大怒。

但事已至此，亨利按捺住怒火参加了婚礼。这段姻缘最终结下了悲剧之果：孙辈简·格雷只当了十日的英女王。

*　　*　　*

与新娘一同前往法国的随从人员中，有一位名叫玛丽·博林的少女。她是诺福克公爵的三个外甥女之一，三姐妹相继博得了亨利危险而致命的爱恋。玛丽与妹妹安妮在法兰西宫廷属下一所昂贵的书院接受教育。回到英国后，玛丽嫁给了内廷要员威廉·凯里，不久又成了国王的情妇。她父亲也因此获封为罗奇福德勋爵，妹妹安妮则继续在法国深造。

沃尔西从国外凯旋，大获奖赏。和谈期间，他受任林肯主教，和约签订后又升任约克大主教。一年后，即 1515 年 9 月，经国王一再交涉，他一跃成为红衣主教。然而，这些接踵而来的神职荣誉并未给沃尔西带来充分的行政权力。1515 年 12 月，亨利任命其为大法官，取渥兰而代之，并强迫渥兰交出国玺。

沃尔西以国王的名义有效统治英国达 14 年之久。他能爬到这一职位，并非仅靠处理事务的能力，也得益于他强大的个人魅力。当时有人写道，他有"天使的机智"去哄骗和恭维他想说服的人。他在国王御前才华横溢，彬彬有礼，"寻求新鲜的消遣娱乐"，所有这些博得了年轻主人的青睐。其他想要成为亨利谋士的人，则看到这位红衣主教的另一面。他们在辩论中遭其蔑视抢风头，因而心生怨恨，他们恶其高傲，妒其发家致富，位高权重。沃尔西权倾朝野之时，一年收入等同于 20 世纪初的 50 万英镑。家中奴仆上千，府邸之富丽胜于王宫。他还将肥缺分给亲属，包括他的私生子。该私生子还是个黄毛小子，便身兼 11 个教职，并领着这些职位的俸禄。这些罪状常年累月，但眼下，他得心应手，大权在握，而按首相之职看，他掌权颇久，并且英国可能从未有人掌握如此一大把权力。

在任时期成就卓著，国王也渐得民心。当然，因为前两年征收的战争税，许多人已是怨声载道。沃尔西一方面在庆典和排场上挥金如土，一方面发掘了新税源。亨利臣民上缴的捐税与父王在位时并无二致，轻于欧洲其他国家。事实上，英格兰北部的臣民因为需要驻屯士兵，支援边境战争，一概免缴税金。

海外的胜利使沃尔西得以发扬亨利七世的中央集权原则。在他担任大法官的 12 年间，议会只召开过一次，两次会议历时共三个月。星室法庭愈来愈活跃，它参照罗马法制定了新的简易方式，取代习惯法中的举证制度。根据新制度，证人只需带上来逐个盘问，通常连起誓的形式都省了。审判迅速，罚款极重，英国无一人胆敢藐视星室法庭。加来驻军的一位普通士兵派妻子来投诉加来总督对他不公，法院也加以全面审理。玫瑰战争之后成长起来的新一代已习惯了王法秩序，并且对其坚决维护。

因此，虽说这种专制政府体系理论上看相当专横，与人们心目中的大宪章原则相悖，但实际上与百姓的真实意愿不谋而合。亨利八世同他父亲一样，从地方乡绅、地主这些无偿的治安法官身上找到了现成的机制，学习如何治理一方。他颁布了相当复杂的规章条例让这些治安法官来执行，该世纪后期又印制了治安法官手册，版本奇多，几乎囊括百姓生活中所有意外事件。

都铎王朝确实是英国地方统治体制的设计师，该体制几乎原封不动地持续到维多利亚时期。无偿的基层治安法官有国王的支持，三两一群、无私无畏、不偏不倚地处理村中琐事。像修桥铺路、羊只失窃这些更为重要的事务在合适的镇上季度会议审理。乡绅的执法手段粗暴，且私人交情和派系斗争往往主宰国家与王权。治安法官的职责基本上是将政府的指令下达至百姓，但偶尔他们也会对官方指令充耳不闻，以示百姓对国王意愿的反抗。有时，他们在下院也会像在郡里一样畅所欲言。即便在都铎王朝的鼎盛时期，尽职的议会成员也敢直言不讳。沃尔西明白其中的危险性，不愿让议会中不识抬举的议员参与他的决策。亨利八世与托马斯·克伦威尔虽知其抵抗，但开始学会了审慎处理下院的问题。尽管偶有摩擦，在乡间甚至出现暴动和叛乱，但整体而言还算配合。国王和民众都明白，这种合作关系有既得的好处与未来的利益。

    *   *   *

亨利登基没几年，便开始扩展海军的计划，沃尔西则专注外交策略。其实，亨利已经造出了当时最大的战舰——"大哈里号"，排水量达 1500 吨，"上下共七层，舰炮数量惊人"。舰队的建造由亨利亲自过问，他命令舰队司令事无巨细地向他汇报"舰船的航行情况究竟如何"，直到英国控制了英吉利海峡和爱尔兰海峡他才满意。沃尔西对外交事务的安排也毫不逊色，他在整个西欧建立了信使通信员体系，这样英国就能像马尔伯勒公爵和威灵顿公爵战时一样迅速接收情报。亨利七世精心栽培的外交使团成了情报体系的核心，牛津大学以新学术 ① 培育出的优秀才子扩充了这个团队，其中包括理查德·佩斯、约翰·克拉克及理查德·桑普森，后两位在亨利在位后期注定将成为主教。在文艺复兴的鼎盛时期，所有的报道与历史上

---

① 15 世纪至 16 世纪欧洲文艺复兴时期的古典文学及圣经研究。

任何时期一样，紧密相织、丰富多彩。每一事件都被谨慎记载，包括军队的规模、意大利城市的暴动、红衣主教团内的运动、法国的税款。至少有几年，沃尔西是影响欧洲的重要因素与平衡力量。

这一辉煌盛世在 1520 年 6 月的金缕地（Field of the Cloth of Gold）登峰造极，亨利横渡英吉利海峡首次与他的对手法国国王弗朗西斯一世会面。据说，亨利最困惑的是他的外貌，不知如何打扮最好，是像平日一般留着胡子呢，还是把脸刮干净。他起先听了凯瑟琳的劝说，把胡子刮了。但刮完他便后悔了，又开始蓄胡子。到会晤时，他的胡子已十分浓密，足以让法国人眼睛一亮。

金缕地在吉斯讷附近，长枪比武，大摆宴席，珠光宝气，华盖富丽，欧洲各国都看得眼花缭乱，这是中世纪骑士最后的华丽一幕。据说，其中许多贵族是肩扛着磨坊、森林、牧场来的。但亨利与弗朗西斯却没能成为朋友。实际上，亨利已经在与神圣罗马帝国新皇查理五世谈判了。查理五世不久前继承了祖父马克西米连的皇位，是弗朗西斯的死敌。在吉斯讷，他本想以华丽的装备和狡猾的外交给弗朗西斯一个下马威。他仗着自己孔武有力，突然挑衅弗朗西斯比试摔跤。弗朗西斯猛地将他一把抓住，放倒在地。亨利气得脸色煞白，但被人拉住了。仪式继续进行，但亨利绝不会原谅此等人身羞辱。总之，他仍在寻找其他盟友。不出一个月，他便与神圣罗马帝国缔结了盟约，由此也失去了法国的贡金。帝国皇帝对弗朗西斯宣战时，英国人挥霍重金远征布洛涅，且补贴雇佣军为皇帝效力，沃尔西则为筹措资金绞尽脑汁。战争第二年，沃尔西开始征收一项资本税，还荒唐地称之为"善行捐"，肯特和东部各郡揭竿而起，亨利国王却对该项税收装聋作哑。最后政府被迫打退堂鼓，放弃这场战役。沃尔西经亨利同意，秘密向弗朗西斯抛出橄榄枝。

这一媾和倡议，沃尔西失算了，实在要命。短短 6 周之后，帝国军队在意大利北部的帕维亚大败法国。战后，整个半岛落入神圣罗马帝国皇帝之手。命中注定，意大利将主要归于哈布斯堡统治之下，直到拿破仑的入侵。弗朗西斯被俘，法国被迫接受苛刻的和平条款，但英国却不能分一杯羹。亨利再也无法在欧洲呼风唤雨了。显然，沃尔西难辞其咎，亨利也感觉到或许红衣主教的权力太大了。他执意要参观沃尔西正在牛津大学建造的一所规模宏大的新学院——红衣主教学院，后来改名叫作基督教学院，是牛津大学建筑最宏伟、受捐最丰厚的学院。他到那儿时，对大兴土木花费的巨额开销震惊不已。"怪哉，"他对沃尔西说，"你能筹到巨款建你的学院，却筹不到钱助我打完这一仗。"

多年来，他与沃尔西一直形影不离。1521 年，他将白金汉公爵送上了断头台，那是理查三世在位时第二代白金汉公爵之子，有机会继承王位。他的这一罪行导致没落贵族的敌对情绪转移到了国王任命的大法官身上。但是帕维亚之战后，亨利开始回心转意。他决定，为了维护君主国的民望，或许必须牺牲沃尔西了。还有凯瑟琳王后的问题。1525 年，她年已四十。5 年前的金缕地上，弗朗西斯国王同他的臣子在背地里嘲笑她"年老色衰"。凯瑟琳是一位典型的西班牙公主，发育得早，衰老也快，她显然无法再为亨利生育男性继承人了。为今之计，可通过议会法案确立亨利的私生子、年仅 6 岁的里士满公爵为王储，或者英国兴许会接受凯瑟琳的女儿、年满 9 岁的玛丽公主，让她成为自玛蒂尔达之后第一代英女王。依照英格兰法律，女子能否继承王位仍不明确。英国人甘心屈于女人的统治之下吗？也许玛丽不像她那位西班牙母亲一样狭隘、偏执，在西班牙、法兰西、奥地利这样满是军人的国家里她或许能成为女王，但是在英国她何以服众？除了伦敦塔的仪仗卫士之外，英国并无中央军队，崇尚自由的英国人服从亨利七世和亨利八世皆出于甘心乐意。玛丽能否继承都铎王朝的传统，以德服人，而非以武屈人呢？

玫瑰战争的长期冲突对英国而言简直是一场噩梦，若发生王位之争，噩梦将再次上演。这些国家大事对国王而言亦是良知问题，情欲和保境安民的顾忌难解难分，这又困扰了亨利两年。显然，第一步就是要摆脱凯瑟琳。1527 年 5 月，红衣主教沃尔西与亨利串通，以教皇使节的身份在他威斯敏斯特的府邸秘密召集了宗教法庭。沃尔西召亨利出庭，控告他娶了亡兄的寡妻，触犯了教会禁止近亲结婚的法律。1503 年，斐迪南和亨利七世为亨利争取到教皇特许，说凯瑟琳与亚瑟之间其实并无夫妻之实，因此凯瑟琳在法律上并非亡兄之妻，故此亨利可以娶凯瑟琳为妻。凯瑟琳听取几任西班牙大使的建议，至死坚称从未与亚瑟圆房，但无人相信，因为她与亚瑟亲王在同一屋檐下生活了 7 个月之久。

经过三日的辩论，宗教法庭裁定由英国最具学识的数位主教下定论。几位主教的回答是，既得到教皇特许，那此段婚姻完全合法。于是，亨利试图说服凯瑟琳本人，两人的婚姻从未合法，他们在罪大恶极之中生活了十八载。他还说以后打算不再与她同居，希望她远离宫廷。凯瑟琳泪水夺眶而出，坚决不愿离开。

大约半个月后，沃尔西横渡英吉利海峡，就盟约事宜与法国进行长期谈判。沃尔西外出期间，亨利公然恋上了安妮·博林。安妮从法国毕业归来，芳龄二十四，已是一位窈窕淑女，谈笑风生，身材曼妙，凝眸美目，秀发过腰，披散肩头。威尼斯大使这样写道："安妮小姐并非是世上最美的女子，她中等身材，皮肤黝黑，大嘴长颈，胸部扁平。"她脾气火暴、心直口快、专横跋扈，虽不是广受欢迎，但也很快吸引了一小批追随者，其中多人以倾向路德的新教义闻名。我们首次听说安妮·博林进宫的消息是在1527年8月16日神圣罗马帝国大使的一封急件中，也就是亨利开始设法休妻的四个月后。他是计划离婚之后才遇见安妮的，还是打一开始就打算娶安妮？这点永远无法得知，因为亨利对私事向来讳莫如深。一两年后，他说过这样的话："若是两个人不在了，三个人之间的秘密才可守住；若是我觉得我的帽子知道了我的秘密，我便会把它扔进火里烧掉。"他的情书由教皇的使节保管，如今保存在梵蒂冈的图书馆里。信中措辞甚美，但均未注日期，也未透露什么信息，只提到安妮·博林让他等了将近一年。

　　沃尔西和凯瑟琳一直都小心监督着亨利。他之前也有过情妇，但从未公开。宫里出现了一位女子，亨利和她一待便是数小时，这引起了很大震动。安妮与亨利计划派一位皇家特使觐见教皇克雷芒七世，并且没有知会沃尔西任命的常驻大使，此行不仅要争取废除国王的婚姻，还要争取立即再婚的特权。年过古稀、退出官场的威廉·奈特博士被请出山肩负这一微妙使命。奈特接到了两套截然不同的命令。一套命令只字未提再婚问题，是他前往罗马途经贡比涅时给沃尔西看的；另一套才是奈特真正要执行的。奈特照计划给沃尔西看了那套假命令，沃尔西立马就看出这是哪个无知的门外汉草拟的。他急忙赶回国进行修改，于是得知了一切。虽然他接过了谈判事务的管理权，但所有紧急措施都是徒然。被派往英国审理此案的教皇使节坎佩齐奥红衣主教迁延推托,迟迟不作裁决。意大利既已落入了哈布斯堡家族之手,教皇受制于神圣罗马帝国军队。1527年,帝国军队攻陷、洗劫了罗马,欧洲大为惊骇。如今教皇俨然成了查理五世的囚徒,查理五世坚决反对亨利与他姨母离婚。

有一事让沃尔西深受打击,亨利召来了新谋臣。诺福克公爵的追随者斯蒂芬·加德纳博士被任命为国王秘书。任命不久,剑桥大学年轻的神学讲师、与博林家族交情深厚的克兰麦博士向加德纳献上了一个耳目一新的良策,国王的婚姻是否合法这个问题应该从法院撤回,提交给欧洲各大学研究。国王从善如流,召见克兰麦并大加褒奖。信使们带着信函被派往欧洲各所大学。与此同时,亨利签发令状,召开已休会6年的议会,欲加强权力,为他酝酿的巨大变革做准备。一切筹备就绪,但这次主事的是诺福克和加德纳,而非沃尔西。沃尔西失宠后退到了他的主教教区约克,此前他还从未去过。有一次,他到格拉夫顿觐见国王,但入内时发现安妮也在,诺福克当面羞辱他,还没觐见他就被打发出来了。

1529年10月9日,沃尔西受辱更甚,王座法庭根据理查二世在位时颁布的《侵犯王权罪法》(Statute of Praemunire)对他提出控诉。这些议会法案旨在确保国王法庭对教会法庭的管辖权,而沃尔西曾经惯于利用这些法律从推定犯罪行为中为国王攫取钱财。法案规定,任何人在罗马教廷或别处获取转移至罗马的案件,包括诉讼、绝罚判决、教皇训谕、文据,及"其他任何触及国王、王位、王权、王国利益的文件",应剥夺王室保护,没收一切私人财产归入国王名下。王座法庭还在审理沃尔西的诉讼案时,诺福克和萨福克找到沃尔西,想拿走国玺,以表明他再也不是大法官了。但是沃尔西抗议，说自己是终身大法官。第二日，他们又来了，还带来了国王的罢免书。他们拿走了国玺，红极一时的红衣主教沃尔西崩溃了，坐在那里潸然泪下，痛其不幸。

然而，安妮一心要叫他倾家荡产。她看上了约克大主教在伦敦的府邸——约克坊，她觉得给她和亨利住大小正合适，有足够的地方宴请朋友，又没有多余的地方让凯瑟琳王后也住进来。安妮与其母带国王到约克坊视察沃尔西的私人财产，亨利看到财宝后勃然大怒。他召集了法官和博学的律师，询问如何合法占有公认为永远属于约克大主教的约克坊。众法官提议让沃尔西发表声明，将约克坊移交给国王及其继承人。于是，王座法庭的一位法官被派去见沃尔西。亨利的内廷官员乔治·卡文迪什留下了有关沃尔西最后时日的描述。据他所言，沃尔西说道："我知道亨利国王天生就有国王的胃口，你说呢？谢利法官。我可凭正义和良心，将本不属于我与我继承人的东西赠予他人吗？"谢利法官告诉他法律界是如何看待这一案件的。沃尔西听后说道："只要诸位法官大人说我这样做是合法的，我绝不违抗王命，相反我会甘心乐意地执行完成陛下的所有旨意，在此事上尤为如此。但是，请你转告陛下，鄙人希望陛下务必记住这句话：有天堂也有地狱。"

对于一个红衣主教的斥责，亨利根本不放在心上。威胁只会促使他一不做二不休。除了王权侵害罪的控告，沃尔西还被扣上了背着国王与法国国王通信联系的叛国罪。判定沃尔西王权侵害罪的5天后，诺森伯兰伯爵来到约克附近的卡伍德，进入约克大主教的城堡，用颤抖的声音轻声说："大人，您由于叛国罪被捕了。""你的证件呢？"沃尔西说，"给我看看。""不行，大人，不能给您看。"伯爵说。"那我拒绝服从你的逮捕",沃尔西说。两人正僵持不下,枢密院委员沃尔什走了进来。于是沃尔西说:"好了,不必了。先生,想必你乃国王枢密院的一员,我猜你是沃尔什吧。我愿意接受你的逮捕,但诺森伯兰伯爵拿不出证件我是不会服从的。作为枢密院的一员,你就是现成的逮捕令。最无耻之人,没有证件也可以逮捕王国里最显赫的唯一钦命贵族。"

白金汉公爵行刑前曾经在伦敦塔住的牢房又腾了出来,准备迎接沃尔西,但是沃尔西在押回伦敦的途中病倒了,到莱斯特教堂过夜时,他对出来迎接的修士们说:"我来是要把我的骨骸留给你们。"两日后,上午八时左右他在弥留之际对聚在病榻边的众人喃喃地说:"我若像服侍国王一样殷勤服侍上帝,他必不会在我白发苍苍时抛弃我。"说完他便咽气了,他们发现他精致的荷兰亚麻衬衣里面还贴身穿着一件用头发编织的衬衣。这件衬衣,除了他的牧师,他所有仆人皆一无所知。

新的领导班子接过了沃尔西在政府的要职。加德纳获得了英格兰最富庶教区,成为温切斯特主教;诺福克成了枢密院大臣,萨福克为枢密院副大臣。托马斯·莫尔爵士代替沃尔西担任大法官前有几日空缺,亨利本人掌管国玺加盖国家文件。沃尔西一死,此前被压制的政治团体纷纷出来争权夺利。乡绅阶层欲在伦敦参与国家事务的野心,文艺复兴时期文明富饶的英国对摆脱教士监管的渴望,敌对宗派赤裸裸的贪欲和对权力的饥渴,开始动摇和搅动英国。此时,亨利38岁。

第 5 章
与罗马决裂

克兰麦提出将亨利与凯瑟琳的婚姻提交至各大学进行裁决，这个建议确实行之有效，这位年轻的讲师也因此被任命为驻神圣罗马帝国大使。连教皇辖地的博洛尼亚大学都宣布亨利国王在理，教皇不该无视近亲不得通婚的基本法。其他诸多学校如巴黎大学、图卢兹大学、奥尔良大学、帕多瓦大学、费拉拉大学、帕维亚大学、牛津大学和剑桥大学也纷纷表示赞同。亨利一直都认为自己没错，如今似乎最终证明了他的正确性。他决心采取激烈的手段对抗英国国教会，以示对教皇的不满。他自问，为何教会的庇护权可以阻碍国王的审判？为何牧师可以不涉足教区却拿着几份俸禄，替他们干活的人却报酬极低？意大利人凭什么享受英国教区的收入？神职人员凭什么利用教区居民的死亡收取认证遗嘱遗产的费用？亨利想请博学多识的下院议员提议改革。

早在 1515 年，一著名事件震动了英国的教会。伦敦的裁缝店老板理查德·亨尼站出来反对教会征税，这场纠纷升级为对神权的大胆挑战。结果亨尼被捕，被神职人员囚禁于罗拉德塔内，随后被发现吊死在那里。是自杀还是谋杀？议会和伦敦市的抗诉愈演愈烈，最后升级为对伦敦主教本人的抗议。但是，这些改革的前奏被当时沃尔西不可动摇的大权给压了下来。如今，下院急于恢复这一中断的任务。议院所有的律师组成了一个委员会，以空前的速度起草了必要的法案。在主教和男修道院院长仍多于在俗贵族的上院，改革教会庇护权和取消殡仪费的法案得到了同意，因为该法案只影响下层神职人员，但取消遗嘱认证的法案呈至上院时，所有主教尤其是坎特伯雷大主教眉头紧锁，低声议论。代表守旧派的罗切斯特主教费希尔告诫各位议员，宗教革新会引起社会革命。他指出了约翰·胡斯领导的捷克全国叛乱。

"议员先生们，"他说，"你们看看每天从下院送来的都是些什么法案，通通都是为了摧毁教会。看在上帝的分上，回首波希米亚王国曾经何等辉煌，教会垮掉之后，整个王国也随之败落了。现在下院无非是要'打倒教会'，吾以为这全然是因为缺乏信仰。"

下院很快听说了这一大胆言论。议员们指出，费希尔最后这话的言外之意是下院制定的法律不过是异教徒炮制的，毫无保留价值。以下院议长为首的 30 位重要议员组成了一个代表团，跑去向亨利国王投诉。亨利召集了出言不逊的诸位主教，要求费希尔作出解释。费希尔开始推诿，他声明自己只是说波希米亚人缺乏信仰，并非是说下院。其他主教也对这一解释表示赞同。然而，据说"下院对这一不痛不痒的辩解并不买账"。上下议院针锋相对，几番较量之后《遗嘱认证法案》（the Probate Bill）才勉强通过了上议院，但两院之间积怨愈深了。所以从一开始，下院改革派便凝聚了一股团结作战之精神，它的寿命比以往任何一届议会都长。他们热切地采取一切措施，报复上院的主教，因其在《遗嘱认证法案》问题上的所谓推诿和欺骗。下院对主教团的敌意积结达百年之久。

亨利对下院的成果已心满意足，见到谁都要告诉，包括神圣罗马帝国大使。他说："我们已经下令对我国的神职人员进行改革，取消了他们滥用职权强加于臣民的数项税收，狠狠地剪去了他们的爪牙。我们还将整顿主教将第一年的收入献给罗马教廷的陋规，禁止神职人员拿一份以上的圣俸。"但他同时澄清道，他依然完全坚持正统教义，他只是遵循他年轻时认识的科利特和其他优秀神父的原则，即天主教徒也可以批判教廷制度。他说："如果路德只谴责神职人员的恶行、滥用职权和错误，而没有抨击教会与其他宗教机构的圣礼，我们都会跟随、拥护他。"此番直言不讳、有理有据的言论之后，取消亨利婚姻的谈判在罗马遭遇了更大的阻碍。但是亨利的一生中，他人的反对只会鞭策他，他决定表明自己说到做到。

1530 年 12 月，总检察长控告全体神职人员违反 14 世纪为限制教皇权力而制定的《侵犯王权罪法》和《圣职授职法令》（Statute of Provisors），事由为他们默许了教皇使节沃尔西的诸多专横行为。亨利靠议会的支持，在遗嘱认证的问题上挫败全体主教后，他知道教士会议不会再违抗他。当罗马教廷大使出面力挺他们对抗亨利时，所有在场的神职人员都震惊不已。他还没开口，他们便乞求他不要给他们惹是生非，因为未经国王许可他们不得同他讲话。作为赦免他们违反《侵犯王权罪法》和《圣职授职法令》之罪的条件，亨利向教士会议索取大笔罚款，他向坎特伯雷教区索取了 10 万英镑，向约克教区索取了 1.9 万英镑，这远远高于他们起初的预算。进一步谈判之后，他还争取到了一个新的头衔。1531 年 2 月 7 日，神职人员承认亨利国王是"他们的特殊保护人和唯一的至尊君主，在基督法允许范围内，他甚至是至高的首领"。

自 1529 年关于遗嘱认证的重大改革以来，议会一直处于休会状态，如今为了聆听和宣传国王对离婚的看法又重新召开。大法官莫尔下到议院说："有人说国王谋求离婚是出于对一名女子的爱恋，而不是出于道德上的顾虑，但事实并非如此。"接着他宣读了国外 12 所大学的看法，展示了国外博士所著的上百本书，所有看法与书籍均认为亨利国王的婚姻不合法。然后，大法官说："现在，诸位下院议员可在各自的郡里报告你们的所见所闻，使大家都能明白亨利国王要离婚并非如某些局外人所言，是出于一己私欲或追欢取乐，国王只是为了化解内心的愧疚，确保王位的继承。"

其间，凯瑟琳王后自始至终都在宫里。亨利公开与安妮骑马、畅谈，但依然让凯瑟琳负责他的个人衣物，包括监管洗衣房和内衣的缝制。要衣服穿时，他还是会找凯瑟琳而不是安妮。安妮醋海翻波，但是数月以来亨利旧习不改。于是，博林家族试图劝凯瑟琳放弃这项权利。1531 年 6 月 1 日，诺福克、萨福克、加德纳和安妮的父亲（已经封为威尔特伯爵）、诺森伯兰等人觐见凯瑟琳，但她一如既往拒绝了。最后，大约在 7 月中旬，安妮带着亨利离开温莎城堡去打猎，这出狩时间比以往任何一次都长。凯瑟琳一日又一日地等待，一个月过去了，依然没有亨利回宫的消息。信使终于来了，国王即将回宫。但是国王不想见凯瑟琳王后，命她即刻搬到沃尔西在赫特福德郡摩尔的旧宅。此后，她与女儿玛丽被永远逐出了宫。

＊　＊　＊

1531—1532 年冬，亨利遭遇了在位时最严峻的危机。罗马起草了开除教籍、禁行圣事令，命亨利于 15 日内摒弃妖妇安妮，但并未写明处罚措施。教皇的怒火如阴云笼罩整个英国。圣诞节，宫里的气氛也异常凝重。一位编年史家说："人人都说那年的圣诞节没有奏乐，因为王后和女眷们都不在。"但是，如同在位初期远征波尔多失败后的那段黑暗时期一样，亨利一条道走到黑。反对声只会让他的计划更加坚定。他向神圣罗马帝国大使吹嘘，他们起草了禁止主教首年献俸给教皇的法案，作为对抗措施以防最坏的情况发生。亨利将使用该法案作为武器与教皇抗衡，这场斗争比大宪章之前的斗争更为激烈。法案的序言中说，如果罗马教廷竭力对英国采取开除教籍、禁行圣事或强制性措施，那么所有圣餐、圣礼应照常进行，禁行圣事令不得由任何高级教士或牧师执行或昭示。如果国王所任命的主教受限于罗马教廷的训谕而无法任职，应由该教区的大主教或其他教区的主教祝圣为主教。主教奉献的首年献俸是教皇的财政支柱，而该法案欲将其缩减为原先的百分之五。

亨利设法获得议会批准的诸法案中，这是最难的一项。他至少三次下到上议院，即便如此，法案似乎还是难以通过。最后，他想了一个新的权宜之计，首次将上议院分为两派。"他心生一计，让那些心向国王、（所谓）盼望王国昌盛的议员站一头，反对这一议案的站另一头。其中许多人害怕国王发怒，就换了立场"，作了大量修改之后，该法案便通过了。

下一步就是让神职人员屈从于王权。亨利让下院准备了一份名为《反对主教推事请愿书》(the Supplication against the Ordinaries) 的文件，针对教士法庭权威。"主教推事"是法律名词，指享受教会审判权的主教、副主教。起初，教士会议态度强硬，只是虚与委蛇，但是亨利拒不妥协，三次较量之后，他们同意了亨利的条款。至此，亨利成为英格兰教会的实际主宰。1532 年 5 月 16 日，这些条款呈交国王批准，当日下午，托马斯·莫尔爵士辞去大法官一职，以抗议在宗教事务上国王说了算。他曾经尽力在方方面面为君主效忠，如今，他看到亨利的所作所为必将与自己笃定的信仰相冲突。

因此，英国的宗教改革进展缓慢。亨利见机行事，稳扎稳打，终于使英国彻底摆脱了罗马的掌控。沃尔西功不可没，为它铺平了道路。他在最关键的岁月里力挺教皇，因此获准行使通常只有教皇本人和出访的教廷使节才有的大权。因此，英国比其他任何基督教国家都习惯将教权赋予某位教士，这样教权转移至国王便容易了。经沃尔西之手，教皇的权威第一次如此靠近百姓的生活，于是这种不请自来的亲近引起了百姓的反感。反对亨利离婚的主要人物、年迈的大主教渥兰于 8 月逝世，这样，事情就有了转机，但也出现了更多的问题。亨利并未急着任命一位继任者。他必须考虑好最远能走到哪一步。如果发生战争，能相信他任命的任何主教会忘记其就任时对教皇所起的誓言吗？会不会发生暴乱？凯瑟琳王后的外甥神圣罗马帝国皇帝是否会从低地国家进攻英国？法国的中立立场信得过吗？

为了直接权衡这些因素，亨利国王仅偕安妮·博林等数位友人赶赴布洛涅与弗朗西斯一世会谈。疑虑打消后，他便回国了。他自信即便是最惊天动地的坎特伯雷大主教一职，他也有权任命，于是他将克兰麦从大使馆召回国。克兰麦结过两次婚，第二次是接受圣职之后在德意志举行教士的德式婚礼，娶了一位知名的路德派教士的侄女。在英国，教士结婚依然是不合法的，因此克兰麦的妻子乔装先行。克兰麦本人则于 1532 年 11 月 1 日于曼图亚 ① 辞别皇帝，次日便启程离开了，并与 12 月中旬抵达伦敦。一周后，他被任命为坎特伯雷大主教，他欣然接受了这一职位。此后，直至亨利逝世，克兰麦夫人一直过着隐居的生活，据说她随克兰麦外出时，只得藏身于特制的大行李箱中。

　　一月后，亨利同安妮·博林秘密结婚。史学家至今尚未明确查明举办婚礼的主持者与地点，只知道婚礼的主持牧师并非是克兰麦本人。后来，克兰麦和神圣罗马帝国大使都说婚礼于 1533 年 1 月举行。无可置疑，在罗马天主教世界的眼中，亨利八世犯了重婚罪，与阿拉贡公主凯瑟琳结婚二十五载，并未被罗马和英国的任何法庭或公法法令取消。他认定自己与凯瑟琳的婚姻从未合法，以后留给律师与教士去纠正好了。

　　克兰麦以传统仪式就任大主教一职。应国王要求，罗马下达了训谕，因亨利以严查主教首年献俸相要挟。克兰麦按惯例宣誓效忠教皇，虽然宣誓前后都有所保留，但他还是以完整的仪式祝圣任职了。有一点至关重要：这个要将宗教改革贯彻实施的人得到了教皇的承认，并被授予全权。但两日后，议会提出一项议案，向坎特伯雷大主教授予听审、裁决英国内教廷所有上诉案件的权力，而过去都是教皇所有。若将来有人试图到国外起诉，根据《侵犯王权罪法》将受到严惩。英国法庭作出的判决不会受到教皇裁决或绝罚的影响，任何拒绝主持圣事、圣礼的牧师都可能遭牢狱之灾。托马斯·克伦威尔起草的这一重要法案伺机在议会通过，废除了教皇插手英国的

---

　　① 意大利北部小城。

残余权威,史称《上诉法案》。次月,亨利亲自写信给罗马,称自己"是国王,是最高统治者,除了上帝以外不服从任何人、任何世间的法律"。于是,英国与罗马之间彻底决裂了。

亨利确立至高无上的地位之后,就开始利用这项权力了。1533年3月,有人向教士会议提出这样两个问题:兄长生前已与妻子圆房,但死后无子嗣,那么弟弟再同嫂子结婚是否触犯宗教法,并且不得教皇特赦?高级教士与牧师的回答是肯定的,而罗切斯特主教费希尔的回答是否定的。亚瑟亲王与凯瑟琳王后圆过房吗?牧师的回答依然是肯定的,而主教持否定态度。费希尔主教随即被捕,关进伦敦塔。10日后,诺福克公爵带着国王特使在安普西尔觐见凯瑟琳王后,向她一一列举她应该主动让位的理由:她阻碍了王位继承,因为国家不会接受她的女儿作为女王,如果她继续无理阻挠,英国可能会内乱。如果让位,她仍能享有崇高的地位,但她一口回绝了。于是,诺福克等人向她宣布了教士会议的决定,他们将采取措施剥夺她的王后之位,因为她已经没有资格。她表明了反抗的决心,于是,特使们又宣布了一条通告。无论如何,凯瑟琳已不再是王后了,因为国王已经与安妮·博林成婚。

于是,亨利的秘密婚姻公开了。两周后,克兰麦在邓斯特布尔开庭,派了一位教士代表前往安普西尔传凯瑟琳出庭。凯瑟琳拒绝出庭,但大主教依然作出了缺席裁决。凯瑟琳与亨利的婚姻事实存在,但并不合法,一开始就无效,5日后,又宣布了亨利与安妮的婚姻合法有效。6月1日,安妮·博林王后于威斯敏斯特大教堂加冕。

次月,已经可以明显看出新王后怀孕了。产期临近,亨利陪同在格林尼治待产,极力照看使她免受打扰。海陆边境传来噩耗,亨利常常骑马到乡野与枢密院会面，以防安妮猜到事情的严重性，或许是为了躲避瘟疫。国库里有一张富丽堂皇、价值连城的床铺，是法国一贵族的部分赎金，如今搬了出来准备迎接新生命的诞生。1533 年 9 月 7 日，未来的伊丽莎白女王降生了。

尽管篝火通明，但亨利心里没有丝毫喜悦之情，由一位王子继位才是他所欲。他与全世界作对，险些犯下重婚罪，冒着被教皇废黜、讨伐的风险，到头来又是一个女儿。据记载，老保姆问亨利："陛下想看看您的小女儿吗？"亨利暴跳如雷，"我的女儿，我的女儿！你这个老东西，老妖婆，竟敢对我胡说！"说完他即刻策马奔出了格林尼治，远离安妮，3 日后抵达德高望重的老廷臣约翰·西摩爵士在威尔特郡的府邸狼厅。西摩爵士有一个天资聪慧的儿子和一个如花似玉的女儿，儿子在驻外部门供职，女儿曾是凯瑟琳王后的未婚侍女。简·西摩 25 岁，颇有姿色，但并非倾国倾城。神圣罗马帝国的大使汇报说："她的皮肤十分白皙，简直可以说是苍白。她算不上绝顶聪明，据说很是高傲。"但是她活泼爱笑，颇有亲和力，亨利很快坠入了爱河。

伊丽莎白出生后，对国王及其在宗教上的措施，批评声再也无法压制了。人们说，如果要在两位公主之间选择，那为何不选嫡出的玛丽公主呢？但亨利拒绝接受这一意见，通过法令立伊丽莎白为王储。1534 年 3 月，全国所有达到法定年龄的，不论男女都被迫宣誓遵循这一法令，不得效忠任何外来权威。没有特许，神职人员不得布道，还为所有教会规定了求恩祈祷文 [1]，其中有这样一段话："保佑亨利八世，地位仅次于上帝的英国天主教唯一首领，保佑其妻安妮，保佑继承人伊丽莎白公主。"恶意散布国王是暴君或异教徒言论者，判叛国罪。亨利的统治日益专横，成百上千人为此被绞死、挖内脏或五马分尸。

费希尔和托马斯·莫尔爵士均拒绝宣誓，于是被囚于伦敦塔内数月。审讯时，莫尔进行了精彩的辩护，亨利之前对他的信任如今变成了报复与憎恶。在国王的施压之下，诸位法官均宣布莫尔犯下叛国罪。费希尔被囚禁于伦敦塔时，教皇任命了 7 位红衣主教，其中一位就是"罗切斯特主教约翰·费希尔，现被英王禁于囹圄"。亨利一听到这个消息，就大发雷霆，几次说要将费希尔的人头送到罗马去戴红衣主教的帽子。1535 年 6 月，费希尔被处决，7 月，莫尔被处决。对他们的厄运，亨利要负主要责任，这也是他一生的污点。不久后，教皇开除了亨利的教籍，从理论上来说，剥夺了他的王位。

莫尔和费希尔反对国王对教会治理的最高权威，是高尚的英雄壮举。他们意识到现存的天主教系统存在缺点，但憎恨和恐惧正在破坏基督教世界统一的激进民族主义。他们知道，与罗马决裂会导致肆无忌惮的霸权威胁。莫尔挺身守卫中世纪观念中最美好的一切，他向历史展现了中世纪观念的普遍性、精神价值观信仰，和对出世性的本能感觉。亨利八世用血腥的斧头斩首了一位天赋异禀的谋臣，同时也粉碎了一个体系。该体系虽然在实践上未能达到理想状态，但长期以来用最光明的梦想指引着人类。

*   *   *

安妮再次怀孕的消息传出时，亨利还在向简·西摩献殷勤。但是这一回，亨利并没有把她放在眼里。安妮形容枯槁，疾病缠身，已经没有新鲜感。宫里流言四起，说三个月来亨利只同她说过十次话，尽管以前分开一小时他都难以忍受。安妮忧心忡忡，害怕有人起来反对她和襁褓中的伊丽莎白，拥护凯瑟琳和玛丽。她没有同国王和枢密院商议，擅自派家庭女教师给玛丽传话，只要玛丽宣誓遵循《王位继承法案》，并放弃继承王位的权利，她许下各种承诺。接着承诺的，是一番威逼恫吓，但玛丽寸步不让。一日，女教师向安妮汇报此事进展不顺利，安妮号啕大哭。接着，她舅父诺福克公爵大步走进房间，告诉她亨利在打猎时受了重伤。她悲恸欲绝，惊恐万状，几乎昏厥。5日后，她流产了。

亨利非但没有同情她，反而大发雷霆。他去看她时反复念叨："看来上帝不想让我有儿子。"临走时，他生气地说，等她好点要再找她谈谈。安妮答道，孩子没了不是她的错。她是听说亨利摔下马才受了惊吓，还说她对亨利的爱刻骨铭心，远胜于凯瑟琳，所以看到他移情别恋时她心都碎了。安妮自然是暗指简，亨利听了勃然大怒，甩门而去，多日不愿见她。简·西摩被安顿在格林尼治。她的男仆被神圣罗马帝国大使收买，我们因此有幸得知国王求爱的故事。

一日，亨利从伦敦派来一名侍从，带着一整袋金子和一封亲笔书信。简亲吻了书信，却原封不动地交还给了侍从。然后跪下说："请您恳求陛下谅解，我生在名门望族，洁身自好，把个人名誉看得比什么都重要，万死也不愿玷污名节。若陛下想赠我钱财，请等到上帝为我婚配良人之时。"亨利大喜过望，赞赏她高风亮节。为了证明自己也有同样高尚的动机，他许诺只有她的亲属在场才同她讲话。

1536年1月，凯瑟琳王后逝世。若国王有意再娶，他如今大可抛弃安妮王后，也不会有人对他上一段婚姻提出难堪的质疑了。西摩家族已经四处散布言论，说安妮王后盼子心切，伊丽莎白出世不久便对国王不贞，有数位情人。若证据确凿，这便是死罪。于是，王后被监视起来。一个星期天，有人看到两位年轻的廷臣亨利·诺里斯和弗朗西斯·韦斯顿爵士走进王后寝宫，据说还被无意中听到与她行苟且之事。次日，一份羊皮纸文件送到了亨利面前，提议授权谋臣和法官成立一个专案组，由大法官或其中任意四位领衔调查、审理各种欺君之罪。亨利签署了文件。星期二，枢密院整日整晚开会进行调查，但并未得到充足证据。下个星期天，一位诗琴技艺高超、名为斯米顿的国王内侍被当作王后的情人逮捕。随后，斯米顿不堪酷刑招供了。星期一，诺里斯在格林尼治参加五朔节的长枪比武大会，赛后亨利骑马返回伦敦，召诺里斯到身边，道出了疑点。尽管诺里斯矢口否认，但依然被捕，监在伦敦塔内。

当晚，安妮得知斯米顿和诺里斯进了伦敦塔。次日早晨，她被枢密院传讯。审讯由其舅父诺福克公爵主持，但事后安妮叫屈，没有哪位英国王后该遭受如此野蛮行径。审讯结束后，她被收监，等到涨潮时押往上游的伦敦塔。消息不胫而走，人群聚集到河岸，正好看到她的游艇快速逆流而上，还有一队守卫押送。舅父诺福克公爵与两位内侍牛津勋爵和桑兹勋爵也在船上。到了逆臣门，她被移交给了伦敦塔总管威廉·金斯顿爵士。

当晚，亨利的私生子里士满公爵在约克宫照例向他叩安，亨利痛哭流涕。"上帝大发慈悲，"他说，"你与你姐姐玛丽才免遭那个恶妇的毒手。她密谋要毒害你们的。"亨利整日醉生梦死，竭力忘却自己的羞愧。神圣罗马帝国大使这样写道："安妮等人被捕后，国王陛下从未如此欣喜。他偕女子到处宴饮，有时下半夜才寻着宫内的器乐声乐沿河返回，这些宫廷歌手卖力演奏演唱，似乎是在演绎亨利摆脱那个干瘪老女人的喜悦之情。"（实际上，当时安妮年仅29岁。）当然，这话很可能是恶意中伤，有失偏颇。大使还写道："近日，他与卡莱尔主教及数位命妇一同晚宴，次日主教告诉我说，亨利简直欣喜若狂。"

星期五早晨，上周指定的专案组开庭审理了安妮的情人，组员包括安妮·博林的父亲威尔特伯爵和几乎所有的法官。法庭传召了由12位骑士组成的特别陪审团，判决囚犯有罪。他们被判绞刑、掏内脏并五马分尸，但须等到王后审讯完毕方可行刑。星期一，于伦敦塔大会堂对王后进行了审讯。26位贵族坐在高高的审判台上，占了全国现任贵族人数的一半，主审法官为诺福克公爵，他还被临时委任为贵族法庭审判长。大法官托马斯·奥德利爵士是平民出身，无权审判王后，只能坐在诺福克公爵身旁提供法律意见。伦敦市长与市参议员代表团出席了庭审。在国王的要求下，还邀请了数位公众一同坐在律师席上。伦敦塔副官埃德蒙·沃尔辛厄姆爵士将王后带上法庭，听取总检察长宣读公诉书。她被指控对国王不忠，承诺诺里斯在国王死后嫁给他，并授予诺里斯喂毒的项链坠匣，指使其毒害凯瑟琳和玛丽，及与兄长乱伦等其他罪状。王后言辞激烈地否认了所有控告，并逐条回应。贵族们退庭商议，随即返庭宣判安妮有罪。诺福克宣读了判决：王后应受火刑或斩首，悉听国王尊便。

安妮收到判决书，异常冷静、勇敢。她说，若国王应允，她愿像法兰西贵族那样剑下断头，而不愿像英国贵族那样斧下丧生。国王应允了她，但寻遍国王的领地，没有一位刽子手能用剑行刑，于是不得不向神圣罗马帝国皇帝所辖的圣奥梅尔借用一位专家，死刑便从星期四推延至星期五。星期四夜里，安妮辗转难眠。伦敦塔的庭院里正在搭建约五英尺高的行刑台，可隐约听到锤子敲打的声响。清晨，公众放进了院内，接着大法官偕亨利之子里士满公爵克伦威尔、伦敦市长及市参议员入场。

1536 年 5 月 19 日，伦敦塔总管带着安妮进场了，刽子手手拄笨重的双手剑已在行刑台伺候。安妮穿着华丽的毛皮镶边灰锦缎晚礼服，里边是大马士革式深红色外穿衬裙。她特意选了这身打扮，这样可以把脖子露出来。他们给了安妮一大笔钱,施舍给在场的百姓。她只是对他们说："我来这里不是来说教的，是来赴死的。为国王祈祷吧，他是个好人，待我不薄。我不会将我的死归咎于任何人，我不怨法官，不怨其他任何人，我依国法获刑，甘心赴死。"接着，她摘下珍珠头饰，露出的头发已经为了不妨碍行刑而精心盘起了。

"为我祈祷吧，"她说着双膝跪地，一位宫廷女侍用绷带蒙住了她的双眼。在诵读主祷文之前，她垂下头低声说，"上帝怜悯我的灵魂。"刽子手走上前，慢慢提起剑对准她，她又说了一遍："上帝怜悯我的灵魂。"接着，剑光嗖的一声划过，只一下刽子手便完工了。

亨利得知行刑完毕才出现，他穿着黄袍，帽上插着一根羽毛。10 日后，他与简·西摩在约克坊秘密完婚。简温顺听话，确实是亨利一直以来梦寐以求的贤妻，安妮太强势任性了。安妮行刑的两年前，一位大使写道："那个女人想要什么，无人敢违抗，即便有人大胆违抗也毫无用处，连国王本人也不例外。据说国王对她百依百顺，即便国王劝阻，她也一意孤行，还假装大发雷霆。"简则恰恰相反，虽心高气傲但温文尔雅，亨利同她其乐融融地度过了 18 个月。她是唯一一位亨利所惋惜和悼念的王后，她产下头胎也就是未来的爱德华六世后不久便逝世了，年仅 22 岁。亨利为她举行了隆重的王室葬礼，在温莎的圣乔治教堂下葬。后来，亨利自己也长眠于近旁。

第6章
关闭修道院

简·西摩王后在位时，宫廷内一派升平景象，但英格兰农村却民怨沸腾。亨利的财政收入愈来愈拮据，于是教会的财产就是诱人的目标了。就在安妮审讯前，他亲自下到上议院提议推出一项法案，关闭少于12名修士的小修道院。这样的修道院有将近400处，地租总和相当可观。长期以来，圣职日益衰落，父母越来越不愿将儿子送去修道院。修道士只好去农村招人，常常打破旧时的社会等级观念招收穷佃农之子。但新人的数量远远不够，因此，有些修道院的修士便破罐子破摔，挥霍捐赠，砍伐森林，典当金银餐具，任凭房屋失修倒塌。多年来，教会巡查者明察暗访过诸多严重不当行为。取消小修道院的想法并不新，曾经，沃尔西为筹措资金在牛津大学建造学院就取消过几个小修道院，此后，亨利也为了个人利益取消了20多个修道院。小修道院的修士将转移至大修道院或领取养老金遣散回家，议会对于这样的安排还满意，于是并未横加阻拦。1536年夏，王室专门派调查员巡视全国，以迅雷不及掩耳之势解散了各小修道院。

亨利现在有了新的首席谋臣。托马斯·克伦威尔先后在意大利参加过雇佣军，卖过布，放过贷。他在沃尔西手下学到了治国之道，并且吸取了他垮台的教训。克伦威尔残忍无情、玩世不恭，又诡计多端，是新时代的典型代表。他不仅野心勃勃，而且精力充沛，敏锐睿智。替代沃尔西成为国王的首席大臣后，他没有像那位倒台的红衣主教一样讲究排场和繁华，而是在政府与教会事务上取得了实实在在的成就。在治国理政上，克伦威尔并未采用现存的制度，而是设计了新的治理之方。在他上任以前，几个世纪以来，国策一直由王室制定贯彻。虽说亨利八世改进了这一体系，但在某种意义上，他依然是老派的中世纪国王。托马斯·克伦威尔当权的十年内，彻彻底底地改革了这一体系。1540 年他失势之时，国策已独立于王室，由政府部门实施。他开创了现代英国的政府服务体制，这一点与他的其他成就相比似乎算不上惊人之举，但可以说是他最伟大的成就了。虽无人纪念，但克伦威尔确实是我们伟大国家机构的设计师。

作为首席大臣，克伦威尔主管解散小修道院行动，心狠手辣，但卓有成效。这一行动引起了富裕阶级的兴趣，贵族与乡绅以优惠条件获得了各种各样的富庶领地。有些邻近的商人、城市财团和廷臣也合伙购买、租赁了没收的土地。许多当地乡绅长期以来担任修道院土地的主管，如今就把他们世代管理的土地买了下来。整个中产阶级对教会享有特权、收敛财富深感不满，他们反对没有参与经济活动的人独占大份额的国民收入。国王得到了议会和富裕阶层的支持。流离的修道士总计约 1 万人，大多数拿到十分可观的养老金后如释重负，或者坚强面对命运的提弄。有些甚至娶了修女，许多人则成了体面的教区牧师。小修道院解散后，大批土地归入国王名下，当时一年就可进账 10 多万英镑。通过变卖、出租修道院其余的不动产，又有 150 万英镑收入国王囊中，与原值相比虽减去不少，但当下算是一笔巨款了。实际上，交易的主要结果就是地主阶级和商人阶级甘心乐意地拥护宗教改革和都铎王朝，歪打正着啊。

但对庶民群众的直接影响却难以断言。坚强无产阶级似乎没有出现大范围的失业或贫困，但是此后很长一段时间内，许多仅靠修道院救助的贫穷病弱者无人照管，这种情况在北方尤为严重。

在传统旧习根深蒂固的北方，新制度遇到的反抗也比南方强烈得多，新的世俗地主也比原先掌管土地的修道士更为严酷。但是圈地的并非只有世俗地主，宗教改革之前，许多修道院院长为了改善农牧业也千方百计地圈地。为了满足日益增长的人口和不断壮大的纺织业，英国的农业逐渐从耕作农业转型为畜牧业。因此，乡绅和商人作为新主人注入经营思想与资金后，这些辽阔的修道院领地富得流油。人们有时埋怨，现代经济体系带来的所有弊病都是由于宗教改革。即便这些问题确实都算弊病，但早在亨利八世开始怀疑与阿拉贡公主凯瑟琳的婚姻有效性之前，它们就已存在。托马斯·莫尔早在《乌托邦》一书中就向当代人勾勒了新经济的尖锐缺陷，只是生前他没有机会看到事情的全程而已。

在宗教信仰方面，宗教改革带来了深远的变化。此时，《圣经》获得了全新、广泛的权威。老一代人认为，《圣经》在无知者手中是极为危险的，只有教士才可阅读。诺福克公爵说："我从未读过《圣经》，以后也不会读。新学术诞生以前，英国四海升平。是啊，但愿一切如旧。"廷德尔和科弗代尔的英译本《圣经》直到 1535 年晚秋才首次出版，但此时已多次再版。政府命教士鼓励全国诵读《圣经》，还有人煞有介事地说，国王在宗教事务上的代理人托马斯·克伦威尔曾推动《圣经》的翻译工作。米迦勒节①之前，一切传教工作暂停，即便是特许传教士也不例外，除非有主教在场。1536 年 8 月，克伦威尔下令主祷文与戒律必须用母语教授，不得再用拉丁文。次年，克兰麦为了教诲众生拟定了《基督教徒守则》，已初现新宗教观念的明显倾向。这实际上既是一次变革，也是一种宗教启示；在乡间引起了巨大骚动，尤其是在天主教根深蒂固、经济落后的北方。

*　*　*

到了秋季，米迦勒节过后开始征收新税之时，英格兰北部及林肯郡的农民、乡下人聚众抗税，发誓维护教会旧制度。此次叛乱称为"求恩巡礼"，是完全自发的。领导者是众人推举的一位名为罗伯特·阿斯克（Robert Aske）的律师，但贵族与上层教士并未参与。叛乱人数远远多于王军，并且国王除了王室警卫一支常规军都没有，此时亨利正如沃尔西所言，展现了"国王的胃口"，拒绝向乱民妥协。林肯郡的乱民囚禁了税吏后，他写了一封威胁信：

> 这伙刁民罪大恶极，除非你能说服他们解散，并将一百个头目用缰绳绑了，交由副官随意发落……不然，他们没救了。本人已派遣副官萨福克公爵率领十万骑兵、步兵，日夜兼程，配备弹药大炮……另指派一支大军，待乱民一离开盘踞地就把他们的老巢一锅端了，烧光、抢光他们的财产，杀光他们的妻儿。

随后，税吏汇报说，总体而言百姓们准备承认国王为教会最高

---

① 基督教中纪念天使长米迦勒的节日，在中世纪，许多民间传统习俗与此节有关。

首领，答应他所要求的特别补贴，应允他一并享有初熟果实及教会的什一税，但下不为例。他们说："不过，他这一辈子都别再妄想从下议院要一分钱，也别妄想再取消修道院。"他们还抗议国王拣选的谋臣，要求罢免克伦威尔、克兰麦及有宗教异端嫌疑的四位主教。

国王言辞激烈地回应说："就挑选枢密院成员而言，从未听闻或知晓君王的谋士、教士竟由粗鲁无知的平民说了算……尔等草莽匹夫，浅见寡识，胆敢对本王指手画脚，简直放肆……取消修道院一事，乃国内教俗两界全体贵族批准，经《议会法案》通过，并非是某位议员出于个人意愿与臆想而提出，尔等休得信口雌黄。"亨利又说，他们若不顺服，便与他们的妻儿一同做刀下鬼。约克郡乱民的目标也是大同小异，正如他们的誓言所示："我凭对万能的上帝的信仰起誓……将国家所有败类、奸臣从陛下身边和枢密院驱逐出去，守卫基督的十字架，坚持基督的信仰，振兴教会，打击异教邪说。"

1537 年初，叛军如兴起时一样迅速瓦解了，但是亨利决心严惩头目，以儆效尤。仅卡莱尔一地的巡回审判，就有 70 人以叛国罪被绞死，当大获全胜的诺福克将军想大发慈悲时，亨利却下令大开杀戒。共计约 250 名叛乱分子被处死。

叛军就是反对税收与取消修道院而已，但亨利此时却变本加厉地征税，刚镇压叛乱便开始取消大中型修道院。为了进一步打压传统教派，政府委托出版商在巴黎大量印刷《圣经》英译本，该版本比以往任何一版都精致华美。1538 年 9 月，又勒令国内所有教区采购该版最大号《圣经》置于每个教堂内，以便教区居民敞开阅读同一版本。伦敦圣保罗大教堂购置了 6 部《圣经》，民众整日聚集在教堂内阅读。据说，能找到声音洪亮的人诵读时，人数更多。此后各版的《圣经》皆以该版为基础，詹姆斯一世在位时出版的《钦定版圣经》也不例外。

＊　　＊　　＊

目前为止，托马斯·克伦威尔一直顺风顺水。但此刻开始，他遭到了旧派保守贵族的反对。他们对政治改革拍手称快，但希望国王确立至高宗教地位后便终止宗教改革，另外他们也反对克兰麦一伙对教义的改动。这股反对势力的领导人物是诺福克公爵，而国王也是正统教义的捍卫者，除非他的欲望和兴趣被激发，他也赞同他们的主张。温切斯特主教、日后玛丽王后的智囊斯蒂芬·加德纳，是诺福克一派身后的军师。其领导者费神地指出，法国与神圣罗马帝国皇帝可能将攻打英国，执行教皇废除英王的判决。在宗教方面，亨利本人非常希望避免与欧洲列强彻底决裂。天主教阵营看上去无比强大，克伦威尔在国外唯一能找到的盟友只不过是德意志的小诸侯们。诺福克一派盯紧这些重大分歧，静待时机。时机果然来临了，如同难忘的亨利时代的其他大事件一样，事情也是因他的婚姻而起。

在教义与教会仪式的修改上，亨利拒绝向欧洲大陆上的路德教派妥协。于是，克伦威尔只得向德意志北部拥护路德派的诸侯寻求政治联盟，他请来学识渊博的路德派牧师，商议德意志与英国公主甚至是亨利本人和亲之事。亨利此时已是鳏夫。他属意联姻的家族中，有一个是欧陆上的克利夫斯公国，因其在宗教上与亨利本人的态度不谋而合，虽痛恨教皇，但限制路德教派。此时传来了外交格局巨变的消息。法国大使与神圣罗马帝国大使一同前来觐见亨利国王，告诉他说，弗朗西斯一世已邀请身在西班牙领地的帝国皇帝查理五世前往根特平定叛乱时顺道过访巴黎，并且查理五世已接受邀请。这两位君主决定不计前嫌，共谋大业。

为了对抗这两位天主教君主，与德意志北部诸侯结盟似乎势在必行了。英国加紧了亨利与克利夫斯长公主安妮联姻的谈判。克伦威尔汇报说，安妮人见人爱。他说："人人都夸她貌美如花，身姿曼妙。有人说，米兰公爵夫人与之相较都相形见绌，如月光遇见阳光灿烂。"宫廷画师、当代绘画大家霍尔拜因已奉命去为安妮作肖像画，现在卢浮宫内或许还能看到原画。公主不怎么上相。英国驻克利夫斯大使提醒亨利说，"这画十分逼真。"他还说，安妮只会说德语，大部分时间都用来做点针线活，不会唱歌也不会乐器。她芳龄30岁，身材颀长，神情自信坚定，脸上稍有些麻子，但据说聪慧活泼，饮啤酒而不贪。

1539年，安妮在加来过了圣诞节，等待风暴平息，并于除夕日抵达罗切斯特。亨利乔装打扮，乘坐私人游艇前去相迎，带去的礼物中有一张上等貂皮。元旦那日，他赶去见安妮，可是见到她后大吃一惊，尴尬不已，所有船上精心准备的拥抱、礼物、赞美之词统统都抛到九霄云外了。他咕哝了几句便回到游艇上，沉默良久。最后，他闷闷不乐地说："我从这个女人身上，丝毫没看到人们所说的优点，聪明人竟会做出如此评价，真是怪哉"。他回宫后告诉克伦威尔："不管别人怎么说，她确实不漂亮，只不过身材匀称标致，别无可取之处……我若早知如此，她便不用来英国了。"他私下还戏称她为"佛兰德斯母马"。

但慑于外患，亨利不得不履行婚约。后来他对法国大使说："你们将我逼入绝境，但感谢上帝，我还活着，我可不是你们所认为的庸君。"此时，他与欧洲的所有人一样深知《教会法》的婚姻条款，未与安妮圆房，成为日后合法废除婚姻的法律楷模。他对近臣说，这段有名无实的婚姻有违其本意，是出于政治需要，以免在世界上引起混乱，防止安妮的兄长克利夫斯公爵倒向帝国皇帝与法王一边。安妮与洛林公爵之子曾预订过婚约，未尘埃落定，但也尚未解除。实际上，亨利只是静观欧洲局势，伺机而动。

此时，诺福克和加德纳终于等到了机会，借助女人之手打垮克伦威尔，就如同打垮沃尔西那样。诺福克的另一外甥女凯瑟琳·霍华德在加德纳府中被引荐给亨利，亨利对她一见钟情。很快，诺福克一派觉得有足够的底气挑战克伦威尔的权力了。1540 年 6 月，他们说服了亨利，将克伦威尔与安妮一并摒弃。根据《剥夺公民权法案》（Bill of attainder），宣判克伦威尔有罪，主要罪状为信奉异端邪说，"散播"异端书籍，坐实叛国罪。安妮同意废除与亨利的婚姻，教士会议宣告这段婚姻无效。她得了一些养老金，在英国又隐居生活 17 年。7 月 28 日，克伦威尔被处决，数日后，亨利与第五任妻子凯瑟琳·霍华德秘密成婚。

凯瑟琳年约 22 岁，深红的头发，浅褐色的眼睛，是亨利历任妻子中最貌美的一位。亨利又精神焕发，康复如初了，移驾至温莎减肥。12 月，法国大使汇报说："亨利国王改变了生活作息，清晨五六点起床，七点做弥撒，然后外出骑马，十点用午餐。他说，在伦敦的宫殿度过了整个冬天，在乡村感觉甚佳。"

然而，桀骜不驯、任性恣情的凯瑟琳很快便厌倦了这个年长近 30 岁的丈夫。她对表兄托马斯·卡尔佩珀不顾一切的恋情被人发现，1542 年 2 月，她在伦敦塔内安妮·博林行刑处被处决。行刑前一夜，她要来了垫头木，把头靠在上面练习。走上断头台时，她说："我以王后之身就戮，但我宁愿作为卡尔佩珀之妻而死。愿上帝怜悯我的灵魂。善良的人啊，求你们为我祈祷吧。"

亨利的第六任妻子凯瑟琳·帕尔是湖区一位 31 岁的小寡妇，在亨利之前还有过两任丈夫。她严肃稳重，知识渊博，对神学问题颇感兴趣。1543 年 7 月 12 日，她同亨利在汉普顿宫成婚，成为亨利的贤妻。她悉心照料亨利溃烂的大腿，无奈病情日益加重，3 年后亨利不治而亡。她还竭力缓和亨利与未来的伊丽莎白女王之间的关系，玛丽与伊丽莎白愈来愈喜欢她，所以有幸在国王死后依旧幸福生活。

* * *

青春易逝，年华易老，文艺复兴时代的年轻国君已经老迈，还动辄发怒。亨利因腿疾之苦脾气暴躁，他忍受着傻瓜们的无能，而一些同样不耐烦的大臣还常常忤逆。他内心多疑，手段残忍。同凯瑟琳·帕尔成婚时，他正为毕生最后一次战事做准备。此次冲突因苏格兰而起，这两个民族间的仇恨持续加深，时不时地在荒芜的边境爆发。亨利重新提出了废弃的宗主权，他谴责苏格兰人为乱民，还逼他们放弃与法国的联盟。苏格兰人在哈利顿里格成功击退英格兰的突袭。之后 1542 年秋，诺福克指挥的一支远征军由于军需部失职只得在凯尔索班师回朝。英军供给不足，士兵连啤酒也喝不到。苏格兰人将战线推到了英格兰境内，但此举使苏军损失惨重。由于指挥不当，组织无方，一万之师在索尔威沼泽损兵一半，溃不成军。苏格兰又一次在弗洛登惨败，詹姆斯五世听到这一噩耗后一命呜呼，将苏格兰王国扔给了仅一周大的玛丽公主，她后来成了举世闻名的苏格兰女王。

这个孩子立马成了争夺苏格兰的焦点，亨利要求公主许配给自己的儿子兼继承人。但是苏格兰太后为法国的玛丽·吉斯公主，而以红衣主教比顿为首的天主教亲法派表示抗议，拒绝了亨利的要求，并且开始各方谈判欲为玛丽婚配一位法国王子，英国拒不接受。神圣罗马帝国大使望亨利出手助帝国皇帝对抗法国，他到了英国宫廷后受到盛情款待。英国与神圣罗马帝国结成了反法联盟，1543 年 5 月，查理五世与亨利正式批准了一项秘密条约。此后一直到 1544 年春，备战工作持续进行。亨利将苏格兰战事交给了西摩王后的兄弟、赫特福德伯爵爱德华·西摩。亨利本人则将率军横渡英吉利海峡，与东北面赶来的帝国军队联手迎击弗朗西斯。

计划固然不错，但执行起来却一败涂地。亨利与查理五世互不信任，都怀疑对方会单独与法国媾和。亨利担忧深陷帝国皇帝的计划，于是留下来包围了布洛涅。9 月 14 日，布洛涅陷落，亨利此次出征至少有所收获。5 日后，帝国皇帝与弗朗西斯讲和，对亨利的埋怨与劝告置之不理。与此同时，在苏格兰奋战的英军在火烧爱丁堡、将大片国土夷为平地后再难向前推进。1545 年 2 月，英军于安克拉姆荒野遭到挫败。

亨利的处境已是岌岌可危。英国孤立无援，面临法国与苏格兰两头犯境之险。这一危机需要英国人民做出空前牺牲，他们从未缴纳过如此繁重的国债、王室补助、强征的恩税。亨利以身作则，熔毁金银器具，抵押个人房产。他亲自下到朴次茅斯为抵御入侵做准备。一支法国舰队穿过索伦特海峡，运送部队至怀特岛登陆，但很快被击退了，危机逐渐解除。次年，英法签订和约，英国继续占领布洛涅，8 年后由法国斥重金赎回。和约并未涉及苏格兰问题。苏格兰战争小打小闹地持续着，只在红衣主教比顿遇刺时一度大打出手，但未分胜负。亨利在苏格兰一无所获，他不会宽宏大量地与邻居和解，但也无力迫使它归顺。此后50年，他们将为亨利之后的几任君王添堵使绊。

1546年，亨利年仅55岁。到了秋季，亨利照例四处旅行，经萨里和伯克郡前往温莎，11月初回到伦敦，此后便再也没有离开首都。亨利临终前数月，所有人都在思考这样一个问题：王储已立，是个9岁的孩子，但谁将在幕后操控实权呢？是诺福克还是赫特福德？保守派还是改革派？

答案突然而至，出人意料。1546年12月12日，诺福克及其子诗人萨里因叛国罪被捕，押往伦敦塔。从萨里的愚行来看，惹是生非也在所难免。他出言不逊地说国王大期将至，不合时宜地提起自己是爱德华一世血统，还不顾掌管宗谱纹章官员的阻拦将王家纹章并排在一起。国王回想数年前有人举荐立诺福克为王储，还建议将玛丽公主许配给萨里，于是起了疑心，立即采取行动。1月中旬，萨里被处决。

议会召开，同意通过《剥夺公民权法案》定罪诺福克。27日，即周四，获得御批后，诺福克被判死刑。但当晚，亨利本人已奄奄一息。医生们不敢告知实情，因为根据《议会法案》，预告国王死期乃是大逆不道之罪。挨过数小时后，安东尼·丹尼爵士"大胆地走到国王病榻前直言相告，告诉他从常识看命不久矣，劝他做好准备"。亨利坦然地接受了这个噩耗。身边的人催促亨利传召大主教，他却说想先"睡一会儿，等我感觉好些了再安排身后事"。他熟睡之时，赫特福德与佩吉特在门外走廊上来回踱步，谋划着如何夺取实权。午夜前夕，国王醒了，派人传召克兰麦。克兰麦到时亨利话都讲不出了，只是向他伸了伸手。没过几分钟,这位英国至高领袖便咽气了。

*   *   *

亨利统治时期,英国日益壮大,英国的特征逐渐形成,但是其处决事件家喻户晓,为亨利抹上了污点。两位王后、两位重臣、一位圣人般的主教、无以计数的修道院院长、修道士,以及胆敢违抗圣意的无数平民百姓被处死。几乎所有有王室血统的贵族都被亨利送上了断头台。罗马天主教徒与加尔文派教徒同样被控信奉邪说、利用宗教危害国家而受到火刑。法官们道貌岸然地干这些迫害行为时,或许是当着枢密院甚至是亨利本人的面,本意带来光明的文艺复兴却带来了这样的残暴结果。善男信女站在柴堆上受罪,严刑拷打,轻罪也遭受野蛮刑罚,这些都与人文主义的开明原则格格不入,令人作呕。然而,亨利的臣民并未憎恨背叛他。他在没有军队和警察的情况下,在欧洲动乱的旋涡中维持了国内秩序,在英国强制实行了其他地方难以企及的一套教规制度。长达一个世纪的宗教战争过去了,英国人却没有因为信仰问题与自己的同胞刀剑相向。诚然,我们不得不说亨利的统治可圈可点,他为英国的海上霸权奠定了基础,振兴了议会制度,将英文版的《圣经》推而广之,最重要的是健全了一种合民意的君主制,其后世代英格兰人为了英国的伟大而勠力同心。而与此同时,法兰西与德意志则饱受内乱之苦。

第7章
新教斗争

亨利八世的情欲与权欲推动了英国的宗教改革。他本人依然自诩为虔诚的天主教徒，但他信奉天主教的几任妻子却没能为他诞下一子。阿拉贡公主凯瑟琳生下了未来的玛丽女王，安妮·博林生下了未来的伊丽莎白女王，信奉新教的西摩家族之女简却诞下了男孩，后来成为爱德华六世。对发生王位之争的恐惧，深深烙在亨利八世及全国上下的心上。主要是出于守护唯一嫡子登上王位的欲望与责任感，迫使亨利在晚年不仅与罗马决裂，还与自己内心的宗教信仰决裂。然而，信奉天主教的诺福克家族依然存留着大部分权势。虽说他们的亲属凯瑟琳·霍华德被处决，他们的儿子，诗人萨里跟着上了断头台，修道院土地被充公，《圣经》也印刷了英文版，但在亨利生前，他们就对改革派造成了制约和阻力。亨利限制了克兰麦对教义的创新，总体而言，维护了以温切斯特主教斯蒂芬·加德纳为宗教代表的整个诺福克利益集团，因此能与他们达成有效的和解。亨利希望在执政与择偶上能随心所欲，但是他认为没必要改变臣民与生俱来的信仰，乃至宗教仪式。

新王执政后，更深入更汹涌的潮流开始活跃起来。幼王的监护人兼首辅大臣便是他的舅舅，新受封的萨默塞特公爵爱德华·西摩。他与克兰麦继而将亨利八世的政治改革发展成为宗教革命。他们将德意志、瑞士甚至是遥远的波兰学者聘到牛津大学和剑桥大学任教授，向新一代神职人员灌输新教教义。克兰麦以流畅优美的英文书写了《公祷书》（the Book of Common Prayer），并于 1549 年通过议会颁发。萨默塞特公爵倒台后，《四十二条信纲》（Forty-Two Articles of Religion）及第二版《公祷书》相继问世，至少名义上而言，英国已成为新教国家。萨默塞特与克兰麦都是坦诚之人，他们希望国民接受的宗教观点，他们自己也深信不疑，但老百姓对教义之争不甚了解，亦不关心，不过有许多人激烈反对外来教义。

萨默塞特本人只不过是根据亨利遗愿任命的摄政大臣之一，新王摄政的位置表面光鲜，却十分危险，既无法律依据，又无先例，嫉妒者不乏其人。其兄弟海军大臣托马斯·西摩也是野心勃勃。瘦弱的幼王爱德华六世患有先天性肺结核，可能不久于人世。下一任信奉新教的继承人是伊丽莎白公主，她与亨利最后一任也是最幸运的一任妻子凯瑟琳·帕尔夫人住在一起，而如今凯瑟琳·帕尔夫人已嫁给海军大臣托马斯·西摩。他认为在妻子逝世前向年轻的伊丽莎白公主求爱也并无不妥，便在她闺房内同她嬉戏，于是流言四起。有人发现了托马斯·西摩密谋加害其兄长的证据，1549 年 1 月，摄政不得不根据《剥夺公民权法案》将其押往伦敦塔丘处死。这样，萨默塞特公爵解决了新政权的第一次危机。

*　　*　　*

相较于此类来自个人的威胁，农村的疾苦与不满更为可怕。中世纪的英国，生活与经济迅速解体。地主看到羊毛有巨利可图，而带状分布的村庄公地阻碍了他们的财路，于是，地主与农民之间的战斗持续了数十载，村庄社区的权益被慢慢吞噬殆尽。公地被没收，圈起来变成了牧羊场。修道院的解散消除了旧体制中最强大、最保守的势力，一度给了早已蓄势待发的进程新的推动。圈地运动变本加厉，造成了全国普遍的疾苦。有些地区多达三分之一的耕地变成了牧场，新贵们趁修道院解散之机中饱私囊，却依然贪得无厌，百姓们皆怒目而视。

因此，萨默塞特不得不面对英国有史以来空前绝后的一次经济危机。国内出现了大范围的失业，亨利实行的货币贬值政策更是雪上加霜。深得民心的传道士大声谴责。1548 年休·拉蒂默在圣保罗十字架前传讲的"耕种之训"便是针对都铎王朝的著名檄文。"过去，人们富有同情与怜悯，现在却毫无同情心。在伦敦，有弟兄冻死街头，还有弟兄在家门口病倒饿死。过去在伦敦，富人死前在各大学设立奖学金帮助学者，这已成惯例。任何人死前都会捐赠巨款济贫……如今人心不古，无人再帮助学者、救济穷人。上帝的教诲虽为人共知，且多人殷勤学习、阐述，但几乎无人将其发扬光大。"1549 年春，拉蒂默又传讲了一系列布道抨击时弊，论述"人类造成的巨大不幸之物资匮乏"。

"地主们，收租人，恕我称呼你们继任老爷们，你们每年所得太多了……各位大人，我告诉你们，你们如今所得并非荣耀国王，臣民受到正确的宗教引导才是国王的荣耀。国家进步，未雨绸缪，物尽其用，人尽其劳，臣民不无所事事，才是国王的荣耀。若国王的荣耀如有些人所言代表黎民百姓，那这些牧场主、圈地者和收租人则是国王荣耀的拦路虎。曾经百姓安家落户之所，如今只剩下羊倌和牧羊狗。各位大人，此等行径显然是要奴役自耕农。你们发展畜牧、饲养牛羊，统统变成私人商品，大发横财，已是腰缠万贯，如今又加倍膨胀，传教士磨破嘴皮，也无济于事。"

萨默塞特身边的人正是通过拉蒂默所谴责的这一手段大肆敛财。他本人同情自耕农和农民，便指派委员会调查圈地问题。但此举却加深了不满情绪，促使受压迫者为自己的命运而抗争，于是爆发了两起叛乱。西南地区信奉天主教的农民起来抗议《公祷书》，东部各郡的乡下人群起反抗圈地的地主，这下给萨默塞特的政敌抓住了把柄。1524—1526年，继宗教改革之后，德意志发生了血腥的农民战争，城乡贫困阶级在宗教改革家茨温利的鼓动下起来反抗压迫他们的贵族。1549年，英国似乎将重蹈覆辙。外国雇佣军镇压了西部的叛乱，但诺福克的情况更加严峻，为首的是一个名为罗伯特·凯特的鞣皮场场主。他在诺里奇城外的慕斯霍尔德山上建立了指挥部，聚集了约1.6万名农民，住在树枝冠顶的茅草屋内。在一棵大橡树下，凯特每日审讯被控告抢劫穷人的乡绅。没有流血事件，只是将乡绅圈占公地重新归还百姓，起义军夺取地主的牛羊过活。地方政权无能为力，并且大家知道萨默塞特也认为起义者的不平情有可原。混乱蔓延到了约克郡，并猛烈冲击了中部地区。

此时，沃里克伯爵约翰·达德利抓住了时机，其父曾经做亨利七世的代理人。他在亨利八世发动的对法战争中彰显出优秀的军事才能，且谨慎掩盖真实面目与动机。他自私自利，精力旺盛，主张发家致富。此时，他受命率军镇压起义军。政府自觉军力羸弱，承诺赦免起义军，凯特便有些动摇了。传令官来到他的营中，谁知一个小意外酿成了大祸。凯特站在橡树旁，正思索会见沃里克伯爵的事宜，这时一个顽童"言语粗鲁、举止猥琐"，惹怒了传令官一行，于是立即被他们用火绳枪射杀了。此举激怒了凯特的追随者，双方便打了起来。沃里克最精锐的部队是德意志的雇佣军，他们百发百中，打乱了农民军阵列。3500 人阵亡，伤者必亡。几个人躲在一排农用拖车后面保住了性命，缴械投降了。凯特被俘，于诺里奇城堡被绞死。沃里克意外地扬名立万，博得了硬汉的美名。

萨默塞特的政敌声称自己恢复秩序有功，还将东部叛乱归咎于萨默塞特的圈地调查委员会及对农民的同情，将西部的叛乱则归咎于他的宗教改革。他的外交政策迫使苏格兰与法国结盟，于是失去了亨利在法的唯一战利品——布洛涅。沃里克成了反对派的领袖，被称为"伦敦勋爵党"的沃里克一派汇聚一堂，商讨对付新王摄政的对策。无人动议支持他，于是反对派静悄悄夺取了政权。萨默塞特在伦敦塔内关了一段时日，此时已无权无势，虽数月来依然允许参加枢密院，但形势每况愈下，因此发生有人挺身支持他的危险愈来愈大。1552 年 1 月，他像出席国宴一般盛装打扮，在伦敦塔丘被处决。这位英俊潇洒、心地善良的人丝毫未能纠正亨利在位时造成的紊乱，并且成了他所触犯的凶残利益集团的牺牲品，但英国人民对这位"善良的公爵"缅怀了多年。

萨默塞特的继任者们没那么恪守正道，越发难有功绩。弗劳德说："旧制度崩塌，百姓疾苦，道德沦丧，社会混乱，国家分崩离析。此时，有思想的英国人必然会自问，宗教改革究竟为他们带来了什么……政府贪污腐败，法庭贪赃枉法。商人眼里只有金钱，百姓揭竿而起。心地善良、洁身自好的人中，佼佼者依然站在改革派一边。"有名无实的英王爱德华六世年仅 15 岁，但体弱多病，冷漠无情，自命清高。他在日记中记录舅舅的死，没有只言片语的情感流露。

＊　　＊　　＊

沃里克如今成了诺森伯兰公爵，他的政府在平定社会动荡的阶级抗争中团结一心。他当权的 3 年里，统治阶级的贪婪暴露无遗。教义改革不过是进一步没收教会土地的借口，新主教祝圣任职必须上缴部分主教地产来买路。爱德华六世设立的所谓的文法学校不过是个开端，伊丽莎白时代这一宏伟计划将变本加厉地开展，没收修道院土地资助教育事业。托马斯·莫尔说，所谓政府就是"富人以国家的名义进行强取豪夺的阴谋"，这个定义十分准确地诠释了该时期的英格兰。

有一项冒险事业是该时期的亮点，就是英国与东欧一个新兴强国开辟了关系，当时人们称之为莫斯科维（Muscovy），但不久后又称其为俄罗斯。一小批英国人萌生了这样一个想法，经由北冰洋水域寻找一条通往亚洲的东北方向航道。在亚洲北部沿海地区，或许会有人愿意买英国的布匹和其他产品。早在 1527 年，就有一本小册子预言了这个发现。里面响当当地写了这样一句话："没有无法居住的土地，也没有不可通航的海洋。"1553 年，莫斯科维商业冒险家公司在政府的支持下，资助了一次远洋冒险。睿智老成的水手塞巴斯蒂安·卡伯特被请来担任公司理事，大约 50 年前他曾跟随父亲远航纽芬兰。5 月，休·威洛比与理查德·钱塞勒带领三条船只扬帆起航。威洛比及其船员在拉普兰外海全体遇难，钱塞勒则在阿尔汉格尔过了冬，开春后经陆路抵达伊凡雷帝在莫斯科的宫廷。德意志的汉萨诸城长期垄断，阻断英国商人在整个北欧经商，如今侧翼包抄，英俄贸易于是开始了。钱塞勒再次出航时，在苏格兰外海遭遇风暴，溺水而亡，他的同伴安东尼·詹金森便肩负起了他的远洋事业。伊丽莎白女王在位期间，詹金森三访俄罗斯，成为俄罗斯沙皇的挚友。远航期间，他最远到过土耳其斯坦的布哈拉，位于马可·波罗经过的古丝绸之路上。他还跨入过波斯，成为第一个使英国国旗在里海飘扬的人。不过，这些冒险活动并非发生于爱德华六世及继任君王的统治时期，而是属于更伟大的一个时代。

根据1543年的《王位继承法案》，下一顺序王储应为阿拉贡公主凯瑟琳之女、信奉天主教的玛丽公主。因此，诺森伯兰公爵要为未来惶恐不安了。他一度想让伊丽莎白代替玛丽，但是如今伊丽莎白年已十九，早慧，怎会听从他的安排。于是，他铤而走险，策划了一场阴谋。亨利七世的小女儿嫁给了萨福克公爵，其后嗣遵亨利八世遗嘱同样立为王位继承人，排在亨利八世亲生子之后。萨福克这支血统中最年长的孙辈是16岁的简·格雷小姐，诺森伯兰将她嫁给了自己的儿子吉尔福德·达德利。小国王死后，一场军事政变在所难免。可是此时玛丽公主已36岁，她极力避免与诺森伯兰打交道。爱德华六世病倒时，她躲到诺福克公爵的领地，召她前去弟弟病榻前，她也置若罔闻。1553年7月6日，爱德华六世驾崩，简·格雷小姐在伦敦宣告成为英女王。这一宣告产生的唯一反应是，所有人都起来反对，因为诺森伯兰在全国触犯了众怒。老百姓纷纷站在玛丽公主一边，枢密院顾问们与伦敦市当局见势随波逐流，所以诺森伯兰便孤立无援了。8月，玛丽偕伊丽莎白入主伦敦，简·格雷与丈夫被押赴伦敦塔。诺森伯兰跪地求饶，宣称自己是矢志不渝的天主教徒，曾给予新教派致命打击，但一切皆是徒劳，说什么他也无法逃脱蒙羞而亡。他给过去的一位同僚写信说："俗话说得好，好死不如赖活着。女王陛下若能放我一条生路该多好，没错，哪怕赖活着也好啊。"这话或许可以当作他的墓志铭了。

＊　　＊　　＊

新晋女王可以说是最不幸、最失败的一位英国君主了。玛丽·都铎是阿拉贡公主与亨利八世子嗣中唯一的幸存者，在父亲亨利在位初期长大成人，风风光光地被封为王储。她曾先后与法国王储及神圣罗马帝国太子订婚。她和母亲一样，是个虔诚的教徒，母亲离婚、英国同罗马决裂给她的生活带来了悲惨的灾难性改变。《议会法案》宣告她为私生女，她还被迫放弃宗教信仰，在父女之情与道德良知之间挣扎。同父异母的弟弟与妹妹在宫里都比她得宠。亨利八世在位时，她只是在自己的小教堂内紧紧依附告解神父，自然而然，伦敦信奉新教的统治集团对她颇为忌惮。她身上的西班牙血统彰显得尤为明显，另外，她还同神圣罗马帝国大使雷纳建立了密切关系。她的登基意味着英国将与神圣罗马帝国恢复联系并结成政治联盟。

毋庸置疑，除了宗教问题，玛丽在其他方面生性仁慈。她全然接受了低声下气前来表忠心的谋臣，其中最有手腕的是威廉·塞西尔，此人在玛丽在位时期一直是政府要员，到其继任君王统治时，他的前程愈加远大。伊丽莎白公主处事稳妥，下令在住所做弥撒，避免与可疑之人打交道。

玛丽稳固了王位，继而着手实现自己的夙愿，即回归罗马教会的怀抱。温切斯特主教斯蒂芬·加德纳，是亨利八世统治后期诺福克派的一员，如今成了玛丽得力而忠诚的仆人。改革派议会通过的宗教法被废除了，但有一事玛丽无能为力，她无法重新收回贵族分得的教会土地。都铎王朝的权贵愿意去做弥撒，但不愿失去刚得的地产。即便这样，事情也摆不平。玛丽从未意识到，老百姓将天主教视为外来势力，这种观点在伦敦地区尤其深入人心。确实，亨利八世在位时，他们就被灌输了这一思想，但这一看法其实更早就有了。他们手里拿着英文版的《圣经》和《公祷书》，新教信仰已广为流传，虽说这种信仰限于表面。新教领袖们逃到了日内瓦和德意志的莱茵兰各镇。首都发生了暴乱，加德纳性命堪忧。他白天整日穿着锁子甲，夜晚有百人守卫。一次，有人把一只死狗从窗子扔进了女王的寝宫，狗脖子上套着缰绳，耳朵被剪断，身上还挂着一张签条，上面写着英格兰所有教士都该绞死。

　　玛丽的婚配问题是当务之急，下议院支持英国的人选约克家族的子嗣德文伯爵爱德华·考特尼，但玛丽却放眼海外。帝国皇帝查理五世的使节雷纳动作迅速，玛丽承诺嫁给皇帝之子，即未来的西班牙国王腓力二世。亨利八世当年处死的诗人萨里的儿子托马斯·怀亚特爵士策划以武力阻止这门婚事，考特尼则在西部组织了反对玛丽的阴谋集团。宫廷走漏了女王要同西班牙联姻的消息，民间也有所耳闻，宗教裁判所残忍迫害异端的情节和西班牙军队将进驻英国的消息口口相传。下议院组团乞求女王不要触犯众怒，但玛丽像都铎王朝所有的君王一样一意孤行，却毫无政治敏感。此时，她离实现梦想只有一步之遥，信奉天主教的英国与信仰一致的哈布斯堡家族所统治的神圣罗马帝国即将结成亲密盟友。

　　所有的目光都汇集到伊丽莎白公主身上，伊丽莎白却隐居在哈特菲尔德静观时局。英国的王位继承问题对欧洲各国朝廷至关重要。法国大使诺瓦耶开始活动了，这是一场豪赌。当时瓦卢瓦王朝与哈布斯堡王朝势如水火，欧洲备受折磨，英国的支持可能就意味着成败与否。伊丽莎白疑似向该法国人寻求建议，并且他们给出的建议是嫁给考特尼。但局势发展迅速，考特尼贸然在西部发动起义。女王要与西班牙联姻的消息一传出，英格兰南部又发生了叛乱。托马斯·怀亚特爵士在肯特升起军旗，向伦敦缓慢推进，一路招兵买马。首都陷入惊恐之中，市民担忧家中遭到洗劫。然而玛丽毫不畏惧，她知道自己不得人心，对她的百姓失望透顶。如果怀亚特攻入首都，那她成为天主教女王的野心就化为泡影了。她在伦敦市政厅发表了激动人心的演讲，号召伦敦人为保卫她而战。叛军中存在着分歧，考特尼的起义败得一塌糊涂，怀亚特对他失望透顶。肯特郡叛军的目的是让女王应允他们的条件，而非废黜她。伦敦发生零星的巷战，王军剿灭了入侵者，怀亚特被处决。这样一来，简·格雷及其丈夫的命运已成定局。1554年2月，夫妻俩镇定自若地走上伦敦塔丘赴死。

此时，伊丽莎白的性命危在旦夕。尽管怀亚特声明她与叛乱毫无干系，但她是唯一有权争夺王位之人，并且西班牙人要求玛丽在他们的王子答应订婚之前处决她。但玛丽手上已沾满太多鲜血，雷纳没能说服她捐弃这位异母妹妹的性命，任凭雷纳如何据理力争。他在给主子的信中写道："伊丽莎白小姐今日被送往伦敦塔，传闻她已身怀六甲，果真同她母亲一样水性杨花。她和考特尼一死，国内再无人争夺王位、烦扰女王了。"伊丽莎白确实生机渺茫，她决定像母亲一样请求用剑斩首。但她无所畏惧、慷慨激昂地否认了与考特尼、怀亚特的谋反行为有任何牵连。玛丽大约相信了她的话，无论如何，数月后她被释放，送往伍德斯托克。她在那里过着静谧、虔诚的隐居生活，等待命运之神的眷顾。

夏季到来，腓力二世渡海北上来到英国，玛丽前往温切斯特迎接她的新郎。1554 年 7 月，婚礼根据天主教会仪式，以 16 世纪皇家婚礼的排场隆重举办。此时加德纳已不在人世，继任者是英格兰的红衣主教雷金纳德·波尔。亨利八世在位合法谋杀时，波尔的家族被砍头，波尔也一直流亡他乡。教皇的这位代表不仅是一位红衣主教，是王室的子孙，是王后的远房表弟，也是"虚伪、作伪证、昙花一现的克拉伦斯"的孙子。他是一位修苦行的狂热天主教徒，此时他以罗马教皇使节的身份，和雷纳一同为女王出谋划策，实施全国的皈依。

玛丽杀害了她最高贵的臣民，在信奉新教的英格兰人民心中她永远丑陋可憎，背负了"血腥玛丽"的恶名。英国几代人幼时就从福克斯所著的《殉道史》(*Martyrs*) 及其毛骨悚然的插图中了解到殉道者英勇牺牲的悲壮故事。1555 年，牛津大学发生了活活烧死新教主教拉蒂默和里德利的著名事件，此外，体弱年迈的克兰麦大主教卑微地屈从，放弃信仰，并于 1556 年 3 月壮烈牺牲，这些故事妇孺皆知。英勇殉道的事迹使许多原本漠然不动心的人纷纷向新教信仰靠拢。

这些殉道者预见到自己的血不会白流，在火刑柱上说出了千古名言。"鼓起勇气，里德利主教，"拉蒂默在噼里啪啦的火焰中喊道，"像个男子汉一样。蒙上帝的恩典，我们今日要在英格兰点燃一根蜡烛，我相信它将永不熄灭。"[1]

女王竭尽全力想将英国的利益与西班牙的利益相捆绑，却徒劳无功。她的婚姻是为了确保英国忠于天主教，为了这个理想，她牺

---

[1]　基督教中蜡烛有引领灵魂走向光明之意。

牲了个人渺小的幸福希冀。作为西班牙国王的妻子，她罔顾本国利益，驳回了深谋远虑的红衣主教波尔等人的建议，陷入对法战争的旋涡，致使英国在欧洲大陆上最后一块领地加来不战而降。这个国耻，丢了中世纪英国的力量与荣耀象征，深深地刺痛了人民的心，也让玛丽愧疚不已。玛丽盼望生个一男半女以确保天主教在英国继续传承，但是未能如愿。奢望小有成绩并不能消弭她的悲伤之情。虽未载入编年史也无称颂之词，更鲜有史学家注意，但她在位期间确实有些许成就。短暂的统治期间，朝臣们开始着手紧缩开支和厉行改革的主要任务，在她逝世时，已基本扫除了诺森伯兰政权留下的奢侈腐败行为。

腓力二世在整个政治格局乏善可陈，不闻不问，失望透顶，于是去了尼德兰，后又躲到西班牙。玛丽众叛亲离，一片不满之声，身体也渐渐垮掉了。1558 年 11 月，玛丽驾崩，数小时后，她的首辅红衣主教波尔在兰贝思宫中随她而去。她的统治如悲惨的插曲一般终结了，英国人民从天主教到新教的信仰转变也尘埃落定了。

*　*　*

起初，欧洲的宗教改革运动只是反抗天主教组织滥用职权的地方性叛乱。但数年后，天主教会整顿了内部秩序，该动机就不复存在了。余留的只是北欧民族对抗整个罗马教会机器的叛乱，因为这似乎同人类思想的发展背道而驰。如今，基督教的启示可以流传至世世代代，不再需要用条条框框来限制古老世界的野蛮征服者，虽说在罗马帝国瓦解后，曾经有存在的必要和裨益。亨利八世之前，贵族间有争斗，国王与教会有冲突，统治阶级与平民百姓也有冲突，但他们有普遍认同的准则。中世纪的弊病与苦难日久年深，似乎成了那个悲哀世界不可分离的生存条件。对此，无人能开出良方，也无人能提供慰藉。宗教改革却带来了一股新势力，直切英国人内心的深处，鼓舞各阶级的人起来行动或抵抗，举起战旗，不管伟人凡人，都准备忍受或者施加无所不用其极的手段。旧框架虽有不协调但聚合了几个世纪，如今因为一次大分裂而支离破碎，从此以后，所有其他阶级矛盾与利益冲突得到排解和管制，并在争斗与苦难中终于建立了团结的民族和统一的制度。此后几代人，不但是英国，而且欧洲所有的国家都站队拥护或者反对新教改革。

　　现今，我们难以衡量此次动乱的剧烈程度，只知道英国遭受的破坏比德意志与法国都要轻微，因为英国的问题在相对早期就已化解，并且得到都铎王朝的有力控制。即便如此，克兰麦在爱德华六世在位期间实行的教义改革和加德纳、波尔及其助手在玛丽在位期间进行的反改革，使焦虑不安的英国人陷入了十年可怕的动荡。英国市民、农民及组成英格兰民族的所有百姓，奉国王爱德华六世的名义沿救世之路前行，又在玛丽女王的带领下勒马退回。凡是违抗第一个命令原地不动或是违抗第二个命令不愿回头的人，必要时都要遭到绞刑或火刑的考验。新英格兰战胜了旧英格兰，旧英格兰又绝地反击，回光返照。伊丽莎白女王在位期间，新旧英格兰从殊死搏斗之间采取了折中，但冲突并未缓和，所幸激烈程度得到控制，并未对英国社会的统一与延续造成致命打击。

第8章
贤君伊丽莎白女王

1558 年 11 月 17 日，伊丽莎白继承同父异母姐姐王位时才 25 岁，对处理国家事务毫无经验。但新上任的这位女王遗传了优良基因又受到家庭熏陶，人品出众，此乃英国之幸也。她像极了她父亲，仪态威严，能言善道，一头红褐色的秀发，举止言行自然地流露出尊贵之气，不愧为亨利国王之女。很快，人们发现她与亨利还有其他的相似之处：危难之时勇敢无畏，遭到违抗时容颜大怒，独断专行，并且似乎有用不完的精力。她的消遣才艺也与亨利如出一辙，酷爱狩猎，箭术精湛，善使鹰行猎，能歌善舞。她会说六国语言，精通拉丁文和希腊文。与父亲、祖父一样，她生性好动，住处总是变来变去，通常没人知道一周后她要住哪儿。

伊丽莎白年幼时生活艰辛，少年时生命有虞。父亲生前，她曾被宣告为私生子，被逐出宫廷。玛丽女王执政期间，若走错一步便可能丧命，但她小心谨慎、韬光养晦，终于有惊无险。年轻时她便学会了何时保持缄默，如何静待时机，如何物尽其用。许多史学家说她举棋不定、过度节俭，自然，这些性格让她的谋臣们万念俱灰。

不过，国库确实一直都没有足够的资金支持大臣向她力荐的所有冒险活动。况且，在那个动荡不安的年代，规避无法挽回的决策也不失为明智之举。时代需要一位精于心计、深谋远虑、圆滑变通的国家元首，而伊丽莎白具备所有这些特点。此外，她还独具慧眼，知人善任，赏罚分明。

女王陛下才思敏捷，当时几乎无人能望其项背，许多外国使节说她伶牙俐齿、妙语连珠，这么说确实恰如其分。但性情上，她时有抑郁，因而喜怒无常。她的心思通常难以捉摸，行为举止经常肆无忌惮，甚至粗鲁无礼。生气时她会掌掴财政大臣，把鞋子直接甩到国务大臣脸上。对关系亲密的异性，她表现得十分随意不拘，因此一位德高望重的谋臣说："有时她比男子更有气概，有时连小女子也不如。"然而，她就是有能力让人效忠，这点大概英国任何一位君主都无法与其比肩。以现代的眼光来看，朝臣对她的阿谀奉承似乎有些可笑，但她从未亏待过她的百姓，她本能地知道如何赢得民心。从某种程度而言，她与臣民的关系是长期的暧昧。她对自己的国家一往情深，却从未对某个男人这样倾注过爱，百姓对她报以忠诚，甚至膜拜。她能在历史上留下"贤君伊丽莎白女王"的美名，不是没有因由的。

极少有哪位君王即位时跟她一样险象环生。与西班牙结盟导致英国丢了加来，还遭到法国的仇视。都铎王朝对苏格兰的政策以失败告终，中世纪法国与苏格兰的军事联盟又一次威胁着英国。在信奉天主教的欧洲看来，苏格兰女王、法国太子（1559 年即位成为弗朗西斯二世）之妻玛丽比伊丽莎白更有权继承英国王位。她有法国做后盾，颇有希望登上英国王位。苏格兰太后、摄政王玛丽·吉斯奉行亲法、亲天主教的政策，并且吉斯家族在爱丁堡和巴黎掌控重权。早在亨利八世驾崩前，英国的财政就日益捉襟见肘了。英国在欧洲货币市场中心的安特卫普信用极低，因此政府必须付百分之十四的利息才能借到贷款。其实，爱德华六世在位时英国货币已进一步贬值，到了这时币制陷入了混乱。英国唯一的正式盟友西班牙由于宗教原因也对新政权产生了怀疑。爱德华六世统治时的一位枢密院书记官在伊丽莎白即位时审视时局道："女王财政拮据，王国资源枯竭，贵族穷困没落。军队缺优秀将士，民众混乱，法度荒废。物价昂贵，酒肉、服装过度消费。我们内部分裂，还对法、对苏格兰开战，法王一只脚站在加来，一只脚站在苏格兰，将英国置于胯下。我们在国外只有不共戴天的敌人，却没有忠贞不渝的朋友。"

伊丽莎白自幼受教养成为新教教徒，是"新学问"的楷模。身边会聚了一批最能干的新教徒，包括即将成为坎特伯雷大主教的马修·帕克，被她任命为掌玺大臣的尼古拉斯·培根，当时首屈一指的学者罗杰·阿谢姆，以及首要人物威廉·塞西尔。塞西尔处事随机应变，在萨默塞特和诺森伯兰手下就担任过国务大臣一职。16世纪的英国政治家中，塞西尔无疑是最伟大的一位。他如饥似渴地关心国事，兢兢业业，处事谨慎，判断力强。伊丽莎白慧眼识人，对他委以重任。"凭我对先生的判断，"她对他说，"你对国家忠心耿耿，不会被钱财收买，不会受任何个人意志支配，并且会对我直言进谏。"年轻的女王陛下将如此重任交予了首席国务大臣，当时塞西尔年仅38岁。虽偶有冲突磕碰，但密切合作长达40年之久，直至塞西尔辞世。

此时，英国的当务之急是维护国内的宗教和平与解除苏格兰的威胁。英国从法律上确立为新教国家，玛丽女王颁布的天主教法律一概作废，君主被宣布为英国国教会的至高首领，但伊丽莎白并没有从此一帆风顺。新思潮引起了争辩，不仅涉及宗教教义与教会管理，还涉及政权的性质与根基。自 14 世纪 80 年代的威克利夫宗教改革以来，一直藏身于社会表层之下的抗议教会制度的运动暗潮涌动。随着宗教改革的发展，自罗马帝国皈依基督教以来，人民群众首次认为，若私下深信现存制度有错误，就有责任起来反抗。然而，教会与国家密不可分，违抗一方亦是对另一方的挑战。百姓可以自己做主选择教义的想法在那个年代几乎是格格不入的，就如同百姓可以自行选择愿意遵守哪些法律、愿意服从哪位执法官一样荒谬。至少在表面上，百姓必须奉行，充其量只能腹诽。然而，在动荡不安的欧洲，将想法憋在心里是不可能的。正所谓人言可畏，人们不仅窃窃私语，还写文章明目张胆地谈论。如今这些文章印刷了上千份，无论传到哪儿都能燃起人们的热情与好奇。虽然当时规定只有应召议事者才能合法议论国事，但平民百姓还是会探究《圣经》，用福音书作者和十二门徒的话来审查教会的教义、管理、仪式和礼节。

　　也正是此时，清教徒首次登上了英国历史的舞台，并在随后的百年内扮演重要角色。他们在理论与组织上提倡民主，实践时却无法容忍任何持不同观点的人，还挑战女王在教会与政府的权威。虽然伊丽莎白寻求思想自由，诚恳地主张"不干涉他人灵魂"，但她也不敢放任清教徒在教会和政府内建立自己的组织，因为少数活跃的分裂者就能将她耐心编织的脆弱和谐社会撕裂。必须将新教从其教友手中拯救出来。实践上，伊丽莎白已经看到了她的继承者詹姆斯一世在理论上阐述的问题。"没有主教就没有国王"，她意识到，如果政府不控制教会，就无力抵挡欧洲天主教国家日益高涨的反宗教改革运动。这样一来，伊丽莎白很快就不只要面对来自国外天主教的威胁，还要面对国内清教徒的攻击。清教徒的领导者是玛丽女王执政时被流放的宗教狂热分子，他们此时从日内瓦和莱茵兰各镇陆续涌回英国了。

然而，欧洲的宗教改革传到英国就改头换面了。这些新问题，世界都为之震动，包括英国国教会与罗马教会的关系，与英国君主的关系，教会未来的组织工作、宗教信条、教会财产处置及修道院不动产问题，但只能由议会决定。很快清教徒便在议会组成了一支反对派，日益壮大，畅所欲言。议会中的绅士阶层内部存在分歧，但只有以下两点也许他们是意见一致的：第一，他们既然分得了修道院的土地便不想放弃；第二，无论如何不能再发生玫瑰战争。但在其他方面他们存在巨大分歧，一派认为改革已足够彻底，另一派则想深入改革。后来两派人演变为保王党和清教派，国教派和反国教派，托利党和辉格党。但由于大家害怕发生王位之争和内战，并且英国规定只有君王可以提出国策，启动公开立法，所以两派的分歧一直隐而未发。

＊　　＊　　＊

此时的主要威胁在北部边境。法军拥护法国血统的苏格兰太后，而苏格兰贵族中势力强大的清教派在那些被迫害的教士的教唆下，拿起武器对抗法军。与此同时，约翰·诺克斯厉声抨击外国统治，并且从日内瓦流放地大肆谴责"女人的魔鬼统治"。当然，他的意思是女人统治对他而言显得反常。伊丽莎白饶有兴致又焦虑不安地注视着这些举动。如果法军控制了苏格兰，他们下一步行动就是将她踢下王位。由于财政吃紧，英国无力采取重大军事行动，只能派舰队封锁苏格兰各港口，防止法国增派援军。武器和物资从英格兰偷偷地运到苏格兰的新教派手中。诺克斯获准经由英格兰返回故土苏格兰，他的布道影响巨大。英格兰派了一小支军队支援苏格兰新教派，恰在此时，玛丽·吉斯逝世。伊丽莎白投入的军力不大，但获胜了。根据 1560 年的《利思条约》（Treaty of leith），新教在苏格兰确立了永久的地位。此时，法国国内也陷入了宗教冲突，同时还要集中力量对抗哈布斯堡王朝。于是伊丽莎白获得了喘息的机会，可以考虑一下未来的发展了。

有一事似乎是当时人人都确信不疑的，那就是英国的国家安全最终还是取决于王位的顺利继承。女王陛下的婚姻成了棘手的问题，如阴影一般笼罩着政治局势。伊丽莎白对这个问题的态度彰显出她坚强与进退自如的性格。国民深知她肩上的责任，如果嫁给了英国人，她的权威可能会削弱，并且求婚者会斗得你死我活。她对诺森伯兰的幼子，英俊潇洒、雄心壮志的罗伯特·达德利情深意长，封他为莱斯特伯爵，但她从朝臣的反应看出，国内择偶后患无穷，这条路行不通。登基头几个月，她还不得不考虑姐夫西班牙国王腓力二世的求婚。虽然姐姐就是与西班牙联姻才遭遇不幸，但嫁给腓力二世她便赚得了一个强大的朋友，而拒绝则可能使他在宗教上的敌对情绪公开化。但到了 1560 年，她暂时转危为安，可以静待时机。若与欧洲某个统治家族联姻，就意味着卷入欧洲政策，并将遭到夫家仇敌的敌对。议会上下两院恳求仍是处子之身的女王陛下婚配生子，但均是徒劳。伊丽莎白勃然大怒，不许再议。她打算终身不嫁，免得人民因此受制于人，并且可以利用联姻一事的潜在价值，分化针对她的欧洲联盟。

＊　＊　＊

当时的苏格兰女王是玛丽·斯图亚特，丈夫弗朗西斯二世登基后不久，年纪轻轻便驾崩了，于是她于 1560 年 12 月回到了苏格兰。随后，母亲的几位叔伯吉斯兄弟在法国宫廷失势，她婆婆凯特琳·德·美第奇取而代之，成为国王查理九世的摄政太后。也就是说，16 世纪后半叶，法、英、苏格兰均掌控在女人手中，但三国中，只有伊丽莎白的政权是稳固的。

玛丽·斯图亚特与伊丽莎白性格截然不同，虽说在某些方面两人的处境有相似之处。玛丽是亨利七世之后，身居王位，但她所处的时代女子为王是新生事物，另外她此时孀居未婚。她现身苏格兰，打破了伊丽莎白通过《利思条约》达成的脆弱平衡。英国信奉天主教的贵族对于玛丽在英格兰的继承权并非无动于衷，尤其是北方的贵族，有些人梦想她下嫁给自己。但伊丽莎白对她的对手了如指掌，她知道玛丽的政治行动难以摆脱情感束缚。苏格兰女王缺乏警醒与自制，而这些伊丽莎白早在艰难的童年时光便学会了。玛丽的婚姻展现出两位君主的悬殊差别，伊丽莎白看到并避免了在朝廷内择夫的险境。玛丽到苏格兰几年便嫁给了堂弟达恩利勋爵亨利·斯图亚特，亨利是个身体羸弱、骄傲自大的年轻人，身上既有都铎王族的血统，又有斯图亚特王族的血统。这场婚姻简直就是灾难，传统的封建派系斗争由于宗教冲突而激化，使苏格兰喘不过气来，玛丽的权力逐渐被蚕食殆尽。她从文雅的法国宫廷带了几位亲信为她排遣郁闷，但他们在苏格兰不受欢迎，其中，戴维·里乔还在她面前惨遭杀害。丈夫成了她政敌的工具，走投无路之下，她纵人谋杀亲夫。1567 年，她嫁给了杀害丈夫的博思韦尔伯爵詹姆斯·赫伯恩，赫伯恩是个好斗的边境贵族，或许他杀人如麻的宝剑能保全她的王位与幸福。但战败接踵而来，玛丽身陷囹圄。1568 年，她逃亡英格兰，听凭翘首以待的伊丽莎白发落。

玛丽逃到英格兰后，比在苏格兰时构成的威胁更大，她成了谋害伊丽莎白的各种阴谋的中心，其存在威胁到了英国新教派的存在。西班牙间谍渗入英国煽动叛乱，拉拢伊丽莎白的天主教臣民。反宗教改革的力量一齐爆发出来，要颠覆这个欧洲唯一统一的新教国家。英国一旦毁灭，其他国家的新教似乎都将销声匿迹。他们的第一步就是暗杀行动，无奈伊丽莎白手下十分得力。塞西尔的助理、后来成为他政敌的弗朗西斯·沃尔辛厄姆到处追捕西班牙间谍和英国内奸。沃尔辛厄姆是个才思敏捷、十分虔诚的新教徒，玛丽·都铎执政期间他一直流亡在外，对欧洲政治的了解胜于伊丽莎白所有谋臣，他创建了当时最杰出的政府特务组织。这个组织虽然无孔不入，却也有漏网之鱼，玛丽多活一日，便多一日的危险，心有怨恨的民众与狼子野心之徒会利用她与她的继承权来摧毁伊丽莎白。1569 年，这一威胁成真了。

英格兰北部社会比富饶的南方原始得多。目中无人、桀骜不驯的半封建贵族自觉不仅受到女王王权的威胁，还有塞西尔家族、培根家族等一批新晋绅士的威胁，绅士阶层通过解散修道院大发横财，并且权欲熏心。此外，南北两方在宗教信仰上的分歧巨大，南方基本信奉新教，而北方依然是天主教的天下。在荒凉贫瘠的山谷，修道院一直是集体生活和慈善事业的中心，拆毁修道院时曾激起了反抗亨利八世的"求恩巡礼"叛乱，如今又激起了对伊丽莎白宗教改革的顽固消极抵抗。此时，有人提议玛丽应该嫁给诺福克公爵，他

是都铎王朝之前贵族中资历最老的。一想到是为王位下赌注，头
脑简单的诺福克公爵便有了叛变的念头。他最终追悔莫及。然而，
1569 年，诺森伯兰伯爵和威斯特摩兰伯爵在北方发动了起义。玛丽
被软禁于塔特伯里镇，由伊丽莎白的母家表兄、在军中供职的亨斯
顿勋爵严加看管。此人姓博林，是伊丽莎白为数不多的亲属之一，
在她执政期间一直忠心耿耿。趁叛乱者还未占领多少城池，玛丽被
匆匆押往南方。对于当时的险情，伊丽莎白后知后觉。她说："两位
伯爵虽是名门望族，但势力薄弱。"叛军计划占领英格兰北部，然后
静待敌方来攻打，但他们内部相互猜疑，而南方的天主教贵族则按
兵不动。叛军似乎并没有统一的行动计划，分裂成小股武装力量盘
踞于北方山区。后来，他们狼狈而逃，越过边境躲到苏格兰保命，
天主教派对抗女王的第一次大规模谋反就此终结了。经过 12 年的苦
心经营，伊丽莎白终于坐稳了英国女王的位置。

　　　*　　*　　*

　　罗马迅即展开了反击。1570 年 2 月，曾担任宗教法庭庭长的教
皇庇护五世签发了一项革除伊丽莎白教籍的教皇训谕。自此以后，
西班牙作为欧洲天主教世界的首领获得了一把宗教利刃，有需要时
便可祭出来攻击英国。伊丽莎白的地位大不如前了，议会因女王陛
下至今不婚而焦虑不安，不断恳求她择偶婚配，一怒之下伊丽莎白
采取了行动。她开始同凯特琳·德·美第奇交涉，并于 1572 年 4 月
在布卢瓦结成政治联盟。凯特琳意识到信奉天主教的法国与信奉新
教的英国一样受到西班牙的威胁，于是两位女王对西班牙政权颇不
信任，一时间局势开始向伊丽莎白扭转。西班牙的弱点在尼德兰，
那个彪悍、税基雄厚的民族早已不满腓力国王的统治，整个地区即

将爆发叛乱。结盟条约还没签，名声在外、人称"海上乞丐"的荷兰反专政者便夺取了布里尔镇，低地国家也陷入叛乱的火海之中。现在，伊丽莎白在欧洲大陆上有了潜在的新盟国。倘若法国没有趁乱入侵尼德兰，她甚至考虑嫁给凯特琳太后的幼子，但巴黎发生了骇人事件，这一打算便化为泡影了。1572 年 8 月 23 日圣巴托罗缪节前夕，胡格诺派教徒突然遭到大屠杀，于是亲西班牙的极端天主教徒吉斯家族夺回了十年前失去的政权。事发后，伦敦群情愤激，英国驻法大使弗朗西斯·沃尔辛厄姆被召回。法国大使前来解释时，伊丽莎白与朝臣身穿丧服，默然以对。作为新教国家的女王，她以这样的方式尽了本分后，遂成为法王幼子的教母，并且继续谈判她与法王之弟的婚事。

然而，她显然未能与法国王室结盟，于是伊丽莎白只得为法国胡格诺派教徒与荷兰人秘密提供资金支持。成功取决于对时机的精准把握；她资金十分有限，只能在叛乱者濒临遭灾之时出手援助。此时的国务大臣是沃尔辛厄姆，在枢密院的地位仅次于塞西尔，他认为这远远不够。玛丽执政时期的流亡生活以及在巴黎的驻节工作让他坚信，只有英国给予无限的鼓励与援助，新教才能在欧洲幸免于难。从长远来看，与天主教和解绝无可能，战争迟早会发生。他极力主张，在最后一役到来之前，应竭尽所能保全潜在的盟友。

出来反对这一主张的是塞西尔，此时他已成为伯格利勋爵。自亨利七世以来，都铎王朝一直与西班牙保持友好关系，从亨利八世与阿拉贡公主凯瑟琳联姻便可见一二，并且商业利益滋润了两国关系。西班牙依然掌控尼德兰大部分地区，与此等大国保持良好关系，才能确保英国羊毛布匹的巨大市场。玛丽女王与腓力国王的婚姻在英国普遍不得人心，然而在伯格利看来，此时万万不可走向另一个极端。干涉尼德兰事务去支持国王的叛民，此举将煽动清教极端分子，给外交政策注入危险的狂热情绪。1572 年，伯格利成为财政大臣后，态度愈加强硬了。他意识到英国财力薄弱，担忧失去与西班牙、尼德兰的贸易；他坚持认为沃尔辛厄姆的政策将导致破产和灾难。

伊丽莎白也倾向于这一看法。她不大愿意援助他国叛乱，一次她讥讽沃尔辛厄姆说，这些乱民是"你和你基督教的弟兄们"。她对不肯和解的清教徒毫无同情，可圣巴托罗缪节屠杀使沃尔辛厄姆的主张显得言之凿凿，因此她不得不对尼德兰采取冷战，并在海上不宣而战，于是遭到西班牙无敌舰队大举猛攻。

* * *

这些事件对英国政治造成了一定影响。最初，大多数清教徒希望从内部改造英国教会，因此愿意遵从伊丽莎白的教会宗教和解政策，但此时他们极力推动政府采取激进的新教外交政策，并且设法确保自己的宗教自由。他们在国内地位很稳固，在宫廷和枢密院都有沃尔辛厄姆这样的盟友，此时沃尔辛厄姆与女王的亲信莱斯特过从甚密。他们在英格兰东南部的城镇、郡闹得沸沸扬扬。他们无视伊丽莎白的国教会政策，开始建立自己的宗教团体，自己指派牧师，制定礼拜形式，其目的无非是要建立神权专制。和天主教一样，他们认为政教分离，应该独立。但与其不同的是，他们坚信教会权力应掌握在长老会手中，长老会由教徒自由推选，但一旦选出便大权在握，在人民生活的诸多方面取代世俗权力。

于这些人而言，伊丽莎白国教会的礼拜仪式、无所不包的教条及主教统治制度均是罪恶滔天，因为不符合加尔文对《圣经》的解释。

事实上，英国国教会有些懦弱，容易妥协。另外，除了伦敦、各大学与几个大城镇外，其他地区的普通牧师在伊丽莎白执政早期均无足轻重。有些牧师为了保住圣俸而服从爱德华六世的教会，在玛丽统治时又改换教义，最终为了生计只得接受乡村法庭所说的"女王陛下提倡的宗教"。他们对拉丁文只是一知半解，连旧版礼拜仪式书都读不下来，他们学识浅薄，一次像样的布道演讲都作不出来，因此根本敌不过热情洋溢、观点新奇的辩手、能言善辩的说教者和恶语毁谤的檄文执笔者；对方拉拢人心，向信众灌输耳目一新的惊人观念，宣扬会众有权自行管理教会、自选礼拜形式、自定教会制度。那将来他们何不建立自己的政治制度呢？英国不行，或许在其他地方就可以呢？英国社会的表面逐渐开出一条裂缝，进而将深化为一道鸿沟。路德教派与君主政体相得益彰，甚至接受了专制主义，但是加尔文教派随着在欧洲的扩散，成为一股毁灭性的势力，严重破坏历史延续性。另外，玛丽·都铎统治时期的流亡者重返国内，东山再起，英国政教关系自此便嵌入了一个易爆因素，终有一天将把两者炸得粉碎。伊丽莎白知道，清教徒或许是她最忠心耿耿的臣民，但她害怕他们一时冲动，不仅会激起让她胆战心惊的对欧战争，还会破坏整个王国的统一。她与政府都不敢放弃一丝一毫的权力，这可不是发动宗教战争或国内动乱的时候。

因此，女王的枢密院予以反击。1559年，一批基督教会的专员组成了委员会，称为"特设高等法院"，受权出版物审查，负责审理触犯教会制度的案件。主教兼任书报审查官的职能激怒了清教派。他们建立了一个机密的流动印刷厂，多年来大量印刷言辞激烈的匿名小册子，于1588年登峰造极。他们印刷了一批以"马丁·马普里莱特（Martin Marprelate）"署名的小册子，攻击"板着一副面孔的主教"
及其工作。坚定顽强、朝气蓬勃的猛烈抨击，表明他们已强烈意识
到英语散文的潜力。这些小册子里满是粗俗、有力的形容词，句子
像干草车一样笨重。曾经，印刷机就藏在干草车里遮人耳目。数月
以来，高等法院的暗探一直在追捕秘密宣传的始作俑者。最后，在
某村庄的街上，一场车祸意外地将印刷机从干草车上撞了出来，于
是印刷者被捕，但这些小册子的作者却无迹可查。

　　　　*　　*　　*

　　天主教也加强了攻势。综观整个16世纪70年代，大量神父陆
续从法国杜埃和圣奥默的英语神学院涌入英国，他们的使命是培养
天主教徒的宗教情感，维护英国天主教与罗马教廷的联系。他们的
出现最初并未引起政府方面的担忧，伊丽莎白亦是后知后觉，起先
并不相信信奉天主教的臣民有叛国之意，1569年的起义失败更是让
她对天主教徒的忠君之心确信不疑。然而，1579年前后，又一批令
人生畏的传教士开始混入国内，就是耶稣会士，是反宗教改革的先
驱使者和传教士。他们将毕生献给了在整个基督教世界重新确立天
主教信仰的使命。他们是宗教狂热分子，将个人安危置之度外，在
被委派任务前受到精心挑选。他们的敌人谴责他们为达目的使用暗
杀手段，其中首要人物是埃德蒙·坎皮恩和罗伯特·帕森斯。沃尔
辛厄姆派密探密切监视他们的一举一动，并多次识破他们要谋害伊
丽莎白。政府被迫采取极端措施。玛丽女王执政的最后3年，以火
刑处死了大约300名新教殉道者。伊丽莎白在执政的后30年内，以
叛国罪处死了人数相当的天主教徒。

　　长期被囚的苏格兰女王玛丽自然是谋害伊丽莎白的阴谋中心。

倘若伊丽莎白从这个世上消失，她就是英国王位的继承人。伊丽莎白本人不愿承认自己性命堪忧，但这些阴谋进一步激化了谁应继承王位的问题。若玛丽一死，其子詹姆斯便成了英国王位的继承人，而詹姆斯此时安然掌控在苏格兰的加尔文教派手中。为避免又出现一位信奉天主教的女王，必须赶在耶稣会或其盟友杀害伊丽莎白前除掉玛丽。沃尔辛厄姆及其在枢密院的同党此时全力说服女王必须处死玛丽。他们向她展示了玛丽参与大量阴谋活动的证据，让她不要心慈手软，但她不敢蓄意杀害王室成员。

有迹象表明，耶稣会使团也并非毫无进展，但伊丽莎白并没有仓促行事，而是等候时机。关键时刻很快到来了，1584 年仲夏，反抗西班牙的荷兰新教叛乱领导者"沉默者威廉"（William the Silent）在代尔夫特的府邸遭一名西班牙特工袭击，生命垂危。此次暗杀对沃尔辛厄姆除掉玛丽的主张极为有利，在英国舆论引起强烈反响。西班牙由于伊丽莎白纵容英国私掠船肆意抢劫而懊恼不已，此时对英国深恶痛绝，势不两立。西班牙一旦在尼德兰恢复统治，那里将成为西班牙对英国发动总攻的基地，伊丽莎白不得不派莱斯特率英军进军荷兰，以防荷兰彻底沦陷。

*　　*　　*

1585 年，信奉新教的绅士阶层自愿联合起来保卫伊丽莎白的生命安全。次年，英国一个名为安东尼·巴宾顿（Anthony Babington）的天主教徒策划的阴谋被揭穿，沃尔辛厄姆将证据呈至枢密院。他的一名暗探打入阴谋集团内部已一年多，不可否认，玛丽默许了他们的阴谋。女王终于被说服了，意识到处死玛丽是必要的政治手段。正式审判后，玛丽被判叛国罪。议会请求处死玛丽，最后伊丽莎白签署了死刑执行令。可不到 24 小时，她又后悔了，想取消死刑，但为时已晚。虽然她知道为了保证国家安全必须处死玛丽，但想到一位君主要依法死于自己之手，便胆战心惊。她心中忐忑不安，觉得不应由她作出最终处决决定。

玛丽赴死时的场面引起了史学家的想象。1587 年 2 月 8 日清晨，她被传召至福瑟临黑城堡的大厅，由她的六位侍从陪同，等候英女王官员的到来。附近乡下的绅士们纷纷赶来观看行刑。玛丽穿一身素净的黑色绸缎在指定时间出现了。大厅内一片寂静，她迈着优雅从容的步子，走向壁炉旁围布遮盖的断头台。庄重的仪式顺利举行完毕，但热衷新教的彼得伯勒大教堂教长试图在最后时刻迫使玛丽改信新教。玛丽大义凛然地驳斥了他的大声说教。"教长先生，"她说，"我生是天主教徒，死亦是天主教徒。你不用妄图改变我的心意，多说无益，你的祈祷对我是徒劳。"

为这生命的谢幕时刻，玛丽已做好精心打扮。刽子手行刑前，侍女啜泣着伺候玛丽脱下黑缎子长袍，露出猩红色丝绒上衣和衬裙。一位侍女递上一副猩红色的套袖，她便戴上了。然后，不幸的女王停下脚步，人生最后时刻，她从头到脚穿着血红色站在断头台上，与身后漆黑的背景形成鲜明对比。大厅内死一般的寂静。她双膝跪地，刽子手再次挥舞斧头，行刑完成，吓呆的看客也完成了他们的任务。玛丽一死，君临天下的幻想便如泡影般破灭了。刽子手把这个戴着假发的中年妇女的首级提了起来，血淋淋躯干的衣衫下爬出一条小狗。

玛丽的死讯传到伦敦，人们在街上燃起了一堆堆篝火。伊丽莎白独自坐在寝宫内哭泣，她哭的不是一个女人的命运，而是一位女王的宿命。她努力将此事的责任推到男性谋臣们身上。

第9章
西班牙无敌舰队

　　战争已不可避免，形势对西班牙大为有利。墨西哥与秘鲁的矿山中，金银源源不断地注入西班牙帝国，使其国力大增，腓力国王因此得以武装空前强大的军队。英国统治集团对这一局势了然于心。只要西班牙控制着新大陆的财富，就能武装一支又一支的无敌舰队，因此，必须在源头将其阻断，或者在远洋船只上夺取财宝。为了加强本国财政实力，干扰敌人对尼德兰以及接下来对英国的备战工作，伊丽莎白批准了若干非官方的远洋行动，攻击西班牙沿海及其南美殖民地，并且她还佯装对此并不知情。行动持续一段时间后，虽双方并未公开宣战，但她意识到，这种游击战式的小打小闹无法对西班牙海外帝国及其北欧属地造成持久伤害。因此，这种远洋活动渐渐官方化，约翰·霍金斯重建并改编了亨利八世时代存留的英国皇家海军。霍金斯的父亲是普利茅斯的商人，曾与葡萄牙在巴西的殖民地做生意，而霍金斯在非洲西海岸猎取黑奴转手运往西班牙殖民地的过程中掌握了航海技术。1573 年，他被任命为海军财务官兼给养官。此外，他还栽培了一位天资聪颖的学徒,即来自德文郡的年轻冒险家弗朗西斯·德雷克。

当时被西班牙人称为"未知世界的大盗"的德雷克,让他们的港口和船员闻风丧胆。他直言不讳地说,他的目的就是要迫使英国对西班牙开战。他曾多次袭击西班牙运送金银的船只,1577 年环球航行时掠夺了西班牙在南美洲西海岸的殖民地,还多次突袭西班牙在欧洲的港口,所有这些都进一步促使西班牙对英宣战。根据与西班牙大陆作战的经验,英国海军认为只要敌我差距不大,就能放手一搏。霍金斯建造的舰船无坚不摧,不论西班牙派出多强大的舰队,他们都能将其击沉。

与此同时,伊丽莎白的海军在从未探测过的水域积累了经验。西班牙处心积虑地封锁了别国在已知新大陆的贸易活动,于是,德文郡的绅士汉弗莱·吉尔伯特开始往别处探索,他也是第一个使伊丽莎白对远航中国感兴趣的人。当时中国北方叫契丹(Cathay)①,走西北航路。他博览群书,研究当代探险者的各项成就。他知道法国和尼德兰的零星战役锻炼出了大量的冒险家,而这些人正可以为他所用。1576 年,他写下了《漫谈从西北抵达契丹和东印度群岛的航路》(*A Discourse to Prove a Passage by the North-West to Cathaia and the East Indies*)。该书以这样一段名言警句结尾:"人若贪生怕死,不为国效忠、不为己争光,则虽生犹死。须知人终有一死,而荣誉永世长存。"在这种思想的激励下,马丁·弗罗比歇争取到了伊丽莎白的准许,进行远洋探险。宫廷和伦敦市资助了此次航行活动,两艘 25 吨重的小

---

① Cathay 这个词在当时欧洲流行起来,主要是受到《马可波罗游记》影响,让欧洲人将 China 与 Cathay 区别起来。

船扬帆起航，踏上寻金之路。弗罗比歇绘制了哈得孙海峡周围的海岸图后，返回国门。人们满怀希望，以为他带回的黑矿样本可能含有黄金。但鉴定后，证实矿石一钱不值，人们大失所望。可见，西北方向的探险并非是快速致富的捷径。

　　然而，吉尔伯特并未气馁。在他之前，还没有一个英国人意识到航行探险的价值并不仅仅在于寻找贵金属。英格兰人口过密，或许他们可以到新发现的土地上居住。人们开始憧憬在美洲开辟殖民地，有几个人胆识过人，已经开始梦想在大洋彼岸建立新英格兰了。最初，他们心里只有务实的目标。为了将贫困的失业人口运送到新大陆，为了在土著中为英国布匹开拓新市场，1578 年吉尔伯特本人争取到了女王的特许状，"寻找不在基督教国家实际控制之下的武装起来的异教徒土地，然后任意选择居住、拥有"。他率领自己的继兄弟沃尔特·雷利（Walter Raleigh，容下文详述）及多位绅士阶层的冒险家，乘 11 艘船只，满怀希望地进行了多次航行，但无一成功。

　　1583 年，吉尔伯特以英女王的名义占领了纽芬兰，但没有在那里建长期殖民点。他决心来年再做尝试，于是便起航回国了。但他的小船队遭遇了惊涛骇浪，"海浪像金字塔一般黑压压地扑面而来。"一个名为爱德华·海斯（Edward Hays）的人记叙了当时的情况，这份文稿存留至今。"9 月 9 日，礼拜一下午，快帆船差点被海浪掀翻，但所幸逃过一劫。吉尔伯特将军手里拿着一本书坐在船尾，流露出喜悦之情，我们"雌鹿号"靠近时他不停地对我们大喊，'我们在海上也和陆地上一样靠近天堂。'"当晚 12 时，吉尔伯特所在的"松鼠号"上的灯光突然熄灭，英国向西探索的首位伟大先驱逝世了。于是，沃尔特·雷利继承了吉尔伯特的未竟之业。1585 年，他在美洲大陆附近的罗阿诺克岛建立了一个小小的殖民地，为向伊丽莎白女王表示敬意将其命名为弗吉尼亚。这一地名界定模糊，后来包括现在的弗吉尼亚州和北卡罗来纳州。他此次冒险与两年后的再次远航均以失败告终，但此时西班牙的威胁已迫在眉睫，为迎接西班牙的挑战，一切力量都集中在国内。由于对西班牙战争，开拓殖民地一事又推延了 20 年。就两国财力而言，双方实力悬殊，但伊丽莎白的海军训练有素，最终救英国于水火。

＊　　＊　　＊

对付英国的计划，西班牙蓄谋已久。他们意识到，英国的干涉对他们重新征服尼德兰是巨大的威胁，不彻底征服英国，尼德兰的动乱可能无限期持续下去。自 1585 年以来，他们就通过各种渠道收集情报。英国流亡者将十分详尽的报告送至马德里，大量暗探向腓力国王提供地图和统计资料。西班牙档案馆至今还保存着几份入侵英国的初步计划。

兵力不是难点，只要尼德兰能维持短期的秩序，就能从西班牙驻军中调取军力远伐英国，西班牙认为一个军团就足矣。而组建装备一支舰队才是更艰巨的任务。西班牙国王的大部分舰船来自他在意大利的属地，是为在地中海使用而建造，不适合欧洲西海岸及英吉利海峡的航行，而那些同西班牙的南美殖民地通商的大型帆船则过于笨重。然而，1580 年腓力二世吞并了葡萄牙，而葡萄牙海军的造船师并没有局限于地中海。他们为了在南大西洋活动，曾试验了各类船只，因此葡萄牙的大帆船成了西班牙舰队的根基，此时整个舰队集结在里斯本港。凡是能动用的船只都被调到了西班牙西部海域，其中包括"印度护航公司"的私有帆船。1587年，德雷克率军突袭了加的斯湾，此事名扬四海，西班牙的备战工作也因此推迟了一年。此次突袭摧毁了西班牙大量的物资和舰船，人们戏称为"燎了西班牙国王的胡子"。即便如此，1588年5月，西班牙无敌舰队厉兵秣马，准备就绪。西班牙集结了130艘舰船，装载2500门大炮，率领3万余人，其中2/3是陆军士兵。130艘舰船中，有20艘是大型帆船，44艘是武装商船，8艘为地中海式划桨帆船，其余的就是小艇和非武装运输船。他们的目标是沿英吉利海峡北上，行至尼德兰将帕尔马公爵亚历山大率领的16000名久经沙场的远征军运送至英国南海岸进行登陆。

此时，闻名遐迩的西班牙海军元帅圣克鲁斯已逝世，于是指挥权授予了麦迪纳-西多尼亚公爵，但他对此次行动顾虑重重。他采取的战术是地中海所盛行的模式，即舰对舰进行近距离厮杀，然后士兵登陆敌舰赢取胜利。舰队运载的士兵之多让人艳羡，舰上的短程重型火炮威力巨大，但远程长炮却很弱，所以在最终决战前，英国一直与西班牙远距离作战。西班牙水兵在人数上远远少于陆军，尽是些社会渣滓，而指挥他们的是出身高贵、毫无海战经验的陆军军官。许多船只年久失修，军粮根据合同由私人提供，但体制腐败，供应的粮食不足量，还腐烂变质，盛饮水的木桶是未风干的木料做的，不停往外渗漏。舰队司令没有海上作战的经验，而此次作战史无前例，于是他恳请国王收回成命，不要派他指挥战斗。

英国的计划是在西南部某港口集结一支舰队，在英吉利海峡西入海口拦截敌军，然后在东南部集中兵力迎击佛兰德海岸登陆的帕尔马大军。虽然难以确定西班牙将在何处发起进攻，但根据盛行的西风可以判断，西班牙无敌舰队很可能会沿英吉利海峡北上，同帕尔马大军会师，在埃塞克斯海岸强行登陆。

面对西班牙紧锣密鼓的备战，英格兰上下团结起来了。天主教的首领被软禁在伊利岛，但作为整体，他们对君主的忠诚毫无动摇。蒂尔伯里集结了一支军队，人数多达两万，由莱斯特勋爵指挥。这支军队与毗邻郡召集的军队算在一起，是一支不可低估的大军了。西班牙无敌舰队还没抵达英国海岸时，伊丽莎白女王在蒂尔伯里检阅军队，并且发表了一段激动人心的讲话：

> 我亲爱的人民，某些关心我国安危的人劝我们不要过度信赖军队，以免他们叛变。但我向各位保证，我绝不疑心对我忠心耿耿的人民，只有暴君才会疑心。我向来奉上帝的旨意谨言慎行，所以我敢将自己的主要力量与安全寄托于臣民的一片忠诚和赤子之心。喏，正如你们所见，我来到你们中间，决心在硝烟弥漫的战火中与你们同生死、共患难。为了我的上帝，为了我的王国，为了我的人民、荣耀和祖先，我不惜战死沙场、马革裹尸。我知道自己不过是个弱不禁风的女子，但我有君主的心胸和胆识，配得上英国君主的宝座。任何胆敢犯我国土者，不论是帕尔马、西班牙，还是哪个欧洲君主，我都嗤之以鼻。面对外敌我决不畏缩，我将拿起武器，亲自挂帅，评定嘉奖每一个浴血奋战的勇士。我知道凭着你们现在的战斗热情，你们已经理应得到嘉奖，我以君主的身份向你们保证，届时你们一定会得到应得的奖励。

*　　*　　*

此刻，霍金斯建设的海军终于要接受考验了。他在西班牙殖民地海域大胆抢劫时积累了丰富的经验，多年前就开始革新英国船只的设计。高耸于帆船甲板的船楼拆短，龙骨加深，以加强适航性和速度。最重要的是，船上架起了远程重型火炮。自古以来，加农炮被认为是"吃闲饭的武器"，只适合在短兵相接的战斗开始前射几炮助威，但霍金斯建造的帆船能在任何海域航行，所以他反对打交手战，主张用新增的火炮远距离轰击敌军。英国舰队的各舰长已是跃跃欲试，想看看他们的新战术如何将敌人庞大的帆船阵打得落花流水。敌军的大帆船由于桅杆林立，船底平坦，风疾时容易随风漂移。虽然霍金斯已竭尽所能，到1588年还是只有34艘军舰能出海，运载军队6000人。按照惯例，英国匆忙集中了一切私家船只进行武装，政府征用，总共召集船只197艘，但至少有半数船只体型太小，用处不大。

女王要求水兵们"警惕帕尔马的行动"，将主力舰队派往远在西边的普利茅斯，让她坐立不安。德雷克则主张采取大胆的行动，他在1588年3月30日的奏折中，提议派主力攻击西班牙港口，目标不是守卫森严的里斯本，而是附近的一个港口，迫使无敌舰队出海防守海岸线。这样一来，英国舰队必定会撞上西班牙舰队，如此从敌舰旁边溜过去、顺风进入英吉利海峡的危险就没有了。

然而，英政府倾向于另一套更为艰险的战术，派分遣小舰队沿南海岸分兵把守，准备全线迎击敌军，并且坚持要派一支小舰队在英吉利海峡东端监视帕尔马的行动。德雷克及其上司、舰队总指挥埃芬厄姆勋爵霍华德闻讯大吃一惊，忍无可忍，百般努力之下才阻止了这一决策，没有进一步分散兵力。疾劲的南风使他们攻击西班牙海岸的计划泡汤了，他们被吹回了普利茅斯，供给耗尽，坏血病迅速在船上蔓延。

事已至此，他们反倒有大把时间考虑战略了。5 月 20 日，西班牙无敌舰队离开塔古斯河，但和霍华德、德雷克遭遇了同样的暴风，寸步难行。其中有 2 艘千吨重的军舰被吹断了桅杆，他们躲到拉科鲁尼亚改装，直到 7 月 12 日才重新起航。7 月 19 日傍晚，西班牙舰队驶近利泽德岬角的消息传到了普利茅斯港。当晚，英国舰队不得不逆着微风出港迎敌，次日，风更加强劲了。霍华德在 7 月 21 日致沃尔辛厄姆的信中坦然叙述了这次海战行动。

> 当晚我们刚出港时风力还很弱，但到了周六西南风骤起；当日下午 3 时左右，我们望见西班牙舰队，便竭尽全力抢占上风头。今晨我们占据了有利位置，发现敌方舰队有 120 艘，其中 4 艘为双排桨大帆船，另有许多大吨位船只。9 时整，我们同敌军开战，一直打到 1 时。[1]

如果麦迪纳 - 西多尼亚公爵在周六趁英军逆风离岸出海时顺风攻击英舰，那对英军将是灭顶之灾。但他碍于上头的指令只得沿英吉利海峡北上，去同帕尔马会师，将集结在敦刻尔克附近身经百战的部队运送至英国。从他给马德里的报告中可知，他根本没有看到此次战机。英国舰队艰苦卓绝、颤颤巍巍地抢风航行，占据了上风面，在西班牙无敌舰队沿英吉利海峡顺西风而上的九天里，英舰亦步亦趋，不断用远程火炮吊打他们笨重的大型帆船。英军占尽上风。7 月

23 日，风势转弱，双方舰队在波特兰海岬附近停了下来。西班牙试图用上百名奴隶划动的那不勒斯大帆船予以反击，但是德雷克和霍华德先后冲向西班牙的主力舰队。霍华德汇报说："西班牙被迫撤退，像绵羊一样蜷缩到一处。"

25 日，双方在怀特岛附近再次交手。西班牙人似乎打算占据怀特岛作为根据地，但此时西风大作，英军仍处于上风面，西班牙人再次被赶到加来方向的海域，麦迪纳不了解帕尔马的动向，想在那里搜集消息。海峡的此次航行让西班牙人吃尽苦头。英舰的火炮对准大帆船的甲板穷追猛打，西班牙船员死伤无数，士气大减，而英舰几乎毫发无损。

接着，麦迪纳犯了一个致命的错误，他下令在加来近岸锚地抛锚。停泊在海峡东端的英舰已开进来与主力舰队会合，此时英国全部海军力量已兵合一处。7 月 28 日晚，英军在旗舰上召开了军事会议，决定发起进攻。于是，决定性的一战打响了。夜幕降临后，东部小舰队派遣了 8 艘装满炸药的舰船作为火攻船冲向在锚地集结的敌舰队，这些火攻船相当于当时的鱼雷。躺在甲板上的西班牙船员必定是看到了有异常船只靠近，并且甲板上的火光非同寻常。突然间，接二连三的爆炸声惊天动地，熊熊燃烧的船体漂向停泊的西班牙舰队。西班牙舰长们砍断锚链，朝远海驶去，结果无数的船只撞在了一起。大型帆船"圣洛伦佐号"失了船舵，搁浅在加来港，全体船员被加来总督拘禁了，其余船只借了西南偏南风朝东面的格拉沃利讷驶去。

此时，麦迪纳派人给帕尔马报信，说他即将抵达。7 月 29 日黎明，他靠近格拉沃利讷海岸，心想会看到帕尔马的军队在船上整装待发，可没想一艘船影都未看到。敦刻尔克港内退潮了，只有在朔望潮来临时借着顺风才能驶出港口，而此时这两个条件皆不具备。帕尔马的军队和船只没有在预定地点出现，于是，西班牙人又回头对付紧追其后的英军。双方短兵相接，大战八小时，打得昏天黑地。送往英政府的战报言简意赅："战时，霍华德大败西班牙舰队，击沉三艘，四五艘触岸。"英舰弹药消耗殆尽，否则西班牙舰队会全军覆没。但霍华德还没有意识到自己的赫赫战功。战斗结束后当晚，他写道："敌军浩浩荡荡，来势汹汹，但我们还是将他们的羽毛一根一根地拔了下来。"

遭重创的无敌舰队逃离战场，向北驶去。此时他们一心只想着回国，绕道苏格兰北部的漫长归程由此展开，恐怖啊。英国的小舰艇不动声色地紧随其后，西班牙人一次也没有回头反击，双方都没有充足的弹药了。

西班牙无敌舰队的水兵在此次归国之行中展现了他们的品质。他们在波峰浪谷、惊涛骇浪之中，摆脱了紧追不舍的敌人。英舰队粮食短缺，弹药不足，船员又因装备破旧怨声载道，于是英军被迫掉头南下，驶向英吉利海峡沿岸的港口。这回老天爷帮了西班牙一把，起先，两艘大帆船被西风吹到挪威海岸撞得粉碎，但之后风向转变。麦迪纳记录道："我们在苏格兰以北绕过了不列颠群岛，现在乘着东北风驶向西班牙。"向南航行时，西班牙人为了补充淡水不得不在爱尔兰西海岸停靠。马和骡，他们是早已扔进大海了。在爱尔兰海岸停靠的决定又招致了一场灾难。船只已被英军炮火打得千疮百孔，此时又遭到秋季狂风的吹袭，17艘舰船撞到岸上。西班牙5000多士兵为了寻找水源而丧生，不过，10月份仍有超过65艘舰船抵达了本国港口，约占此次出海舰队的半数。

英国人未损失一船一舰，牺牲士兵也不过百人，但舰长们却大失所望。过去 30 年里，总以为自己比对手更胜一筹。如今才发现，同他们对战的西班牙舰队的规模远超出他们的想象。他们自己的舰队则装备贫乏，关键时刻还弹药不足。商船上的枪炮粗制滥造，以致半数敌舰全身而退了。他们没有自吹自擂，而是记录下了不满之处。

但对于整个英格兰民族而言，打败西班牙无敌舰队简直就是个奇迹。30 年来，强大的西班牙如阴影般笼罩着整个英国政局。此时，英国人心中充满了强烈的宗教热情，为了纪念此次大捷而铸造的勋章上有这样一句话："上帝轻轻一吹，他们四处逃溃。"

伊丽莎白和她的海军深知，这话道出了实情。西班牙无敌舰队在战斗中确实受到挫伤，但使其丧失斗志、落荒而逃的却是天气。这一战具有决定性意义。英国海军本来也稳操胜券，虽然供给和船只有限，但霍金斯的新战术让他们大获全胜。英格兰举国上下如释重负、自豪无比。几年后，莎士比亚写下了《约翰王》，其中有几句直击读者内心深处：

> 全世界都来吧，任四面八方杀来，
> 我们也可以镇住他们。只要英格兰自己尽忠，
> 我们就永不言悔。

第 10 章
"荣光女王"

1588 年以后，政权危机宣告结束，英国成为世界一流强国。抵御了自罗马时代以来最强帝国的重拳，英国人民因此觉醒，意识到自己厉害了。伊丽莎白执政末年，全国上下视她为偶像，民族干劲、民族热情不断高涨。打败无敌舰队的次年，斯宾塞出版了寓言诗《仙后》前三部，诗中歌颂伊丽莎白为"荣光女王"。诗人和朝臣也争相颂扬丰功伟绩的伊丽莎白女王，是她培育了英格兰一代英华。

海战的胜利给英国指了一条明路，即通过探险活动赢得财富、名扬四海。1589 年，理查德·哈克卢特首次出版个人巨著《英国的重大航行与发现》（*The Principal Navigations, Traffics and Discoveries of the English Nation*），引用敢于冒险的航海家的语言记叙冒险故事，道出了那个时代的进取精神。他写道，英国"善于探索世界各个角落，多次进行环球航行。实话实说，在这些方面它超越了世界上所有国家和民族"。伊丽莎白统治结束前，另一项重大的冒险事业开始了。多年来，英国人绕过好望角，穿过中东的荒漠不断向东探索，终于建立了东印度公司。公司建立之初规模小，运营困难，只有 7.2 万英镑的资金，而此次投资将让这个公司赚得盆满钵满。大英帝国在印度惨淡经营 300 年后建立了自己的统治，而这得益于伊丽莎白 1600 年向一批伦敦商人和金融家颁发建立东印度公司的特许状。

跻身宫廷要职的年轻人，不停地恳求年迈的伊丽莎白允准他们从事多种创业活动，一试身手。此后多年，他们在世界各地打击西班牙势力及其盟友，他们远征加的斯和亚速尔群岛，深入加勒比海和低地国家，还为了支援胡格诺派骚扰法国北部沿海。这是一场在财力单薄的情况下进行的海上追击战，以几次重大战役告终。对抗西班牙的战争从未正式宣布，伊丽莎白的接班人执政首年依然承受了战争带来的沉重负担。英国政府的政策是在世界各地骚扰敌人，资助低地国家和法国的新教势力，以防敌人集中力量打击英国。与此同时，英国还阻挠西班牙夺取诺曼底和布列塔尼的港口，以防西班牙以这些港口为根据地再次入侵英国。尽管这些都只是小打小闹，荷兰人和法国的胡格诺派还是逐渐取得了胜利，回报不错。新教捍卫者、法国王位继承人、纳瓦拉国王亨利（Henry of Navarre）最终获胜，一方面是因为他接受了天主教信仰，也要归功于战场上的胜利。据说他说过，为了巴黎，做一次弥撒也是值得的。这个决定结束了法国的宗教战争，也消除了以西班牙为后盾的法王对英国构成的威胁。荷兰人也开始站稳脚跟，不列颠岛终于转危为安了。

但是，英国始终无法给予西班牙致命打击，政府的财力不足以启动新的军事行动。包括议会批准的税收收入在内，王室岁入不过 30 万英镑，王室和政府一切开销都必须从这笔收入开支。打败无敌舰队的开销估计就高达 16 万英镑，远征尼德兰的军队一度要求每年斥资 12.6 万英镑，英国人的热情逐渐消退了。1595 年，雷利再显身手，这回他要到圭亚那寻找理想中的黄金国，不过，此次冒险一无所获。与此同时，德雷克和经验丰富的霍金斯开始了最后一次远航，此时霍金斯已年逾花甲。途中，霍金斯一病不起，舰队在波多黎各沿海抛锚停泊时，他在船舱中溘然长逝了。德雷克因为相交多年的保护人逝世而怅然若失，率领舰队前去攻击富饶的巴拿马城。他以昔日的勇猛精神横扫迪奥斯海湾，但今非昔比，早年的日子已一去不复返。此时，西班牙政府在新大陆的殖民地装备精良，全副武装，击退了此次袭击，英国舰队只得离港出海。1596 年 1 月，弗朗西斯·德雷克像战士一样披盔戴甲，薨于舰中。当时英国编年史家约翰·斯托评价他说："他誉满欧美，恰似当年帖木儿大帝蜚声亚非。"

英国与西班牙打得难解难分，双方的攻击愈演愈烈，两败俱伤，海上战争的英雄时代逐渐落幕。英国年鉴中至今仍存留一次历史性时刻的记载，那就是英国舰队的"复仇号"在亚速尔群岛弗洛里斯岛的最后一战。培根记录道："1591 年，名为'复仇号'的英舰在理查德·格伦维尔爵士的指挥下展开了难忘的战斗，难以置信，不亚于英雄传奇。'复仇号'虽败犹荣，就像《圣经》中的力士参孙，死前击杀的敌人比他一生杀死的还多。这艘军舰如同被猎犬包围的牡鹿一样作困兽之斗，同 15 艘西班牙大军舰车轮大战 15 个小时。西班牙舰队共有 55 艘军舰，其余军舰则像起哄者一样作壁上观。参战的 15 艘军舰中，重达 1500 吨的'圣菲利普号'也在其中，是 12 艘'海上使徒'的领头船，这样的庞然大物从'复仇号'面前撤下时，竟欣喜不已。英勇的'复仇号'上，海陆军士兵共计仅 200 人，其中 80 名为病号，即便如此，'复仇号'（据说）坚持奋战 15 个小时，击沉敌舰两艘，重创多艘，杀戮敌军无数。自始至终西班牙都无法杀进'复仇号'，但最终'复仇号'无奈妥协被缴获。西班牙对英军指挥官的作战能力及'复仇号'的悲壮下场敬佩不已。"

普通水兵有时乘坐仅20吨小船驶入蛮荒的南北大西洋，手头拮据，大胆冒险，伙食差，报酬少，这些人值得人们记住。他们徘徊在死亡边缘，险些病死、淹死，被西班牙人的枪炮打死，在无人的海岸上饿死冻死，在西班牙人的牢中关死。英舰队海军元帅埃芬厄姆勋爵霍华德的这话可以作为他们的墓志铭："必要时愿上帝再次派我们一同出海。"

    *   *   *

战胜西班牙是伊丽莎白时期最辉煌的成就，但绝不是唯一的成就。击退无敌舰队压制了国内的宗教分歧。天主教复辟的威胁逼近时，英国迫于形势向清教派靠拢，但随着西班牙舰队在格拉沃利讷的灰飞烟灭，天主教的威胁也解除了，于是英国又转向了国教会。数月之后，日后成为坎特伯雷大主教的理查德·班克罗夫特在圣保罗十字架前讲道时，胸有成竹地攻击清教派，他深信不疑地说，英国国教会不是一个政治产物，而是一个神圣的机构。他用唯一可以同对立派一样理直气壮的理由为国教会辩护：它不是"女王陛下规定的教会"，而是由主教代代传承下来的使徒教会。但是班克罗夫特还看到，为了将国教会发扬光大，需要一支更好的、拥有"真才实学"的教士队伍，于是他开始着手培养这样一支队伍。一个世纪以后，克拉伦斯写道："如果他健在，一定能快速扑灭日内瓦的火种在英国引起的燎原大火。"然而，伊丽莎白驾崩时余烬还在闷燃，大有死灰复燃之势。

即便如此，伊丽莎白培育起来的教会与她执政初期已截然不同，当时的教会半心半意、心猿意马，如今则满怀信心，博学多识，不轻易向国内异议者和国外分裂派妥协。成千上万的信徒依附于此，教会朝气蓬勃，信徒习惯性地珍视其礼拜规程，将国教会视为神圣的受洗之地。他们将英国国教会当作神圣的机构虔心敬拜，如同加尔文派忠于长老会，独立派忠于各自的教会会众。诚然，此后英国产生了严重分歧，但伊丽莎白对人民和宗教的奉献促使了国家的团结统一。奥利弗·克伦威尔将她称为"名垂千古的伊丽莎白女王"，还说："我们可以问心无愧地这样称呼她。"那些对灾难频仍和随意迫害的黑暗年代记忆犹新的人，那些见证西班牙来势汹汹又功亏一篑的人，一定会同理查德·胡克的精辟论述产生内心的共鸣。胡克写了经典的《论教会组织法》一书为伊丽莎白的国教会辩护。他在书中写道："曾经以色列人大声喊叫'耶和华和基甸的刀'，便旗开得胜，如今上帝也同样保佑英格兰，无以数计的百姓歌功颂德，全国的教堂都以此题词、取名：借着全能神和他的仆人伊丽莎白女王，我们转危为安。"

*　　*　　*

16世纪50年代以来统治英国的一代人如今逐渐失去权势、行将就木。莱斯特于1588年底逝世，沃尔辛厄姆于1590年逝世，伯格利于1598年逝世。战胜无敌舰队之后的十五载内，英雄辈出。同西班牙的战争鼓动了尚武精神，沃尔特·雷利和埃塞克斯伯爵罗伯特·德弗罗等热心青年争先恐后，想获准带领人马攻打西班牙人。但伊丽莎白却犹豫不决，她深知，她通过毕生心血开创的安定局面不堪一击。她也深知，西班牙帝国身后有整个西印度群岛的财富支撑，激怒西班牙不啻在老虎头上拔毛。她年事渐高，与年轻一代接触甚少，同埃塞克斯伯爵的争吵表明、揭示了她的性情变化。

埃塞克斯是莱斯特的继子，是莱斯特一手将他带入政界的。他发现当时的政府大权掌控在小心谨慎的塞西尔家族手中，即伯格利勋爵威廉及其子罗伯特。伊丽莎白原先很是器重冷酷无情、英俊潇洒、野心勃勃的皇家禁卫军司令沃尔特·雷利爵士，而埃塞克斯则年轻有为、脾气暴躁，随后伊丽莎白对他偏爱有加，他便取代了雷利。埃塞克斯同样野心勃勃，着手在宫廷和枢密院自立门户，削弱塞西尔家族的势力。他得到了培根家族安东尼和弗朗西斯的支持，两兄弟的父亲是掌玺大臣尼古拉斯·培根，与伯格利是姻亲，早年又同朝为官，但伯格利对兄弟俩漠不关心，因此招致他们的不满。这两人是相当危险的敌人，不过是在利用埃塞克斯这个顺手的傀儡，去撺掇女王采取激进政策。兄弟俩都曾在英国驻巴黎大使馆任职，并且跟沃尔辛厄姆一样，建立了出色的情报机构。正是在他们的帮助下，埃塞克斯成了外交事务高手，向女王证明了他不是徒有其表。1593年，他被任命为枢密院顾问官。英国与西班牙的关系再度紧张起来。很快，埃塞克斯在枢密院成为主战派的首领。一次，年迈的财政大臣从口袋里掏出一本《公祷书》，颤抖的手指着这位年轻的对手读了"诗篇"，"流人血、行诡诈的人必活不到半世"。1596年，英国派遣了一支远征军，在埃塞克斯和雷利的联合指挥下进攻加的斯。在这争夺港口的海战中，雷利指挥出色，西班牙舰队惨遭烧毁，加的斯城唾手可得。埃塞克斯在海岸战中冲锋陷阵，英军巧妙联合作战，攻占了加的斯，并统治了两周。英国舰队凯旋，但并未带回什么财富，让伊丽莎白深感遗憾。舰队出征期间，罗伯特·塞西尔就任国务大臣。

　　加的斯大捷提高了埃塞克斯在年轻朝臣中的威望，他在全国名声大震。伊丽莎白接见他时表面谦和，但心里却忐忑不安。她害怕新一代年轻人轻率鲁莽、急于求成，他会不会是这种精神的代表呢？年轻人会不会将他奉为领袖，而对她置若惘闻？但目前而言，一切顺利。埃塞克斯被任命为军械总管，并且受命出征，拦截再次进犯的无敌舰队，对方此时正在西班牙西部港口集结。1597 年夏，第二次"进击英国"的行动似乎即将展开。英舰朝西南方向，往亚速尔群岛驶去。他们本打算拦截西班牙舰队，但并未发现敌舰踪影，不过，倒是可以把亚速尔群岛当作基地，伏击从新大陆而来的西班牙运金船。雷利也参与了这次远征。英军未能占领一个岛屿港口，西班牙运金船队避开了，而此时无敌舰队驶入了比斯开湾，如入无人之境，扬帆北上。但海风再一次救了岛国。船员素质差，大型帆船遭遇了强劲的北风，颠簸摇晃，舰队被吹散，险些沉没，于是指挥大乱的舰队只能慢慢退回港口。腓力国王跪在埃斯科里亚尔宫殿的小教堂内，为他的舰队祈祷。舰队撤回的消息尚未送到，他便中风瘫痪了，舰队失利的噩耗传来时，他已奄奄一息了。

　　埃塞克斯班师回朝，发现伊丽莎白依然精力旺盛、专横强势。亚速尔之征由于内部的混乱与争吵而前功尽弃。伊丽莎白勃然大怒，宣布绝不会再派舰队驶出英吉利海峡，这一次，她说到做到。于是，埃塞克斯从宫廷隐退了，动荡不安的日子随之而来。埃塞克斯深信自己蒙受误解，黯然神伤地写信倾诉，大胆的想法在他心里暗潮涌动。他身边聚集了一群人出谋划策，妄想重获女王恩宠，东山再起。

　　此时，爱尔兰的动乱已进入白热化，这似乎正是他重获圣心再树威望的天赐良机。伊丽莎白统治期间，爱尔兰一直是个烫手的山芋。

亨利八世在名义上曾是爱尔兰国王，但他在爱尔兰毫无实权。英格兰给爱尔兰酋长们加官晋爵，期望将他们转变为英国式权贵，但他们仍然固守长期争斗的古老部落传统，并且基本无视都柏林总督大人的命令。反宗教改革运动卷土重来，煽动人们反对信奉新教的英格兰。对伦敦的女王政府而言，这是个令人担忧的战略性问题，因为敌国轻易就能利用爱尔兰人的不满。一些才能出众的总督率领小股军队前往爱尔兰恢复秩序，推行英国法律，政府又派了一些可靠之人定居爱尔兰，进行殖民。然而，这些措施收效甚微。伊丽莎白执政的头三十载，爱尔兰发生了三次重大叛乱。16 世纪 90 年代，第四次叛乱演变为旷日持久、代价惨重的战争。

蒂龙伯爵休·奥尼尔有西班牙撑腰，威胁着英格兰在爱尔兰的全盘统治。埃塞克斯若成为总督并镇压此次叛乱，那他便有可能在英国重掌大权。这是一场豪赌。1599 年 4 月，埃塞克斯获准率大军前往爱尔兰，这是英格兰有史以来派往爱尔兰的最大军队。但他一无所获，几乎一败涂地，而他接下来的计划让人大跌眼镜。他胆敢违抗伊丽莎白的明确指令，擅离职守，快马加鞭赶回伦敦。罗伯特·塞西尔一直静待时机，等他的对手自取灭亡。埃塞克斯伯爵与伊丽莎白女王吵得不可开交，结果被软禁在家中。拖了几周后，埃塞克斯与几位血气方刚的同伴孤注一掷地策划了一场阴谋，莎士比亚的恩主南安普敦伯爵也涉事其中。他们将在伦敦市发动起义，聚集于白厅，扣留女王。莎士比亚后来在萨瑟克创作的《理查二世》以国王被罢黜告终，象征此次起义的结局。

然而，这场阴谋未能得逞，1601 年 2 月，埃塞克斯以伦敦塔内身首异处为结局。沃尔特·雷利就在人群中观看处决，他默默地穿过人群走到白塔^①门口，爬上军械库的楼梯向下俯瞰断头台，作为伊丽莎白最后一位宠臣，他最后也在那里惨遭同样的下场。所幸，年轻的南安普敦伯爵幸免于难。

伊丽莎白十分清楚此事关系重大，埃塞克斯不只是一位奋力博取女王宠幸的廷臣，也是宫廷里争权夺势的一派首领。他深感女王年事已高，便企图操纵王位继承，掌控下一任国王。可当时并非政党政治的时代，而是保护与被保护关系的时代。埃塞克斯与雷利之间没有原则性分歧，培根家族与塞西尔之间也是如此。身居高位、有权有势的连带利益颇具诱惑，埃塞克斯若能取胜，他可以在整个英国随意封官许愿，甚至能对女王陛下发号施令。伊丽莎白执政多年，对付这个只有她一半岁数却野心勃勃的黄口小儿绰绰有余。她予以反击，打垮了埃塞克斯，使英格兰免于内战之殇。

至于在爱尔兰的殖民之征，埃塞克斯逃回国内对英格兰而言倒是万幸。因为接替他的这位指挥官是芒乔伊勋爵，此人坚忍不拔、干劲十足，很快便镇压了叛乱。1601 年，西班牙派了一支 4000 人左右的援军登陆金塞尔港，但为时已晚。芒乔伊大败西班牙的爱尔兰盟军，迫使西班牙投降。最后，连蒂龙也弃甲投戈了。英格兰终于凭武力征服了爱尔兰，虽然这一征服只是昙花一现。

＊　　＊　　＊

如果说埃塞克斯挑战了伊丽莎白的政治权力，那 1601 年议会对她立宪权的挑战，对未来更是影响重大。伊丽莎白统治期间，议会的分量与权力与日俱增，此时，专卖问题激化了。王室一度为了弥

---

① 伦敦塔中央主体建筑。

补微薄的收入，曾无所不用其极，不惜向廷臣及其他人授予专卖权，以获取收益。有一些专卖权是为了保护和鼓励发明，也算事出有因，但它们往往与不正当的特权无异，导致物价上涨，最后负担落到了每个公民肩上。1601年，民间的不满情绪升级为下议院的一场正式辩论。一位义愤填膺的议员大声宣读了各项专卖的清单，从制铁到沙丁鱼干，简直无所不包。"面包在不在那个单子上？"另一名后座议员喊道。场内顿时一片哗然，国务大臣塞西尔厉声训斥道："有人发言时，你们竟然这般喧哗吵闹，简直无礼至极。这哪里是议会，倒像是文法学校。"伊丽莎白决定智取，倘若下议院提案反对专卖权，那她将受到严厉抨击，立宪权的根基会动摇。于是她迅速采取行动，即刻废除了一些专卖权，并且承诺对所有的专卖权进行调查。如此她便先发制人挡住了直接的威胁，此外她在寝殿内召见了大批下议院议员，发表了精彩的演讲，"上帝置我于万人之上，我实感荣幸，但能依靠你们的爱戴治国安民才是我最大的荣幸"。这是她与下议院众议员的最后一次会面。

　　伊丽莎白女王在她统治的动荡岁月中一直精力旺盛，但无奈岁月无情催人老。一连数日，她在房内躺在一堆靠垫上，默默忍受着持续数小时的疼痛。外面走廊上回响着仓促的脚步声。罗伯特·塞西尔终于壮着胆子上前和她说话："女王陛下，为了让臣民放心，您必须躺床上去。""竖子，"她答道，"'必须'是对君王用的词吗？"年迈的坎特伯雷大主教惠特吉夫特曾被她称为"黑脸小管家"，此时跪在她身旁祈祷。1603年3月24日清晨，伊丽莎白女王离开了人世。

　　＊　＊　＊

　　都铎王朝就这样结束了。百年来，都铎王朝的历代君王仅拥有少数近卫军，却能保住王位，维持和平，击退欧洲大陆的军事进攻和外交攻势，带领英国安然渡过惊涛骇浪。君主与上下两院精诚合作，议会以此为基础日益稳固，英国君主制政府恢复元气，发扬光大。然而，这些成就并不能保证国家将永垂不朽。君主只有深得人心才能统治国家，王位即将传给苏格兰血统的一位继承人，然而，苏格兰在政治上本能地仇视英格兰的统治阶级。都铎王朝苦心经营才与议会建立了相互理解的友好关系，可惜就此终结了。新王即位不久，便与国内各方势力起了冲突，于是爆发了内战、共和插曲、王政复辟和革命。

第五部　内战

第11章
王位的结合

苏格兰国王詹姆斯是苏格兰女王的独子，从少年时期便接受加尔文派的严格教育，但这个教派不甚合他心意。他在苏格兰不名一文，加之少傅管教严苛，因此早已对英格兰王位垂涎三尺，但最后时刻来临前，这顶皇冠似乎一直是可望而不可即的。为了权力与王恩，埃塞克斯和罗伯特·塞西尔两虎相争，伊丽莎白一直为此怫然不悦。詹姆斯对伊丽莎白知之甚少，只是偶有通信，他害怕伊丽莎白一怒之下迅即作出决定，使他与英格兰王位失之交臂。不过如今看来，似乎一切已成定局。伊丽莎白驾崩后的紧张岁月中，塞西尔一直是他的盟友和得力的管家。詹姆斯被宣布成为英格兰国王詹姆斯一世，并且没有遭到任何反对，1603年4月，他从容不迫地从霍利鲁德前往伦敦。

他是个外族人，初来乍到，统治英国的治国之才尚待考验。特里维廉说，詹姆斯"对英国及其法律一无所知，有扒手在纽瓦克被抓现行，未经审讯他就下令将其绞死，真是金口玉言啊"。自然，他的命令没有得到执行。詹姆斯对他加尔文派老师的政治观点很是反感，他对王位王权有自己的定见。他是一个学者，自诩为哲学家，一生出版短文和专论无数，从抨击巫术和烟草，到抽象的政治理论，涉及甚广。他初到英格兰时，思想僵化守旧，不善辞令，殊不知英格兰已不同往日。随着都铎王朝的终结，人们对君王已不再唯命是从。西班牙已无法对英国构成威胁，英格兰与苏格兰王位的结合使外部的敌人失去了苏格兰这个盟友，在不列颠岛上难以立足。都铎王朝曾仰赖绅士阶层制衡老牌贵族，并将地方统治权统统下放给他们，因此此时绅士阶层开始自觉位高权重。英国解除了忧患，可以腾出手来处理内部事务了，而此时一个强大的社会阶层跃跃欲试，想要参与国家的管理。另一方面，詹姆斯的王权并非无懈可击，因此君权神授说又被搬了出来稳固他的王位，最初，这一理论是为君主的王权辩护，反对普世教会和罗马帝国的统治。不过，一位宣称君权神授的专制国王要如何与沿袭古老传统的议会和谐共处呢？

这些问题虽触及根基但还不是最紧要的，因为一场极其严重的财政危机已迫在眉睫。新大陆运来的贵金属推动了物价上涨，通货膨胀横行整个欧洲，王室的岁入固定不变而实际则是逐年缩水。伊丽莎白在位时谨行俭用，冲突才不致立马爆发。但避得了一时避不了一世，并且这场冲突必将引起巨大的宪法问题。关于税收问题，最后的决定权将花落谁手呢？迄今为止，人人都接受的中世纪信条是"国王只能根据人民认同的法律实行统治，不应未经人民赞同强行征收税款"。不过，并没有人对此进行分析，详细阐释其含义。如果说这算是英国的一条基本法，那它是自古流传下来的，还是过去几代国王对臣民的放纵所致？这是英国人与生俱来、不可剥夺的权利，还是可能被取消的特权？国王是否位居法律之下？谁有权制定法律？17世纪的绝大部分岁月里，人们都在努力从历史、法律、理论、实践上寻找这些问题的答案。律师、学者、政治家、军人，统统参与到这场大辩论中。英国王位的继承顺理成章，毫无争议，因此人民如释重负，对新王忠心耿耿，热情拥护。但是，很快詹姆斯便与他的臣民在诸多问题上产生了分歧。

他的第一届议会立马提出了议会特权和君主特权的问题。下议院起草了一份措辞恭敬但语气坚定的辩护书，提醒国王他们有选举自由、言论自由以及在议会召开期间免遭逮捕的权力。他们还抗议道："国王的特权可以轻而易举地与日俱增，可臣民的特权在多数情况下长期原封不动……人民在他们了解的问题上发出的呼声，就是上帝的旨意。"詹姆斯与其子即位后一样，对这些全国上下的怨声嗤之以鼻，置若罔闻，认为这是恶言詈辞、大逆不道。

在此之前，詹姆斯一直过得很拮据，但此时他觉得自己总算富有了，跟随他到英格兰的"苏格兰乞丐"也发家致富了。宫廷开销急剧增加，不久，詹姆斯诧异地发现自己已入不敷出，于是就需要经常召开议会。这样一来，议员们就有了拉党结派的机会，詹姆斯疏忽大意，没有像伊丽莎白那样通过枢密院顾问官控制议会会议。此时的索尔兹伯里伯爵罗伯特·塞西尔同下议院还没有直接联系。詹姆斯喜欢说教，动不动就拿出君权神授那一套，提醒议员们有义务满足他的一切需求。

英格兰自古以来有一种根深蒂固的观念，就是国王应该"自力更生"，王室领地和关税的传统收入应该足以维持政府机构。议会通常把关税收入拨给国王用于日常开销，若无紧急情况则不再另拨款项。为了满足需求，詹姆斯不得不强调和重申中世纪国王的征税特权，这一做法很快激怒了议会。想当年，他们还在专卖问题上取得胜利，迫使伊丽莎白妥协。幸好法官们判定海港归国王直辖，他有权决定增加税率。这笔收入不同于封建体制下的传统拨款，会随着国家财富的增长和物价的上升而增加。下议院对法官的这一判决提出质疑，詹姆斯弄巧成拙，结果问题上升为君主特权的法律纠纷，于是暂时搁置了。

詹姆斯对宗教问题很有主见，他刚继位，16 世纪 90 年代被伊丽莎白摧毁的清教组织就来向他请愿。因为新国王来自加尔文教派统治的苏格兰，所以那些反对国教会的人希望他会支持他们的立场。若换作一个更温和的教派，那在宗教礼仪上进行一些调整，他们就会心满意足了。但是詹姆斯已经受够了苏格兰教会，他意识到，从长远来看加尔文教派必定会与王室发生冲突，若百姓在宗教方面可以自行做主，那在政治上也同样可以自作主张了。1604 年，他在汉普顿宫为清教徒领袖和国教会领袖召开了双边会议。他的偏见暴露无遗，会中，他指责清教徒企图"对立苏格兰长老会和国王，让他们像上帝与魔鬼一样势不两立……这样，随便什么阿猫阿狗都可以聚在一起，任意审查我和枢密院以及我们的一切活动。阿猫可以站起来说，'必须如此如此'，接着，阿狗回答说，'哎呀，非也，我们应该这般这般'……我希望你们过个七年再来向我提这种要求，到那时，如果我胖得喘不上气来，或许会听你们的。但是，这样的政府会屹立不倒，我也不会喘不上气来，我们每个人都会有足够的事情可做，忙得不可开交"。詹姆斯这一席话明确表态，伊丽莎白建立的国教会不会有任何改革。他的口号是"没有主教，就没有国王"。

天主教徒忧心忡忡，但依然寄予希望，因为毕竟詹姆斯国王的母亲是站在他们一头的，正因如此，他们的处境十分微妙。若教皇允许他们在非宗教问题上效忠詹姆斯，詹姆斯或许会允许他们在英国传教。但教皇不肯做出让步，禁止教徒向信奉异教的国王效忠。因此，在这一问题上没有任何回旋的余地。欧洲在服从教皇与君主的问题上唇枪舌剑，詹姆斯也一头扎入了这场争论。曾经抨击伊丽莎白的耶稣会在罗马叱咤风云，他们出版了诸多书籍，攻击詹姆斯的继承权。阴谋似乎无处不在，詹姆斯虽颇能容忍，也不得不采取行动。凡是拒绝参加国教会宗教仪式的天主教徒将课以罚款，他们的教士则被流放异地。

　　几个天主教教士失望透顶，万念俱灰，计划等詹姆斯在威斯敏斯特召开议会时用火药一举将其全部炸死。他们希望借此掀起天主教叛变，然后借助西班牙的支持在混乱之中重建天主教政权。此次阴谋的主要策划者是罗伯特·凯茨比，其次是参加过西班牙对荷战争的老兵盖伊·福克斯。他们的一位追随者将这个阴谋透露给了一位同为西班牙贵族的亲属，接着，这个消息传到了塞西尔耳中，他便命人搜查了议会地窖。福克斯当场被捕，整个伦敦市顿时满城风雨。詹姆斯召开议会，慷慨激昂地说，倘若他与忠心耿耿的下议院一同赴死将是何等荣幸。他说，国王总是身处一般人所没有的危险之中，只因他明察秋毫，众人才能幸免于难。不可思议的是，议员们对他的讲话漠然置之，转而处理日常事务，开始讨论一位患痛风病的议员提出的卸任申请。阴谋者被一一逮捕，饱受酷刑，最后处决了。此次新奇的大规模叛逆行动后，天主教团体立即受到了残忍迫害，并且长期遭到普遍憎恨。为纪念11月5日这次逢凶化吉的事件，感恩礼拜成为惯例写入《公祷书》，直到1854年才移除。即使在现代，每逢这个节日，人们依然会点燃篝火，大放烟花；但是也有人进行反教皇示威游行，实属庆祝活动的瑕疵，不过倒也增添了不少热闹气氛。

　　　　*　　*　　*

　　此时出现了一部辉煌耀世的不朽之作，展现出英语民族的天赋异禀。清教徒的各种要求遭到拒绝，但汉普顿宫召开的议会接近尾声时，清教牧师、牛津大学基督圣体学院院长约翰·雷诺兹博士貌似一时兴起，提议修订《圣经》。詹姆斯对这一提议颇为赞同。目前为止，教士和平信徒使用的《圣经》版本纷杂，有廷德尔的译本、科弗代尔的译本、日内瓦版本及伊丽莎白女王下令推出的《主教圣经》。这些版本内容各不相同，而且某些版本添加了注释，认可和鼓吹门户之见以及宗教组织的极端主义论点，把《圣经》弄得面目全非。每个教派都采用与自己的观点和教义最相符的版本。詹姆斯认为可以借此机会清除对《圣经》的曲解宣传，并且出版一个人人都能接受的统一版本。短短数月，牛津、剑桥、威斯敏斯特各成立了两个委员会，共计50位学者、牧师，挑选这批人时不考虑其神学观点和宗教立场。很快，他们便接到了相关工作的指示。每个委员会负责一部分内容，出稿后由其余5个委员会仔细审查，再选12人另组一个委员会最终校订。翻译过程不许带有偏向性，禁止添加注释，除非是为了注明参见项或解释难以翻译的希腊词汇和希伯来词汇。仅初步研究就耗费了3年时间，主要工作到1607年才启动，不过进展十分迅速。那个年代没有高效的邮递服务，也没有印刷文本的途径，并且各个委员会之间路途遥远，但即便如此，还是于1609年完成了译审任务。十二人委员会（the supervisory committee）也只用了9个月的时间完成了定稿工作，1611年，国王印刷厂印行《钦定版圣经》。

该版《圣经》立即赢得了巨大成功，成为旷世佳作。只需5先令便能买到一本，即使在物价暴涨的今天，价格依然不变。该版本取代了其他所有版本，将近300年来，大家都认为没有必要出版新的译本。驶向美洲新大陆的移民船拥挤不堪，几乎都没有地方放置行李。冒险者们若携带了书籍，必定会带上《圣经》和莎士比亚的著作，后来的人还会带《天路历程》，而他们带的《圣经》几乎都是詹姆斯一世的《钦定版圣经》。据说，仅用英文出版的完整译本就多达9000万册，至今已被译成760多种语言。目前，《钦定版圣经》仍然是英美两国最受欢迎的版本。詹姆斯的头号成就该是它了，因为主要是由他推动的。这位苏格兰学究的建树连自己也不知道。大多数学者都是默默无闻，也没有得到人们的纪念。但是，他们在文学和宗教上为世界各地的英语民族实现了恒久的维系。

　　＊　　＊　　＊

时光荏苒，詹姆斯和议会的关系日益不对付。过去，都铎王朝的历代君主在君主特权的使用上十分谨慎，也从未提出过治理国家的一般理论，但詹姆斯以全岛国的总校长自居。理论上，实行君主专制颇有理由，16世纪的整个政治局势都有利于他。才华横溢的弗朗西斯·培根是他的拥趸者，此人是个野心勃勃的律师，早年跟随埃塞克斯涉足政治，赞助人倒台后他又爬回到君王一边俯首称臣。培根曾担任过一系列高级法律职务，最后出任大法官一职。他认为，詹姆斯国王在法官的辅佐下实行的开明专制统治卓有成效，完全正当，但是他的观点脱离实际，普遍不得人心。

随后，国王与议会龃龉的焦点集中在君主特权的性质与议会法案的效力之间的冲突。现代的观点认为议会法案至高无上，若没有被废除或修改，谁也无权更改，这是行使国家最高权力的唯一方式，但当时这种观点尚未形成。都铎王朝的法令，的确使政教关系发生了巨变，且似乎无所不能。但是，颁布一项法令，需要同时得到议会的同意和国王的批准。如果国王不召集，议会便不能召开，如果国王解散议会，议会也不能召开。除了财政紧缺，几乎没有其他事务能迫使国王召开议会。如果国王能通过其他渠道增收，他可能一连数年都不会召开议会。此外，国王还有一项不成文的特权，以应对政府出现的紧急情况。谁有权置喙国王可以做什么，不可做什么？如果国王根据公众利益并按照法定程序废除某项法令，谁有权断定他的行为违法呢？

此刻，以首席法官柯克为首的普通法律师们挺身走到了英国历史的前沿。柯克是当时英国最博学的法官之一，对于这些有争议的问题，他直言不讳地说，君主特权与议会法令之间的冲突应该由法官作出决议，而不应由国王裁决。这一主张颇为惊人，因为如果由法官裁决哪些法律有效，哪些法律无效，那他们就成了英国的最高立法者。这些法官将组成最高法院，评定国王和议会的法令颁布是否合法。柯克提出的这种要求也并非毫无根据，古代有一传统，法庭颁布的法律高于中央政府的法律。柯克本人不愿意承认法律能杜撰，甚至可以更改，因为法律早已存在，只是等着人们去发现和阐述。议会法案如果与法律相抵触，那就无效。因此，柯克初出茅庐时并没有站在议会一边。他为了维护基本法而提出的主要观点在英国遭否决，而后来在美国，其受到的待遇则大相径庭。

詹姆斯对法官职能的看法则截然不同，他认为，如果议会法令和君主特权发生冲突时法官有责任作出裁决，那裁决结果应该偏向国王。正如培根所言，他们的职责应该是充当"匍匐在王座之下的雄狮"。法官由国王任命，只有得到国王的青睐才能保全官位，因此应该像国王的其他官员一样俯首听命。这场论战由于培根和柯克的个人之争而愈演愈烈，但此时，柯克发现自己的主张完全站不住脚。既然法官随时有被国王撤职的危险，那在国王特权的问题上他们就不可能不偏不倚。詹姆斯原先打算笼络柯克，将他从高等民事法庭提拔到王座法庭。但偏偏柯克不吃这一套，于是詹姆斯于 1616 年将他撤职了，王座法庭的其余法官见状，纷纷站到詹姆斯这边。

　　5 年后，柯克进入下议院，发现当时最活跃的几位律师竟和他志同道合，且众人都欣然接受他们的领导。下议院的乡绅对议会发展史不甚了解，也无法提出条理清晰的理论肯定议会的权力，他们只是单纯地觉得国王的专制行为与刺耳论调有失公正。那个年代尽管动乱不断，但依然尊重法律判例和宪法形式。倘若律师坚决支持国王，整个法律意见方面的砝码都放进国王一边，天平会完全倒向国王，那下议院的处境将更为艰难。由于现已阐释的所有判例与他们的主张相悖，因此，他们将不得不同过去决裂，承认自己是革命者。幸而，诸位律师的坚持不懈使他们免于作出这种艰难的决定。柯克、塞尔登（Selden），还有皮姆（Pym）等人虽没当律师，但在中殿律师学院攻读过法律，他们组成了一个精干的领导团先发制人。他们精通法律，但经常肆意曲解，逐渐自圆其说地提出一条理论，议会据此可以坚定地宣布，他们为之奋战的不是什么新事物，而是英国国民合法的传统遗产。此后，在皮姆的带领下，反对查理国王的缜密统一战线就此奠定了基础。

詹姆斯对这些激烈争论并不同情。他不想妥协，但他比他的儿子精明，知道何时妥协最为有利。他只有在财政紧张时才会和议会交易，一次他对西班牙大使说："下议院就是一群乌合之众，议员们各说各话，乱作一团。每次开会，只听到他们乱喊乱叫。先王们竟然允许这样的机构成立。我不是本地人，到这儿时它就已存在，所以只好容忍这个无法撤销的机构了。"

　　　　*　　*　　*

詹姆斯的外交政策或许迎合了时代对和平的诉求，但与那个时代的倾向相冲突。严格说来，他继位时英国西班牙仍然处于交战状态。在塞西尔的支持下，他结束了敌对状态，同西班牙复了交。从各方面看，此举都可以说是明智谨慎的一步。主要斗争已经从公海转移到了欧洲，领导神圣罗马帝国的哈布斯堡家族，依然从维也纳统治着欧洲大陆。帝国皇帝及其表弟西班牙国王的版图从葡萄牙一直延伸到波兰，而且有狂热的耶稣会做后盾。下议院至全英国仍然对西班牙怀有深深敌意，惶恐不安地注视着反宗教改革运动的发展。但詹姆斯对此无动于衷。他将荷兰人视为违抗神圣君权的乱民。西班牙大使贡多马伯爵在詹姆斯宫中收买了一批亲西派，而詹姆斯却没有吸取都铎王朝的教训，不仅提议与西班牙结盟，还主张为王子婚配一位西班牙公主。

然而，他的女儿已加入了对立派阵营。这位伊丽莎白公主已经嫁给了欧洲新教派首领之一、莱茵的巴拉丁选帝侯腓特烈，并且不久后腓特烈便奋起反抗哈布斯堡家族的斐迪南皇帝。神圣罗马帝国法律曾认可德意志部分地区信奉新教，但如今哈布斯堡企图迫使这些地区皈依天主教，于是激起了新教国家君主的强烈反抗。这场风

暴的中心是波希米亚，那里的捷克贵族傲慢而果敢，在宗教和政治
上坚决抵制维也纳的中央集权政策。早在 15 世纪的约翰·胡斯时代，
他们就建立了自己的教会，同教皇和帝国皇帝斗争。此时，他们同
样蔑视斐迪南的统治。1618 年，他们的几位领袖在布拉格王宫将帝
国使节集体扔出窗外。① 这一行为挑起的战争，蹂躏德意志达 30 年
之久。捷克人将波希米亚的王座拱手让给了腓特烈。腓特烈欣然接受，
成为新教反叛运动的公认领袖。

　　虽然詹姆斯的女儿此时已是波希米亚的王后，但他并不想为了
她而插手此事。他决心不惜任何代价也要避免卷入欧洲的这场冲突，
并且他认为同西班牙修好才是对女婿最大的帮助。议会为此大为光
火，惊恐不安。他提醒议会不要多管闲事，有人嘲笑他胆小如鼠，
但他依然无动于衷。他固执己见，坚持和平。此举是否聪明睿智、
深谋远虑，我们难下论断，不过当时确实不得民心。

　　选帝侯腓特烈很快便被赶出了波希米亚，其世袭领地也被哈
布斯堡的军队占领。他的统治如昙花一现，史称"一冬之王"（the
Winter King）。下议院鼓噪主战，许多人为了保卫新教教友慷慨解囊，
还组织了一批批志愿军。詹姆斯只是与西班牙大使就波希米亚权利
问题从法律上进行了探讨，就感到满意了。他坚持认为，只要英国
与西班牙两国的王室联姻，就能同顶级强国维持和平。无论欧洲大
陆掀起什么动乱，都不能阻碍这一计划。如果他在这场刚刚爆发的
大战中站出来捍卫新教派，或许能赢得臣民的一时爱戴，但这样也

---

　　①　　1618 年 5 月 23 日，捷克的新教徒冲进王宫，将帝国的官员从窗口扔出，继而引
发了影响欧洲历史的三十年战争，这就是著名的"布拉格掷出窗外"事件。

会把他交到下议院手里了。议会投票批准了军费，必定会要求监管支出情况，况且军费十有八九少得可怜。国内的清教势力也会大声主张权利的。此外，战争胜负难测。詹姆斯似乎真的把自己当作欧洲的和平使者，并且苏格兰动荡不安的少年时期使他对打仗有着根深蒂固的厌恶。他对此时要求参战的呼声置若罔闻，继续与西班牙协商联姻之事。

* * *

在动乱之中，詹姆斯为了讨好西班牙政府，在伦敦塔处决了沃尔特·雷利爵士。詹姆斯刚即位就囚禁了他，罪名是密谋辅佐詹姆斯的表妹阿拉贝拉·斯图亚特顶替詹姆斯。这可能是个莫须有的罪名，对他的审讯也必定有失公正。雷利一直梦想去奥里诺科河寻找黄金，因此在长期的牢狱生活中依然欢欣鼓舞，可惜 1617 年他的梦想化为泡影。为了此次探险，他得到特赦，被放出伦敦塔，但他人生最后这次探险一无所成，还冒犯了南美洲的几位西班牙总督。于是，此前对他的死刑判决又恢复了。1618 年 10 月 29 日，他被处决，他的死标志着英国开始奉行新的政策——绥靖政策，为与西班牙的友好关系铺路。这一屈辱行为给詹姆斯国王与人民之间造成了不可逾越的鸿沟。当然，原因也不止这一条。

詹姆斯对宠臣过分娇纵，还喜欢年轻英俊的男子，使得他的王威大大降低。足智多谋的罗伯特·塞西尔死后，宫廷连续遭到多件丑闻的打击。詹姆斯一时兴起将宠臣罗伯特·卡尔封了萨默塞特伯爵，但卡尔牵涉进了一起投毒案，而他的妻子毋庸置疑才是罪魁祸首。此案掀起了轩然大波，但詹姆斯对卡尔有求必应，因此起初对此事不闻不问，但随后他发现实在无法保留他的高官爵位了。一位英俊潇洒、才思敏捷、穷奢极欲的青年乔治·维利尔斯取代了卡尔，不久便封为白金汉公爵。此人博得了詹姆斯的宠爱，很快便在宫内呼风唤雨，还与威尔士亲王建立了令人钦佩的深厚友谊。他毫不犹豫地支持詹姆斯同西班牙联姻的政策，并于1623年筹划了一次浪漫之行，陪同亲王前往马德里相亲。西班牙宫廷庄重严谨、注重礼节，他们这种有失体统的行为没有博得西班牙的好感。此外，西班牙要求英国对国内的天主教作出让步，但詹姆斯深知议会绝不会应允。于是，西班牙拒绝向帝国皇帝求情将巴拉丁领地归还给腓特烈。最后，詹姆斯顿然悔悟，他宣布说："我不愿用我女儿的眼泪去换取儿子的新娘。"同西班牙的谈判宣告失败，此时威尔士亲王及随行者对西班牙不再抱有幻想，但疾劲的逆风拖延了归程，为他保驾护航的英舰因天气恶劣在桑坦德待命。英国焦虑地左等右盼，突然传来消息说，亲王已安全抵达朴次茅斯，并且没有与西班牙公主结婚，也没有改变新教信仰。全国上下得知后，各阶层无不欢欣雀跃，怀抱着与西班牙及其一切势力对抗的强烈愿望，如有必要不惜一战。忆起当年贤君伊丽莎白女王大败西班牙无敌舰队，人们心中备受鼓舞。想到天主教徒崇拜偶像的重大罪行，他们的灵魂战栗不已。福克斯于1563年首次出版的《殉道史》至今仍然广为流传，教导人们将舍生取义当作无上光荣的职责。大街上车水马龙，车上载着点篝火用的柴捆，欢乐的火光映红了伦敦的天空。

但是詹姆斯和他的枢密院在亲西的道路上已走得太远，突然刹车必然会受到震动和打击。在这一问题上，枢密院深陷不能自拔，他们向詹姆斯告状说，因为白金汉公爵缺乏耐心、狂妄自大，才把事情搞砸了。他们对白金汉公爵的举止鄙夷不屑，认为西班牙宫廷并无失礼之处，还说西班牙在巴拉丁领地问题上的态度无可指摘。
而白金汉和查理亲王则求战心切。起初，詹姆斯摇摆不定。他说，
曾经他也对政治略知一二，如今已经风烛残年。而此时这个世界上
他最喜爱的两个人极力劝说他采取的政策，与他的看法和过去的行
动完全背道而驰。

　　紧要关头，首鼠两端的白金汉摇身一变，从国王的宠臣变为忧
国忧民的政治家，尽管是昙花一现。他费尽百般口舌游说国王，同
时谋取了议会和人民的支持。他采取了一系列措施，认可议会权益
和权力，自兰开斯特王朝以来，绝无仅有。都铎王朝不许议会干涉
外交事务，詹姆斯亦是如此，但如今他的这位宠臣邀请上下议院畅
所欲言。两院立即表达了明确一致的意见，他们说，继续与西班牙
谈判有损国王荣誉，违背人民福祉，损害亲王与公主利益，也违背
以前同盟国订立的条款。在这点上，白金汉毫不隐瞒自己与国王有
所分歧。他直言不讳地说，他只愿走一条道，尽管詹姆斯认为可以
同时走两条。他不愿总是谄媚奉承，他必须表达自己的信念，为此
宁愿承担逆君之罪。

　　这一局势发展使议会大喜过望。接下来，为即将来临的战争
筹集资金成了当务之急。詹姆斯和查理亲王想在欧洲发起战争，夺
回巴拉丁领地。而议会只是主张对西班牙发动海战，以夺取西班牙
从东、西印度群岛抢夺的财富。下议院对詹姆斯的动机持怀疑态度，
批准的军费连他要求的一半都不到，并且对军费的开销规定了严苛
的条件。

　　白金汉见风使舵，此时在议会威望大增，他利用这一优势打垮
了政敌财政大臣克兰菲尔德。当时的财政大臣已受封为米德尔塞克

斯伯爵，是国内著名的"新贵"之一。他是个商人，家财万贯、身居高位，如今遭到议会弹劾，丢官失宠，锒铛入狱。培根也被弹劾过，1621年他被判贪污罪，撤去大法官一职，处以罚款，并逐出英国。在众多重大问题彻底解决之前，弹劾手段绝不会弃用。当时，已存在许多大问题，但白金汉及其密友查理亲王毫无察觉。

　　同西班牙的婚事一告吹，白金汉立马转向法国为查理觅偶。他和查理亲王前往马德里时途经巴黎，玛丽·德·美第奇的女儿、路易十三的妹妹亨丽埃塔·玛丽亚芳龄十四，查理被她的娇容所打动。白金汉发现，法国宫廷尤其是玛丽太后对这门亲事十分赞同。如果查理亲王与一位新教国家的公主成婚，那英国王室与议会便会团结一心。不过这并非是英国统治阶层的初衷，因为除了西班牙公主，似乎只能选择法国公主了。英国要如何独自对付西班牙呢？若不能仰赖西班牙，便只能拉拢法国了。老国王詹姆斯想看到儿子成婚，他说他如今活着只为了这个儿子。1624年12月，他正式批准婚约。三个月后，大不列颠第一代国王驾崩了。

第 12 章
"五月花号"

同西班牙的战争早已使英国精疲力竭，因此伊丽莎白女王统治末期，几乎无力再进行新的远洋冒险了。一时间，人们几乎听不到任何新大陆的消息。霍金斯和德雷克在他们早期的航海活动中，为英国在加勒比海开辟了广阔的前景。弗罗比歇等人为了寻找通往亚洲的西北通道，深入加拿大北极地带。但探险和贸易的魅力让位给战争的需求，建立殖民地的新设想也遭受了挫折。吉尔伯特、雷利和格伦维尔是这项事业的先驱，虽然他们的大胆计划始终未能实现，但留下了鼓舞人心的传统。一段时间后，一批新人肩负起了使命，虽然这些人不如他们赫赫有名，但却比他们务实，且幸运。出于不同目的，英语民族小社区零零星星地在北美建立起来。这一变化始于 1604 年詹姆斯一世与西班牙签订和约之后。对理查德·哈克卢特所著的《论西方拓殖》（*Discourse on Western Planting*）一书的探讨再度活跃起来，以他为首的一批作家提出的重要论据名声大噪，因为此时英国面临着诸多难题。大批民众陷入赤贫，流离失所，英国的人力、物力急需新的出路。

　　＊　　＊　　＊

　　物价不断上涨，工薪族度日如年。16 世纪的整个生活水平有所
提高，但大多数物价翻了 6 倍，而工资只涨了一倍。政府过度的控
制阻碍了工业的发展，并且中世纪的手工业行会制度仍然盛行，因
此年轻的学徒入行十分困难、严苛。地主乡绅阶级在政治上与国王
达成坚固的联盟，坐拥绝大部分土地，并且控制着地方政权。地主
阶级大力推动圈地运动，许多农民无地可耕，被迫离开故土。似乎
整个生活格局都缩小了，社会组织结构已经僵化。新形势下，许多
人陷入被动，希望渺茫，难以糊口。当时认为，开拓殖民地可能有
助于解决这些棘手的问题。

　　但政府对此不无兴趣。王室的收入主要依赖关税，而同活跃的
殖民地贸易往来有望增加关税收入。商人和富裕的地主在大洋彼岸
看到了新的机会，投资回报丰厚，可以规避对工业的各种限制条件，
克服欧洲贸易在宗教战争期间普遍衰退的现状。因此，进行海外尝
试容易筹到资本。雷利的失败反映出个体冒险的弱点，不过股份公
司即将出现，成为为大规模贸易活动融资的新途径。1606 年，一批
投机商得到国王特许，成立了弗吉尼亚公司。了解一下早期的广义
投机活动如何在美洲开疆拓土，是一件颇有趣味的事。

　　哈克卢特等专家共同研究之后，制订了详细的殖民计划，但他
们几无实践经验，因而低估了殖民这个新事物的困难之处。毕竟，
投身建立新国家的人数并不多，第一批只有数百人。1607 年 5 月，
这批人在弗吉尼亚海岸切萨皮克湾的詹姆斯敦定居了下来。翌年春
季，半数人死于疟疾、寒冷和饥荒。经过长期的英勇奋战，幸存者
终于得以自力更生，但国内的投资者却收获甚微。土耳其战争的军

事冒险家约翰·史密斯船长成了这个小小殖民地的主宰，开始执行严格的管束。他的副手约翰·罗尔夫娶了一位印第安酋长之女波卡洪塔斯，这在伦敦引起了轩然大波。但是伦敦公司无法控制这块殖民地，管理也十分马虎粗糙。董事们的目标五花八门，并不明确。有人认为殖民活动将减轻英国的贫困，减少犯罪。另一些人则希望在北美沿海发展渔业谋利，或者从那里获取原料，降低对西班牙殖民地原料的依赖。但这些观点无一正确，实际上弗吉尼亚的财富来源于一个出人意料的全新领域。有人偶然种植了烟草，由于土壤肥沃，大获丰收。当时，西班牙人已经将烟草引入了欧洲，吸烟的习惯迅速普及开来。烟草的需求庞大，并且日益增加，因此弗吉尼亚获利颇丰。小农经济收购合并成了大种植园，这块殖民地开始自食其力了。随着不断发展繁荣，像它的母国那样的社会开始形成，出现了富裕的庄园主，相当于英国的乡绅。他们很快确立了独立思考和坚强的自治能力，就这点而言，同伦敦政府的海天之隔十分有利。

*　　*　　*

詹姆斯一世统治时期，宫廷内任人唯亲，英国在欧洲忍辱负重，但在死气沉沉的表层之下，其他生机勃勃的力量仍然活跃。伊丽莎白国教会的主教们已经将上层贵族的清教徒及较顽强的清教徒从教会中清洗出去，然而，清教组织瓦解了，但宗教极端分子的非法小团体仍然举行聚会。他们没有对这些非法团体进行系统性迫害，但是小打小闹的限制和特务行动妨碍了平静的礼拜活动。诺丁汉郡斯克鲁比一教会的会众在牧师约翰·鲁滨孙和约克大主教的清教徒领地小吏威廉·布鲁斯特的带领下，决心去国外寻求宗教自由。1607 年，他们离开英国，在荷兰莱顿定居，希望在宽容、勤劳的荷兰找到避难所。这些清教徒艰苦奋斗十年，希望过上像样的生活。他们是小自耕农和雇农，没有资本，也没有技术，外国人还无法加入手工业行会，在这个沿海工业国家格格不入。他们唯一能找到的工作就是重体力活，虽然百折不挠、坚持不懈，但在荷兰仍然前途渺茫。他们为传宗接代不肯低头，无法融入荷兰人之中。荷兰当局只是对他们表示同情，却没有实际行动帮助他们，于是，清教徒开始另寻他途。

移民到新大陆貌似是逃避罪恶一代的一种途径。他们在那里或可谋一条不受荷兰行会限制的生路，也无惧英国教士的烦扰而遵自己的教义。其中有人写道："他们想去的地方是苍茫广阔、无人定居的美洲荒野，那里物产丰富，适宜居住，没有开化的居民，只有野蛮人到处游荡，与野兽无异。"

1616—1617 年的整个冬季，荷兰面临着同西班牙重新开战的危险，于是这些焦虑不安的清教徒多次商讨对策，摆在面前的是生死攸关的危机和超乎寻常的冒险。让他们害怕的不只是未知世界的危险、饥荒和前人失败的记录，他们还听说了一些关于印第安人的可怕故事。故事里讲述了他们如何用贝壳活剥俘虏的皮，如何砍断他们的肋骨，然后当着所有俘虏的面在木炭上烤着吃。但是未来新殖民地的总督威廉·布雷德福阐述了大多数人的观点，他在《普利茅斯殖民史》(*History of the Plymouth Plantation*)一书中说出了当时人们的看法，"一切伟大崇高的行动都必然伴随着千难万险，必须有足够的勇气才能胜任。虽岌岌可危，但并非走投无路，虽困难重重，但并非无法战胜。尽管很可能会出现诸多困难，但事无定数。人们害怕的种种或许永远不会发生，其他事通过未雨绸缪和运筹帷幄则基本上可避免，但无论如何，在上帝的帮助下，我们凭借毅力和耐心能忍受或者克服一切困难。条件充足，有理有据，才可尝试如此危险的活动，不可像许多人那样出于好奇或贪利贸然行动。进行这些冒险活动的条件非比寻常，但结局良好光荣，召唤合法而迫切，因此冒险之时可望得到上帝保佑。没错，他们可能会为冒险事业而献身，但冒险也会得到宽慰，因为他们的努力将会光宗耀祖。而他们如今在这里不过是穷困潦倒的流亡者，可能遭受巨大的苦难，如今，12 年的停战已过去，只听到战鼓咚咚、磨刀霍霍，而战争的胜败向来难以预测。西班牙人或许跟美洲野人一样残忍，那里的饥荒、瘟疫之痛或许不亚于美洲，但那里寻求补救的自由少之又少"。

他们起先打算到圭亚那定居，但随后意识到单凭自己的力量去冒险根本不行，必须得到英国的帮助。于是派人前往伦敦同弗吉尼亚公司谈判，这是唯一一家对移民活动感兴趣的机构。颇具影响力的议员埃德温·桑兹爵士就是公司董事会的成员。他得到公司内数位伦敦商人的支持，推动了移民项目。这帮清教徒是最理想的拓居者，他们持重冷静，任劳任怨，精于农耕。他们坚持自由礼拜，因此必须安抚国教会的众位主教。桑兹带荷兰的使者去觐见国王，但詹姆斯持怀疑态度。他询问他们，这一小伙人打算如何在弗吉尼亚公司的美洲属地生存？他们答道："渔业。"詹姆斯来了兴趣，"上帝保佑，"他高兴地说，"这是正经行业，是使徒的召唤！"

住在莱顿的清教徒们得到了移居美洲的特许，紧锣密鼓地进行出发的准备工作。35 名莱顿会众离开了荷兰，在普利茅斯与英国西南的 66 名冒险者会合，并于 1620 年 9 月乘坐排水量 180 吨的"五月花号"扬帆起航。

在寒风怒号的大西洋上航行了两个半月后，他们意外地在科德角海岸登陆了，但科德角在弗吉尼亚公司属地之外，因此，伦敦授予的特许证在此无效。登陆前，在首领人选的问题上产生了争执。从英国西南部来的冒险家并非圣徒，无意服从莱顿清教徒的那一套，但向英国呼吁是不可能的。如果不想全体饿死，必须达成某种协议。

于是，他们中间相对有权的 41 人起草了一份庄严契约，历史意义重大，是建立政治组织的自发协约。"以上帝的名义起誓，阿门。我等签署者是可敬的君主詹姆斯国王的忠诚臣民，承蒙上帝的恩典，承蒙大不列颠国王、法兰西国王以及信仰护卫者爱尔兰国王的隆恩。为了上帝的荣耀，为了推动基督教信仰，为了国王与祖国的荣耀，我们漂洋过海，在弗吉尼亚北部建立首个殖民地。我等在上帝面前共同庄严立誓签约，自愿结为公民自治体，以便使上述目标得到更好的实施、维护和发展。我们将不断颁布公平公正的法律、法令、法案、宪章，设立各种公职，以满足和迎合殖民地的普遍利益。我们保证绝对遵纪守法，服从领导。"

12 月，这些人在美洲海岸的科德角湾建立了普利茅斯镇。如同前人初到弗吉尼亚时一样，他们也开始了与大自然的艰苦斗争。这里没有主食作物，但他们靠着劳作与信仰存活了下来。但伦敦的资助者一无所获，1627 年，他们抛光了股票，普利茅斯殖民地从此开始自生自灭。新英格兰便如此诞生了。

*　　*　　*

此后 10 年，再没人进行过有计划的移民美洲，但是普利茅斯这个小小的殖民地指明了自由之路。1629 年，查理一世解散了议会，开启了所谓个人统治时期。随着国王与臣民之间的摩擦加大，国教会的反对势力在乡村蓬勃发展。欧洲大陆盛行绝对主义，英国似乎也殊途同归。许多有主见的人开始考虑离开国内，到荒野之地寻求自由与正义。

正如斯克鲁比的会众整体移居荷兰一样，多塞特的另一批清教徒在约翰·怀特牧师的鼓舞下决心移居新大陆。虽出师不利，但他们在伦敦和东部诸郡得到了支持，支持者热衷于贸易和渔业，对移民也颇感兴趣。有势力的反对派贵族向他们伸出援手。以弗吉尼亚公司为先例，他们根据皇家特许状成立了一个公司，名为"新英格兰马萨诸塞海湾公司"。消息不胫而走，愿意移民的不少。有一批人先行一步，在普利茅斯北方的塞勒姆建立了定居点。1630年，公司派出的总督约翰·温思罗普带着1000移民紧随其后，他是此次冒险活动的领军人物。他的书信中反映出那个时代的局促不安，还透露了他举家前往的原因。他在谈到英国时这样写道："我确信，上帝要将深重的灾难降于本国，并且迫在眉睫，但放心吧……若上帝认为此事于我们有益处，就会为我等提供避难所和藏身处……教会不得不逃到荒野，说明邪恶的时代要来临。"温思罗普选择的荒野位于查尔斯河畔，殖民地的首府也迁到了这个沼泽地。波士顿就是在这里起于青蘋之末的，下一个世纪发展为反抗英国统治的中心，长期以来一直被视为美洲的文化中心。

据其章程，马萨诸塞海湾公司是股份公司，纯为贸易而生。第一年，塞勒姆定居点受伦敦控制。不知是有意还是无意，特许状中并未提到马萨诸塞海湾公司将在何处开会。一些清教徒股东意识到，要将公司和董事会一并迁到新英格兰毫无障碍。公司董事会开会作出了这一重大决定。于是，马萨诸塞自治殖民地从这个股份公司中诞生了。掌握公司大权的清教徒地主乡绅，采用了查理国王实行个

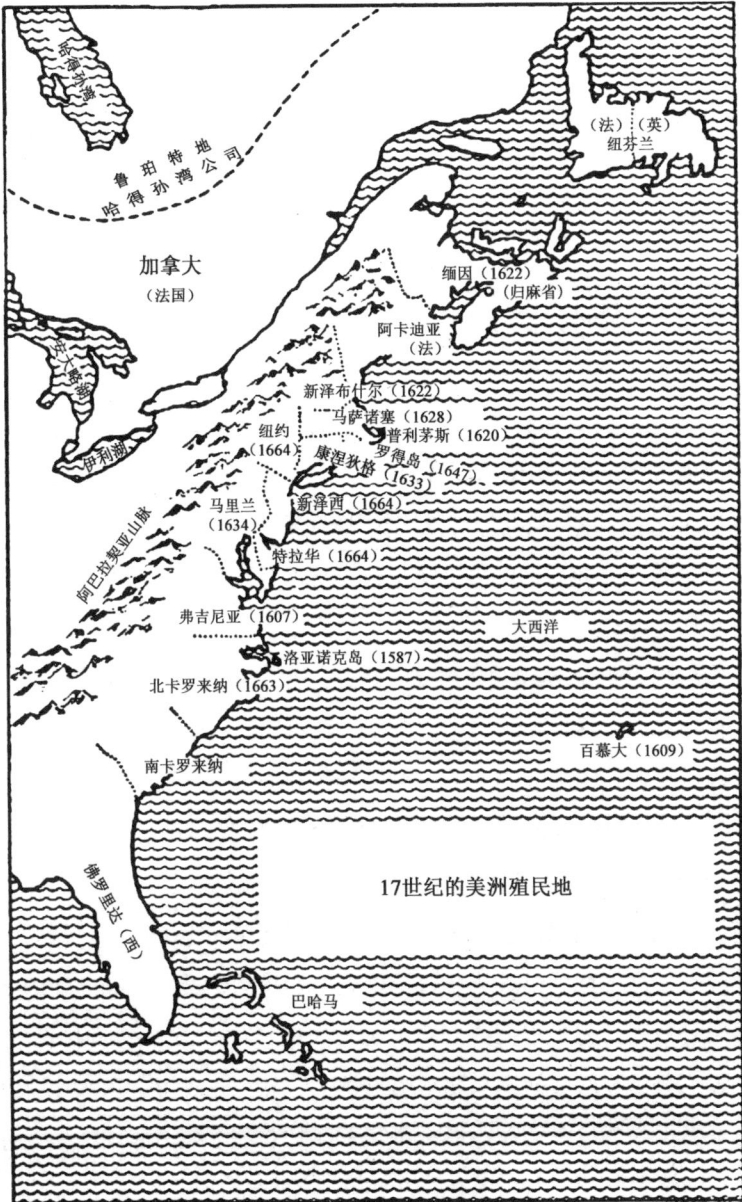

17 世纪的美洲殖民地

人统治之前的代议制。在这个早期阶段，温思罗普领导着马萨诸塞殖民地发展迅速，1629—1640 年间，居民从 300 人猛增为 14000 人。公司资源为普通移民提供了有利的前景；在英国，雇农的生活往往十分艰辛，而在新大陆，每一个初来乍到的人都能享有土地和自由，不受英国那些压迫贫苦农民、限制劳动力流动的中世纪法规的限制。

统治马萨诸塞的领袖和朝臣对自由有自己的见解，他们认为必须由敬畏上帝的人实行统治。在宗教问题上，他们像英国国教徒那样不懂得宽容，因而发生了宗教纠纷。不可能所有人都是古板的加尔文教派，在纠纷愈演愈烈之时，富有反抗精神的群体纷纷脱离了殖民地母体。这片殖民地以外，有广袤无垠的土地令人神往。1635 年、1636 年，殖民地一些居民迁移到了康涅狄格河谷，并在河岸上建了哈特福德镇。此后，许多直接来自英国的移民到来，于是形成了康涅狄格河畔各拓居地城镇的核心，此后又发展成为康涅狄格殖民地。在距离祖国 3000 英里之外的这个地方，他们制定了开明的执政法规。他们宣布了《基本准则》，或曰宪章，类似于约 15 年前的"五月花号"协议。该殖民地所有自由人组织了全民政府。在斯图亚特王朝复辟以后，该政府的地位才正规化，而此前一直低调行事。

康涅狄格的创建者为寻找新的更广袤的定居点离开了马萨诸塞，其他人也因为宗教冲突逃离了那块母体殖民地的地界。剑桥大学学者罗杰·威廉斯被大主教劳德赶出学校后，沿着当时已知的航线来到新大陆，定居马萨诸塞。在他看来，当地教会跟英国国教会一样不公正。威廉斯不久便与当局发生冲突，并成为这片海外殖民地上力图躲避迫害的理想主义者和下层民众的领袖。地方执法官将他视为捣乱分子，决心将他遣送回国。幸而他及时得到消息逃离了，不时有追随者投奔他，于是他在马萨诸塞以南建立了普罗维登斯镇。另有一些从马萨诸塞殖民地出逃或者流放的人于 1636 年也投奔了他的定居点，此地后来发展成了罗得岛殖民地。威廉斯是美洲首位政治思想家，不仅影响了殖民地居民，也影响了英国的革命党。在诸多方面，他的思想预示着约翰·弥尔顿的政治设想。他是第一个将政教完全分离付诸实施的人，罗得岛也是当时世上唯一实现绝对宗教宽容的中心。而这个崇高的事业是靠制作和销售烈酒来维持的，该殖民地的蓬勃发展也依赖于此。

于是乎，至 1640 年，英国在北美洲建立了 5 个大殖民地。严格说来，弗吉尼亚受英王直接统治，1624 年弗吉尼亚公司的特许状废除后，便由枢密院一个常务委员会来管理，但实际上这种管理有些徒劳无益；清教徒在普利茅斯建立的初创殖民地缺乏资金，没有发展起来；马萨诸塞海湾殖民地则蒸蒸日上，另外两个殖民地是衍生出来的康涅狄格和罗得岛。

除了弗吉尼亚，其余四个殖民地都在新英格兰。虽说宗教上有分歧，但四个殖民地大同小异，位置都在沿海地区，彼此靠贸易、渔业和航运紧密联系，不久后又被迫联合起来对抗毗邻的殖民地。一群富有冒险精神的苏格兰人在圣劳伦斯河上游已定居了一段时日，但法国人开始从早期在加拿大建立的基地向外扩张，于是将他们驱逐出境。至 1630 年，法国控制了整个圣劳伦斯河。另一条航道哈得孙河则掌控在荷兰人手中，1621 年，荷兰在哈得孙河口创建了新尼德兰殖民地，即后来的纽约。马萨诸塞海湾公司迁到新大陆后，马萨诸塞殖民地的英国人便中断了与本国政府的联系。普利茅斯殖民地于 1627 年股东们抛光股票后实际已自治，因此不存在向英国要求独立的问题。不过这样一来，他们就很容易遭到法国和荷兰的攻击，所幸这些危险尚未降临。与此同时，英国正忙于国内事务。1635 年，查理一世及其枢密院曾一度考虑派远征军到美洲殖民地维护其权威。殖民地居民建起了要塞和碉堡，严阵以待。但适逢英国爆发内战，这个计划便搁置了，于是殖民地又自由发展了二十多载。

　　*　　*　　*

　　另外两次商业性质的冒险活动，使英语民族在新大陆站稳了脚跟。自伊丽莎白时代以来，英国人一直企图在西班牙控制的西印度群岛夺取一席之地。1623 年，萨福克一位名为托马斯·沃纳（Thomas Warner）的富绅远征圭亚那无果而返，归途中到了西印度群岛中的一个人烟稀少的岛上探险。他留了几人在圣克里斯托弗岛殖民，然后匆忙赶回国内向国王申请大规模拓殖的特许状。得到特许后，他返回加勒比海，虽然不断遭受西班牙的袭击，但最终在这片有争议的海域建立了英国的控制权。至 17 世纪 40 年代，巴巴多斯、圣克里斯托弗、尼维斯、蒙特塞拉特和安提瓜诸岛已掌控在英国人手中，数千殖民者陆续抵达。丰富的蔗糖确保了此地的繁荣，西班牙在西印度群岛的统治受到动摇。往后数年，双方展开了激烈的竞争和战斗。但很长一段时间内，这些岛屿在商业上对英国的价值远大于北美殖民地。

　　该时期另一次拓殖活动是由国王本人赞助的，理论上，英国人拓殖的所有土地均归属英王。英王有权按自己的意愿将这些土地赠予受认可的公司或个人。正如伊丽莎白和詹姆斯曾将工业和贸易垄断赠予廷臣一样，如今查理一世也想管辖殖民定居点。信奉罗马天主教的廷臣、巴尔的摩勋爵乔治·卡尔弗特一直对殖民颇感兴趣；

1632 年，他申请到弗吉尼亚附近拓殖的垄断。他死后，其子获得了这一特权。特许状上的条款与当初弗吉尼亚公司获准殖民的条件相似；新区域的所有权将完全授予申请人，并且试图将采邑制引入新大陆。殖民地的统治权属于巴尔的摩家族，拥有任免官员、制定法规的最高权力。廷臣和商人纷纷为这次冒险活动投资，新殖民地以查理国王的妻子亨丽埃塔·玛丽亚王后命名，取名为马里兰。该殖民地的统治者虽信奉罗马天主教，但从统治初期开始就带有一丝宽容的色彩，因为巴尔的摩家族宣布将英国国教作为新殖民地的正教后才获得了特许状。查理国王的贵族政权实际上被大大削弱了，而巴尔的摩在殖民地建立的地方当局权力扩大，特许状上规定的权力则相应减少了。

大规模移民活动的头数十年，超过 8 万英语民族渡过大西洋。自日耳曼人入侵不列颠以来，从未见过如此大规模的民族大迁徙。撒克逊人和维京人曾经殖民了英国，1000 年后的今天，他们的后代开始占据美洲大陆。一股股不同的移民像溪流一样汇聚到新大陆，促成了日后美国的多元性。在这些溪流中，最先流入的是英国人，他们也一直是主流。移民运动的领袖从一开始便不赞同母国政府。移民拓荒建立了城镇和定居点，同印第安人战斗，立足于偏僻新奇的环境中，这一切都加深了新旧大陆之间的鸿沟。在新英格兰建立和巩固的关键时期，母国因内战而瘫痪。当英国国内再次恢复稳定时，新英格兰已经成长为自给自足、自力更生的群体，并且形成了自己的传统与思想。

第 13 章
查理一世和白金汉

有关查理一世在位之初的众多描写，无出德国史学家兰克之右者。高深的研究中有如下精彩片段，说他"风华正茂，年方二十五。在马背上英姿飒爽，能从容驾驭烈马；精通各类骑士技能，善使十字弓和长枪，甚至会装填大炮。与其父相比，他对狩猎的热情不遑多让。在智力和知识上，无法与他相比，在充沛的精力和受欢迎的气质上也无法同亡兄亨利相比……但在道德品质方面，他优于二者。一些年轻人被称为无过无咎，他是其中之一。他严守行为礼节，如近乎少女的腼腆。严肃、温和的灵魂透过他平静的眼睛发声。他有理解复杂问题的天赋异禀，且文笔很好。从小时候起，他就表现出节俭：既不铺张，也不吝啬，在所有问题上都恰到好处"。[1] 然而，他曾罹患小儿麻痹症，说话结结巴巴。

一场重大的政治和宗教危机正笼罩着英国。早在詹姆斯国王时代，议会已经开始取得主导地位，不仅在赋税征收方面，而且越来越多地参与政务处理，尤其是外交政策。值得关注的是，英格兰民族的受教育阶层对欧洲展现了极为深远的兴趣。他们的所思所为带动了背后广大的人民。对英国人来说，布拉格、雷根斯堡发生的事件，似与约克、布里斯托发生的事件旗鼓相当。波西米亚的边界问题、巴拉丁领地的状况，与许多国内问题重要性不相上下。这开阔的视野不再是因为要攫取大陆影响力的继位权，像金雀花王朝时期那样争霸。宗教纷争的狂风将人们的思绪带向远方。英国人民觉得他们的存亡和救赎永远都与新教信仰的胜利息息相关。他们目不转睛地关注着新教信仰的每一次前进或失利。让英国去领导、捍卫新教事业并随时随地为之挺身而出，这个强烈的渴望推动着议会运动蓬勃向前。假使只因当时国内事务，则此运动断无此强大势头。阿克顿勋爵宣称："要不是17世纪宗教驱动的力量，世界走向自治的进程本会停滞不前。"

然而，世俗议题本身也有巨大分量。都铎王朝的权威因缓解了玫瑰战争的无政府状态而获得认可，如今却已不再适应不断成长的社会的需要或脾气。人们都回顾历史。大牌律师诸如柯克和塞尔登，将目光投向了自认为议会在兰开斯特王朝时所拥有的权利。视线更远处，他们骄傲地谈及西蒙·德·孟福尔的丰功伟绩、大宪章，甚至缥缈在七国时代迷雾中更为古老的权利。这些研究使他们坚信自己是一整套基本法的继承人。这套法律与岛国习俗一脉相承，现在对他们的当务之急也非常适用，非同小可。历史在他们看来俨然一部成文宪法，王权现在有加以背弃的危险。但是王室也回望历史，发现了许多性质相反的先例，尤其是近百年里"皇家特权"畅通无阻的情况。国王和议会都有自信满满的一整套学说。这使即将到来的斗争充满悲情和辉煌。

一个比都铎时期英国更复杂的社会正在成形。国内外贸易扩大了，采煤业等突飞猛进，更大的既得利益正在形成。冲锋在前的是伦敦，这一自由和进步永恒的光荣捍卫者。伦敦有着千千万万健壮的、畅所欲言的学徒，有着富得流油的伦敦城行会和公司。伦敦城外有输出了许多议员的乡绅阶级，与新兴工商业联系越来越密切。这些年，下议院都没怎么在立法上花功夫，而是试图从王权攫取古代惯例的认可。其目的是在为时已晚前，阻止近期的一系列增长落入专制掌控之中。

许多著名人物站在了这场艰苦卓绝、而对我们所处时代意义非凡的运动之潮头。柯克向詹姆斯一世后期的议会传授了可靠的论据和赖以取胜的办法。他对普通法的了解独一无二。他发掘了一系列先例，并指派许多人手将其翻新打磨。两位乡绅与他并肩战斗：一位是来自西部的约翰·艾略特爵士，康沃尔人；另一位是约克郡乡绅托马斯·温特沃斯。两人都锐不可当却能泰然处事。他们起初志同道合，不一会儿变成竞争对手，最后又势同水火。两人踏上了截然相反的道路，却都牺牲了一切。同一时期，在他们身后的是无比坚定的清教士绅领袖丹齐尔·霍利斯、亚瑟·哈泽雷格和约翰·皮姆。最终皮姆得以远行，并将这项事业推进得更深入。他是萨默塞特人，律师，强烈反对高派教会，并对殖民活动饶有兴趣。这是一个对政治游戏中每一步都了如指掌、玩起来毫不留情的人。

*　　*　　*

詹姆斯一世和现在查理的议会，都支持战争和干预欧洲事务。他们腰缠万贯，试图利用金钱力量，诱惑国王及其大臣踏上这些危险的不归路。他们对很多事心如明镜，知道战争的压力会迫使王权有求于他们。他们也预见到，一旦政策被采用，自己的权力将随之增强。这政策也是他们的信念。詹姆斯一世的绥靖主义经常令人不齿，却阴差阳错地规避了此陷阱。但是，查理和白金汉都年少轻狂。查理曾因本人在马德里遭到冷遇，以及父亲与西班牙结亲的提议被轻巧打发，而感到愤愤不平。他支持向西班牙开战，甚至想在王权更迭时，不下令进行新选举，而是马上召集议会。查理与法国公主亨丽埃塔·玛丽亚急速完婚。当她在一大群法国天主教徒和牧师的簇拥下抵达多佛，查理的人气受到了第一次严重冲击。新议会批准了西班牙战争的补给，却作出决议：国王对海关吨税和磅税的征收，应该打破过去几世君主统治的传统，需议会每年投票批准，而非批准后即有权终身征收。要知道，哪怕在和平时期，君主都依赖这两项税赋生存。如此决议，使得议会审查间接税问题的目的心昭然若揭。这一限惹恼了查理，但并未阻止他投入战争。因此，登基之初，他就将自己置于高度依赖议会的境地，尽管憎恶议会的得寸进尺。

西班牙战争打得一塌糊涂。白金汉率领一支部队远征加的斯，试图效仿女王伊丽莎白时代的壮举，却无功而返。议会决议将这位表面风光、挥霍无度却办事无能的大臣赶下台。"我们断言，"下议院告诉查理，"在这伟人被勒令禁止参与重要国务前，我们将要或能够给予的任何资金，都将因他的尸位素餐，对你的王国造成危害，而非产生裨益。"白金汉被参劾了。为了挽救他的朋友，国王匆忙解散议会。

眼下的局势又添波澜。查理曾希望与法国结盟，共抗哈布斯堡家族统治的西班牙及其帝国。但是法国并无意替英国为夺回巴拉丁领地而战。查理与亨丽埃塔·玛丽亚王后的婚姻条款的履约也出现争议，胡格诺派的行动扩大了这一嫌隙。红衣主教黎塞留刚出任法国首相，炙手可热，决心遏制法国胡格诺派的独立，尤其是征服他们在拉罗谢尔的海上据点。英国人在纳瓦拉王国的亨利四世时代就支援过法国新教徒的存续，现在自然也同情他们。两国渐次卷入了战争。1627 年，一支庞大的部队在白金汉统领下，前往援助拉罗谢尔人。部队在雷岛海岸登陆，未能攻入城堡，最终狼狈逃窜。因此，白金汉的军事行动再次以挥霍和失败告终。国内，军队征用数千民宅驻兵，引起极大不满。当局使用戒严令，欲一劳永逸地消弭士兵与平民间的争端，然而其武断实施却加剧了冲突。

国王迫切需要筹措战争借款，而议会则可能再次弹劾自己的朋友，为此他左右为难。查理恼羞成怒，战争又迫在眉睫，便采用了有风险的筹钱法：要求强制贷款。许多有头有脸的人物拒绝付钱，便被投入监狱。其中被称为"五骑士"的五名囚犯，对法律程序提出上诉。但王座法庭裁定，人身保护权不能豁免"国王特批"的监禁。此次骚动催生了著名的《权利请愿书》(Petition of Right)。

强制贷款不足以填充国库。获得白金汉不会被弹劾的承诺后，国王同意召集议会。国家正处于动荡中，当选的议员们又一次发誓抵制肆意勒索。1628 年 3 月召集的议会体现了国家天然领袖的意志。它支持这场战争，但拒绝向不信任的国王和大臣提供资金。贵族和士绅、上议院和下议院一致，都坚决捍卫财产权，捍卫其自由权。国王扬言采取专制行动，必须"获得充足的给养保卫祖国，并拯救我们的朋友免于迫在眉睫的毁灭……人人现在都须凭良心办事。因此，如果有人违背了上帝的意旨，而不履行国难当头进行捐助的职责，那么我必须……使用上帝所赐的手段，来挽回那些因他人的愚蠢而可能招致的损失。不要将此话视为威胁，因为我只屑于威胁能平起平坐的人……不如当作告诫吧"。

如果认为所有过错都是单方面的，那就大错特错了。议会已批准了战争，却还在与国王进行一场硬碰硬的博弈：与他对质，使他高傲的荣誉感因抛弃了胡格诺派而蒙羞，同时迫使他放弃前代君主们长久享有的特权。他们对自己策略的巧妙性深信不疑，事实也证明如此。他们提供不少于5笔补贴，总额30万英镑，在12个月内付清。这些钱足以支持战争。但要议员们将这批款通过法案确定下来，还需花一些代价。

以下4项决议获得了一致通过：除非有合法理由，任何自由人都不应被拘留或监禁；即使是国王或枢密院下令，每个被拘留或监禁的人都应享受人身保护令；如果没有合法理由，当事人应被释放或保释；每个自由人都对其动产和地产拥有绝对的财产权，这是一项古老且无可置疑的权利。并且，未经议会法案批准，国王及其大臣们不得课税、征收贷款或索要贡金。

在柯克的推动下，下议院现在继续草拟《权利请愿书》，目的是削减国王特权。《权利请愿书》抗议了强制贷款、未经审判的监禁、强占民宅和戒严法。国王的上述其他举动被谴责为"侵害了臣民的权利和自由，枉顾了国家的法律和法规"。除非国王接受《权利请愿书》，否则就不会获得任何补贴，并且还必须妥善面对议会煽动他发起的战争。查理诉诸计谋，私底下跟法官们通气。他们向他保证，即使他恩准这些自由权利，也丝毫不会危及他的终极特权。查理对此将信将疑。他在上议院第一次语焉不详的答复就引来一阵咆哮。声响不仅来自下院，还有议会中的绝大多数人。因此，他重新采纳法官们的意见，同意按要求让渡这些权利，然而心里还是有所保留。

国王说："既然我已经履责，若议会还不能达成一个完满的结论，罪过是你们的，与我无关。"这句话一出，一片欢腾。下院投票批准了所有补贴，并认为交易已经板上钉钉。

几经波折，我们说到了英式自由的主要源流。行政机构以国家的名义拘禁任何人——贵族或平民——的权力都被否决了。此否决因无数痛苦的抗争而变为现实，熠熠生辉，成为全天下每个自尊之人的永恒宪章。审判由人员平等的陪审团主持，只审理法律规定的罪行，如果坚持这种审判模式，结果就是枷锁与自由的云泥之别。但国王认为这种模式碍手碍脚，且坚信可以援引合理的反例，即紧急情况下必须关押危险人物。当局尚未想到"保护性逮捕"和"试图逃跑时被击毙"这两种提法。这些概念有赖于后世的天才。

形形色色的议会运动，背后潜伏着深深的恐惧。欧洲目力所及之处，君主专制都在变本加厉。三级会议 1614 年在巴黎召开，便从此销声匿迹，直到 1789 年的大革命前夕才重见天日。常备军由精通火器的士兵组成，配有炮队。其崛起一律剥夺了贵族平民的独立抵抗的手段。虽说早几百年情形也不容乐观，但鲜有国王敢于挑战议会的终极手段"议案加弓箭"。但现在，议会方面尚缺乏实力。

*　　*　　*

双方在各自的道路上渐行渐远。国王得了钱，却过分地仰赖法官们的保证，即使他的特权仍完好无损。下院则更咄咄逼人，抗议罗马教皇和阿明尼乌派（高派教会中与加尔文派直接对立的形式）的增长、战争经营不善以及狭海①上因海军羸弱而伤及贸易和商业。

———————————

①　指英吉利海峡和爱尔兰海。

他们再次攻讦白金汉，质问国王把这么多灾祸的始作俑者继续留在圣驾边并委以重任，是否会危及他的人身安全或国家安全。但现在国王和白金汉的愿望是第二次远征能够取得成功，救济拉罗谢尔的胡格诺派。查理解散了上下两院，盘算着再次需要他们之前，他和他的爱卿将为大家带来皆大欢喜的军事或外交成果。在国外援救新教徒比在国内迫害天主教徒要好得多。一位拯救了拉罗谢尔的国王甚至肯定有权在本土上宽恕天主教徒。这些如意算盘并非打得一无是处，但时运不济啊。

　　白金汉对自己背负着的深仇大恨心知肚明。不言而喻，通过再次率军远征拉罗谢尔，他希望为自己赢得一些国民支持，至少分化身后穷追不舍的政敌。作为一支强大军队的司令，他率领新战舰，目标打破黎塞留对拉罗谢尔港的封锁水栅障。但正当他决心一往无前，在朴次茅斯准备起航时，却被一个疯狂的海军上尉刺死了。

　　凶手约翰·费尔顿似乎因造化弄人而心地黑暗，方才做出如此勾当。他无缘晋升，而一些从未打过仗的军官获宠，因此心生怨恨。但其留下的文件证明，他被一些"崇高的"思想所奴役了。议会向国王弹劾白金汉的骄奢淫逸、腐朽无能，这些谏言直抵他的灵魂。他认为，人民的福祉是最高的律法，"上帝亲自批准了这条律法：凡是对共和国产生利益的行为，都应该被裁定为合法。"行刺后他混入人群，但当他听到人群谴责杀死高贵公爵的恶棍时，他站了出来，说："不是恶棍，而是一位体面的绅士做的。就是我。"他身形瘦削，一头红发，脸色暗淡，神情忧郁。他朝那些向他大喊大叫的人咆哮道："你们在心里因我的行为而窃喜吧！"几艘船上，水手们欢呼他的名字。随后，厄运降临，他才确信自己错了。他认可了这样一种观点，即"公共利益绝不能成为恶行的借口"。他请求在处决前供认不讳。

白金汉的死对年轻国王来说是毁灭性的打击。他永远不会原谅艾略特,因为他认为艾略特的指控演讲招致了费尔顿的行为。与此同时,事件极大舒缓了公众压力,因为议会的大部分愤怒都随着这位宠臣的去世而烟消云散;也首次为他带来了婚姻生活方面的众口一词。目前为止,查理在道德和精神上都一直被"斯蒂尼"①所支配:他是查理孩童和青年时代心爱的朋友,是能够倾诉内心最深处想法的人。3年来,他与王后一直冷淡疏远。甚至有传言说他们从未圆房,遣散了王后所有的法国侍从,使她万分苦恼云云。白金汉之死催生了他对妻子的爱。他们面前除了风暴几乎一无所有,此后,他们风雨与共。

　　*　　*　　*

尽管已经批准了5笔补贴,但下院将吨税和磅税保留着。获批收取吨税和磅税的一年转瞬即逝,全国各地的议会党愤怒地发现,就像过去多朝统治时那样,国王的官员们仍在收税。拒绝缴税的人被处以监禁或扣押财物。所有这一切被视为国王对《权利请愿书》的蔑视,以及他意图逃避履约的表现。《权利请愿书》印刷出来后,人们发现上面赫然是国王第一次给出的模棱两可的回答,而不是他后来明确接受的古制。另一名将军统帅远征拉罗谢尔的行动失败了。红衣主教黎塞留面对英国战船和军械,成功地进行了封锁。最终,绝望的胡格诺派将这座城池拱手让给法国国王。此次溃败导致举国震惊。

---

　　①　查理一世对白金汉的昵称。

因此，1629 年初议会再次召开时，对内外政策都不乏牢骚。然而，宗教问题首先受到攻讦。下院议员们展现出极强的侵略性，因长时间辩论，当局对天主教放纵和松懈的执法而情绪激动。这个议题将他们中的绝大多数人凝聚在一起。其中的狂热者，无论多么偏狭，都热衷于净化他们眼中腐败的教会，便与奠定英式自由基础的爱国者们站到了同一阵线。就像穆斯林为了捍卫祖国用《古兰经》武装自己，仿佛犀牛信任自己的角或老虎倚重自己的爪子，这些厌烦的议员在英国的宗教偏见中，找到了一种联合的纽带，并最终挖掘了一种斗争手段。

下院作出综合决议，宣布凡是拥护罗马教皇和阿明尼乌派的人，凡是收取、帮助收取，甚至是支付了未被批准的吨税和磅税的人，统统是全民公敌。以前白金汉集于一身的对个人的攻讦，现在转移到了财政大臣理查德·韦斯顿头上。人们谴责他不是耶稣会士，就是天主教徒，从事非法课税的勾当。所有这些都体现在一份谏章中。议长被国王争取了过去，在 3 月 2 日宣布，国王将下院会议推迟到 10 日，从而阻挠了谏章的通过。愤怒的浪潮席卷了整个议会。议长起身离开时，被架了回来，并被两个孔武有力的议员霍利斯和瓦伦丁给按在了椅子上。门都上了栓，阻止黑杖侍卫入内。谏章由霍利斯背诵出来，在欢呼中宣告通过。接着门被打开，议员们乱哄哄地倾泻而出。过了很久，他们才再次相见于会场。所有人都心知肚明，国王和下院不可能再谈得拢了。一周后，议会被解散，查理一世的个人统治时期开始了。

第14章
个人统治

查理一世个人统治的确立，并非偷偷摸摸或循序渐进，而是公然宣布自己的意图。"通过频繁接见臣民，"他说，"朕已经表明了自己热爱召集议会。然而，近期的滥用迫使朕勉为其难地中止集会。既然召集、延续和解散议会的权力都在朕手中，如果任何人胆敢强加集会时间到朕头上，我们会认为是一种僭越。当臣民看清了自己的利益所在和所作所为，当那些造成此次中断的罪魁祸首得到应有的惩罚之后，我们将更乐意在议会中共商国是。"

撇开议会，这一政策需要配套其他宏观措施。首先，必须与法国和西班牙媾和。没有议会的支持，查理无力对外进行战争。讲和并不困难。事实上，法国和西班牙政府都没把英国的军事努力放在眼里，主动释放了在拉罗谢尔和尼德兰抓获的英国战俘。其次，至少争取到一些议会领袖。就此肯定进行了长时间磋商。那个年代，鲜有人不寻求王权的恩宠。为了获得垂青，有的人卑躬屈膝，而其他人则做反对派。艾略特素有坚贞不阿之名，但是亨利·萨维尔爵士、托马斯·迪格斯和温特沃斯似乎都能纳入麾下供驱使差遣。迪格斯已经证明了自己愿意为议会事业蹲大牢，却在王权阳光的照耀下轻易就敞开了心扉。然而，温特沃斯是最值得争取的人。有关《权利请愿书》的辩论中，他采纳的立场有一定克制性。这位议员激烈抨击的背后，已露出了一丝不愿将辩论的对立面一棒打死的圆润。他的能力显然出类拔萃，野心也不遑多让。他沉郁的力量既能成就，亦可毁灭国王正寻求建立的制度。

国王因此前去拉拢温特沃斯。事实上，即便在白金汉去世之前，这位"议会斗士"已然明显想暗通款曲，均被庄重、理性的伪装掩盖了。温特沃斯的支持现已经成为个人统治的必要条件，而他本人也与国王一拍即合。他自知的判断力超群，是天生的执政官，要的只是一展拳脚的空间。1628年12月，他出任北方枢密院院长、枢密使。从这一刻起，他不仅摒弃了曾为之大声疾呼的一切理念，也将所有并肩战斗过的朋友一脚踢开。他炙手可热，平步青云；而他的对手，也是长久以来的同志艾略特，却被判了"蔑视政府"罪，最终在伦敦塔中被折磨致死。实用主义的力量，将温特沃斯引到他以往拥护的一切事物的对立面。为了使这种转变显得不那么突兀，许多周详的"公关解释"横空出世。我们不妨将他视为调和议会与君主制的唯一能人。也须考虑当时对圣宠和担任公职所赋予的不同价值判断。正如兰克公正而又严厉的评价："英国的政治家既在枢密院、内阁任职，又参与议会活动，这一点与他国政客迥然不同。不在一边有所作为，也无法打入另一边……但当时还没有对以下规则的清楚认知：一位大臣的行为必须与其作为议员的行为保持和谐一致，这对于杰出人士的道德和政治上的发展而言非常重要。温特沃斯的案例尤其突出，他曾反对政府，并受其打压，目的只是为了使自己成为政府不可或缺的一分子。正如他曾公开宣称的那样，他的天性不是要活在君主的皱眉之下，而是为了博得其微笑。他反政府的言论犹在耳畔，政府的政策也未变更，但是政府的邀请一到，他就被招安了。"这就是为什么温特沃斯成了众矢之的，连窝囊的大臣都无法吸引如此多的仇恨。他成了"叛教的撒旦""迷失的天使长""议会事业被买通的叛徒"。任何管理方面的丰功伟绩、处事上的精明能干、纵横捭阖的口才、宽宏大量的品格，在他的故友眼中，都不足以为其变节赎罪。他们有整整 11 年时间去品味这一切。

萨维尔和迪格斯也已接受政府职位。一些曾跟王权唱反调的知名律师，也被说服而开始歌功颂德。温特沃斯因此被国王纳入麾下。议会运动中的次要人物，要么郁郁不得志地为王权效力，要么像霍利斯、黑兹里格和皮姆那样，被放任在落魄的角落里闷闷不乐，发发牢骚。

但是个人统治的第三个条件，也是最不讲情面、具有压倒性地位的条件：钱。钱从哪里来？首先，当局必须厉行节俭、远离战争、任何形式的冒险或内乱；国家的一切行动能减则减，全力以赴维持平静的事态。查理一世的新制度必然导致这些条条框框的出现。回顾过去，现代眼光可能会在这种武断的体制中，至少瞧出一些成果，是 19 世纪的布莱特和科布登目标所在。当局正处于最无力的时期，因此禁止了一切海外项目。王权不得不通过旧税抠取微薄的收入，从而勉强度日。在维多利亚时代，甚至还有一句民谚："征旧税和不征税，没啥两样。"人民辛劳而得的财富都进入了自己的口袋中。国土全境一片宁静，不会有什么大问题。国王及其优雅、庄严的朝廷的形象由凡·戴克的笔描绘了下来，他们的举止和道德是普天下所有人的楷模，实际统治范围却极小。他是一个专制君主，却手无寸铁。没有常备军执行他的法令。国王的圈子里对宗教差异的宽容度高于国境内其他地方。"这种统治方式与王国的古老传统一脉相承了"，对此查理坚信不疑，法官们坚决拥护，人们其实也很难否认这一点。一本正经地将查理一世的个人统治时期描述成暴政的时代，完全是滑稽戏的模样了。多年以后，在克伦威尔的少将们的枷锁下，整个英国都回望波澜不惊的30年代，将其视为一个祥和、宁静的时代。但是人从来不只追求宁静。不知是福是祸，本性驱使人追逐过度的财富，多到不能收手、无法享受。

王室特权中有一条外延广泛、内涵模糊的条款，可以据此收税。在法官们的支持下，国王充分利用一切权宜之计。他不仅坚持征收人人都习以为常的吨税和磅税，还提高或篡改了一些货物的税率。他授权官吏以认证有缺陷的土地所有权为由，征收一定费用，并授权他们对产权销售中的舞弊行为从轻发落。通过行使王室对未成年庄园继承人的监护权，他捞了一大笔。他对所有未应传唤到其加冕仪式上接受册封的贵族处以罚金。长期以来他们的出席与否都被视为只是一种形式，现在他们的缺席却为财政收入开了源。伊丽莎白女王和父王曾令议会憎恶得很，特许了一下垄断权，而现在查理将这些零星的垄断权做成了一个体系。现行的反垄断法案的漏洞，使查理能够批准更有利可图的新特许权，其中许多颁发给了朝臣和地主参股的大公司。这实际上是一种间接征税制度，分包给利益高度相关的收税人负责。每个特许权都是重金购买，因此每年的交易产生了一笔可观的收入。分到油水的人都支持个人统治，而许多没捞到好处的人则纷纷加入了反对阵营。伦敦的扩张引发普遍忧虑，加上郊区，有大约 20 万人。瘟疫潜伏在拥挤的居住环境中。社会舆论支持严格的规章，以控制新建房屋。然而，许多房屋还在造，伦敦和其他城市仍在扩张。国王的官吏这次带来了强硬措施：拆除或罚款。有时，贫穷而居住条件又糟心的人们被迫拆除自己盖的房子；大多数情况下，他们选择缴罚款。

与此同时，担任爱尔兰总督的温特沃斯，融合智谋与权威，迫使爱尔兰空前绝后地臣服于英国王权。他缓和了内部仇斗，恢复了秩序和繁荣。在毫无争议的普遍默许中，他建立了一支爱尔兰部队，并为维持查理的王权筹措了一大笔经费。他在历史上的声誉必须仰赖于他对爱尔兰的治理。7 年过去了，这个国家任由他骑在头上作威作福，备受他的压榨剥削，却没有任何明显的暴力反抗或流血事件，反而温顺地被他玩弄于股掌之中。

所有这些手段加上一个适度节俭的政权，使查理能在没有议会的情况下维持度日。但饥饿的势力仍潜伏在阴影中。他们所珍视和拥护的一切理念都在脑海里翻转搅动，可是他们没有焦点，也没有表达。旅途的艰辛，集会中无时不在的危险和英国和平时期愉快、轻松的生活，都阻碍了运动的进行。如果机会来临，许多人本会热血沸腾，现在却满足于日复一日过着小日子。土地肥沃，春天、夏季、秋天都各有趣味，冬天有圣诞树桩蛋糕和新颖的娱乐项目。耕种与猎狐运动像强制性或者舒缓性香膏一样，沾满、遮盖了这些躁动的灵魂。现在作物大丰收，物品价格也几乎不再上涨。工人阶级的问题不复存在，《济贫法》（the Poor Law）的实施格外人性化。普通乡绅可能在中央政府层面没有一席之地，但他们仍然是自己庄园的领主。他们凭地方法庭治理郡乡，且只要自己遵纪守法、忍气吞声缴

足税款，就能相安无事。议会党在这种条件下必须加倍努力，方能
唤起大众的家国情怀。这些不满的党羽到处寻找机会，为了点燃起
国民沉睡的热情。

　　*　　*　　*

　　此刻，查理的律师们及其鹰犬们，让人注意到一个随着年月流
逝而越发不寻常的现象。根据英国的古老律法，也许源于阿尔弗雷
德大帝，整个王国应共同支付舰队的维护费用。但长期以来，只有
沿海诸郡支付了海军费用。然而，难道不是这支海军保护了英国得
享欣欣向荣的和平与自由吗？为什么不该由全部受益者支付？对岛
国而言，要求所有郡共担舰队费用，这个要求简直不能再公正了。
此提议即使不看古老传统，本身也有可取之处，如果将它规规矩矩
地呈交给一个服帖的议会讨论，本将以普遍赞同通过。但是，当局
对内陆郡不缴船费的弊端一直熟视无睹，即便在无敌舰队时代，伊
丽莎白女王都不曾打破这一惯例。而国王对该计划认可了。1635 年
8 月，他向全国征收"造船费"。

　　当即就有一些人站了出来。前议员，一位白金汉郡的绅士约翰·汉
普登，坚决反对王权，并拒绝付款，显得格外令人瞩目。据评估，
他只需要缴不超过 20 先令。但他坚持再合理的税款也须议会批准方
能征收的原则。他面临着抗命的惩罚：扣押财物和监禁。约翰·汉
普登拒不支付，成了两方势力选择的判例案件。议会党们别无其他
表达方式，觉察出这将会是万众瞩目的较量，也巴不得有这样一个
烈士，他的牺牲能让大众从驯服状态中惊觉。他们希望听到人们向
暴政发出抱怨。另一方面，王权认为自己理直气壮。因此，汉普登
案立即轰动一时，且影响深远。位于里斯伯勒王子城的一座方尖碑

至今记录着他勇敢的宣言："内陆郡与皇家海军无关，除非议会要求其纳税。"王权胜诉。法官们的裁决也对，甚至曲解枉法的迹象都没有。但不满情绪蔓延开来。1637 年最终征到了 90％ 的造船费，但 1639 年仅有 20％。全天下的有产者都从悠然自得中抬起头来，又开始援引《权利请愿书》中的话语。

然而，仅凭这一点不足以唤醒全国。议会党认识到仅凭借宪法问题，无法马到成功，要把英国从麻木不仁中唤醒的最可靠手段就是不断制造宗教骚动。此时，查理手下邪恶的天才，坎特伯雷大主教威廉·劳德的身影从众人间脱颖而出：他是个虔诚的圣公会教徒，全心全意地反对罗马和日内瓦，还是脱离加尔文派运动的领导者。但他对政治心痒难耐，曾是白金汉的心腹，还因执笔过白金汉最成功的演讲而声名大震。在宗教事务被认为至高无上时，他从牛津的学术生涯中灵巧地参与国家政治，并加入国王的枢密院。"伊丽莎白宗教改革"有赖于政权，教会本身无力承受如此重压。因此，一个心照不宣的契约在世俗和宗教的两股统治力量间渐渐达成：政权保护教会的财产，而教会则宣扬服从的义务和君权神授理论。

劳德说不上是契约的发起人，但却是一个不合时宜的推行者。给祭坛围上栏杆，重新重视仪式和神职人员的尊严，这些都是他的创新。神职人员和教众之间的鸿沟愈演愈烈，宗教权威的作用明显增强。如此一来，国王的宗教理念和他的政策齐头并进，人们因此怨声载道。劳德又为王权发掘了新的收入来源。根据伊丽莎白女王的法令，每个人都必须去教堂做礼拜。人们脑子里想些什么管不着，但必须遵守公开礼拜的仪规。这种做法当初已被普遍废弃。有人懒得去，有人则感到厌恶。现在英国上下，不少男男女女发现自己因不去教堂而被拖到法官面前，一次缺席罚款一先令。其实普通民众也能理解这一点。对于财政法院的律师和法官而言，这些都不是事儿，甚至感到有些新奇有趣。已经怒不可遏的清教徒坚信这是迫害。他们详细讨论了史密斯菲尔德的大火，认为这宽阔的下坡路必然导致这场火灾。近些年来议会党的煽动行动推进困难重重，现在一下子获得了广泛支持，而此时国王的麻烦正愈堆愈多。

白兰等清教徒作家在王权法庭前受审，遭受的惩罚诸如枷刑、烙刑、剜耳，可以说是反映当时政权一些不得人心的污点。这个政权跟近代最近下台的或即将掌权的他国政权相比，甚至称得上是温和、本质良善的。[1]事实上，要不是外界因素，没人能断言英国会发生起义。斯图亚特家族的所在地和查理的出生地苏格兰，最早点燃了星星之火，最终蔓延成燎原之势。劳德对北国普遍的宗教状况感到不满，他撺掇国王努力将其改善。苏格兰人必须采用英式《祈祷书》，并与英国兄弟共入一个广义上的教规。

除了渴望统一整个岛国的宗教仪规，查理一世还有更为实用的世俗目标。为了惩戒口无遮拦的长老会牧师们，其父王重新在苏格兰任命了主教体系。詹姆斯一世还巧妙地支持了苏格兰贵族抵抗当地教会的矫饰自负。查理登基后则因一项法案使这些贵族离心离德，因他试图褫夺宗教改革以来他们所获得的一切教会土地。此外，他决心改革大部分旁落的什一税征收制度。小地主理应减负，神职人员理应提高津贴。因此，查理巩固苏格兰主教制度的计划把当地贵族推向了对立面。主教们作为国王远方的代理人，发现自己越来越不受地主和手下神职人员的待见。为了加强苏格兰主教的权威，《教会律例》被重新阐释，强调了王权的地位；为了规范苏格兰的公共

礼拜仪式，伦敦编修了新的《祈祷书》，制定了新的礼拜仪规，于
1636 年颁布，看来没人预见到其后果。

　　查理及其谋士们无意挑战教义，更没想向天主教靠拢。他们只
想伸张新教高派教会的理念。他们重新强调了王权的至高无上，并
制定了一套更为繁复的仪规，尤其是有关圣餐礼的。因此这一过程
中，他们同时触犯了当权者的财产权益，冒犯了所有阶级的宗教信仰，
侵害了苏格兰民族的精神独立。激起的怨恨遍及百姓，立即被引向
最激烈、偏颇的发泄渠道。当地的领袖们煽风点火，苏格兰人民对
此也深信不疑：朝廷要强迫他们皈依罗马天主教，而这只是致命的
第一步。人们怀着深切的疑虑，仔仔细细地审查新版《祈祷书》中
的每一条教义、每一个字：国王难道不是娶了在私人小教堂里崇拜
偶像的天主教老婆吗？整个英国都在包庇天主教徒，甚至到了威胁
新教信仰的地步，难道不是这样吗？难道不是有人暗中设计通往罗
马的道路吗？

　　1637 年 7 月，苏格兰政教要人聚集在爱丁堡的圣吉尔斯教堂，
首次庄严地宣读新版《祈祷书》。显然，许多神职人员和大量一般信
徒已经从苏格兰各地来到这座城市。教长正要阅读新的教规时，人
们再也抑制不住怒火，破口大骂。一位贫穷阶层的女性甚至把她的
脚凳砸向人群中这匹"露出尾巴了的披着羊皮的狼"。仪式变成了骚
乱。一股激情席卷了这座古都，主教和官吏们都瑟瑟发抖。爱丁堡
公然违抗王权，却没有任何力量前往镇压。查理一世闻讯大惊，试
图安抚他的苏格兰臣民。他言之凿凿说自己也痛恨天主教，并宣称
愿意修订新的《祈祷书》。但这些举措不过是徒劳，马上销毁这本冒
犯性的书籍或许还行得通。相反，因一系列小问题争论了很长时间。

国王一再做出让步，而苏格兰全境的怒火却越烧越旺。我们又一次看到，长期的啰唆争执和法律上的交锋成了暴力叛乱的前奏。苏格兰人在律师的精明挑拨下，将他们的抵抗转化成了一份《大请愿书》，在其压力下，新版《祈祷书》被撤回。但为时已晚。风暴的势头正劲，人们被裹挟向前。大家仍宣誓效忠国王，主教们便成了众矢之的。最终，国王原先的政策被全盘撤销。而这反而激起了一场愈演愈烈的反对派运动。1637 年一整年，查理一世表面上不断让步，几乎是在道歉，背地里也正考虑动武。与此同时，苏格兰民族正在组建一个联盟，挑战政教两方面的现状。

1638 年初，为了签署一份誓约，《大请愿书》被丢到了一旁。誓约没什么新内容，主要部分仅仅重复了 50 年前詹姆斯六世统治下各方一致通过的《信仰声明》。当时在欧洲宗教战争的压迫下，人们一直渴望叫板罗马的威权，控诉其罪行。而现在誓约成为全民族的庄严纽带。所有附署人都发誓"遵循并捍卫上述真正的宗教，且在自由的宗教大会和议会中审理并批准前，克制变更礼拜上帝的方式"。与他们中的弱者作对，就是跟所有人过不去。1638 年 2 月 28 日，誓约在爱丁堡的黑衣修士教堂宣读。萨瑟兰伯爵是第一个签署人，随后一连串有头有脸的人物觉得自己被民众的所谓"恶魔般的狂热"所卷带，也跟着签了字。许多人割破血管，滴血为墨，在教堂里附署了文件。抄件几乎发往每个城镇和村庄，以征集各地的签名。这份文件体现了全民族宁死而不屈服于天主教的不变决心。国王从未想过，甚至做梦也梦不到这种情况。但这的确是他惹起的风暴。

他通过一连串新让步的假象来应对。汉密尔顿侯爵是老练的苏格兰政治家，最终却跟着国王一同走向了断头台。这次他作为世俗特使被遣往北方，终极目标就是化敌为友。汉密尔顿不过是在掩护王权的暂时败退，进行了一些挽回脸面的努力。这无异是在同旋风争辩。双方就召开宗教大会达成一致。驻爱丁堡的"誓约派"委员会决定亲自组织选举，因为以前还未曾举行过选举。宗教大会在格拉斯哥的圣芒戈大教堂举行，充斥着北国的宗教信条，夹杂着一些令人不寒而栗的世俗元素：各个阶层的狂热信徒中，有人腰悬长剑、身藏匕首，潜伏在教堂中。

＊　　＊　　＊

查理派汉密尔顿到苏格兰前夕，曾有一场重要的对话。国王曾表示，如果和解失败，汉密尔顿应该集结部队平叛。"但是，"汉密尔顿问道，"如果在苏格兰无法召集足够多的士兵为此而战，该怎么办？""那么，"查理答道，"英格兰将大军压境。我决心将生命置之度外，御驾亲征，而非容忍最高权威遭到践踏。"现在时机出现了。国王面对的是一个充满敌意、组织严密的宗教大会，本是为协调宗教分歧而召开，现在却由全副武装的世俗大佬们领导。他们的目标毋庸置疑是政治性的，明明白白地要求废除主教制。国王下令解散大会。大会却宣布决议，成为常设会议。他们迈出了这一步，清楚此决议意味着什么。1638 年 11 月，苏格兰宗教大会拒绝在国王特使的命令下解散，1789 年的法国国民议会首次忤逆国王的旨意。有人把两者相提并论。两个事件的情形无疑大不相同，但都在环环相扣的因果链的作用下导致了同一结局：两位国王都被斩首了。

汉密尔顿这个碰了一鼻子灰的和事佬回到了白厅，因自己的谏言而充满自责。他现在宣布赞成使用铁腕手段。国王的枢密院就此议题进行了长时间争论。一方面有人问道，为什么要对一个仍宣誓效忠王权的民族剑拔弩张？还有，如何在没有资金、军队和英国上下一心支持的情况下发动战争？此外，查理的大臣们不难预见到苏格兰动乱对英国局势的致命反弹。英国局势外表平静祥和，实则一触即发。即使打赢了，战争会带来什么样的后果？虽说有磕磕碰碰，但在法院的支持下，王权不召开议会已统治了 10 多年。北方现在却公开抗命了。英国的劳德和爱尔兰的温特沃斯不间断地通信，两人都心心念念要在为时已晚前把叛党斩草除根。这种情绪占了上风。国王和誓约派都开始四处筹集军备。

是时候诉诸武力了。枢密院将目光转向温特沃斯在爱尔兰的部队，甚至投向了西班牙。有人提议雇佣 2000 名西班牙步兵以形成核心部队。苏格兰有许多友善的人，特别是东部高地地区，可能会聚集在他们周围。但是，誓约派海外的人脉资源更加广泛。苏格兰的劲旅和大将们在古斯塔夫斯·阿道夫斯的领导下，曾在德国屡立奇功，为苏格兰保留了无与伦比的军事储备力量。亚历山大·莱斯利在三十年战争中扶摇直上，晋升为陆军元帅。受征召回到家乡，且为同一事业而战，他感到义不容辞。对他而言，这只是新教徒与天主教会广泛冲突中的一场侧翼之战。苏格兰对其漂泊海外的武士们的吸引力不容小觑。训练有素的官兵和经受过艰苦卓绝战役洗礼的坚毅、身经百战的将领们有上千位，他们都归心似箭。他们立即成了一支纪律严明的军队内的中坚力量，接受一群组织有序且称职的参谋人员和一位杰出能干的总司令的统领。苏格兰贵族们向富有军事声誉的莱斯利俯首，唯他的命令马首是瞻。贵族之间的个人恩怨也因此消弭。南方的军备进度遥遥无期。但仅仅几个月后，苏格兰就集结了一支全岛国最强大的武装力量，不仅军事知识丰富、军官素质过硬，更受到了真诚、缓缓苏醒、现在已近乎疯狂的宗教的热情激励。传教士们腰悬长剑，手持马枪，布道协助教官们训练。士兵们队列整齐，谦卑地祈祷，一边吟唱着赞美诗。总体上，不论是宗教还是政见上，都弥漫着一种严格的克制氛围。他们仍对国王怀有敬意，甚至偶尔还会欢呼他的名字。但他们的旗帜上印的是"为基督的王冠和《誓约》而战"的标语。冰冷、迂腐、僵化的决心划出了对立阵线。1639 年 5 月，这支大约 2 万人的军队集结在苏格兰边境，对阵查理及其谋士们集结的军力弱小、军纪涣散、军心动摇的部队。

从一开始就很清楚，国王的阵营中没有众志成城的意愿去跟苏格兰人开战。恰恰相反，和谈在愉快的气氛下启动了，并于 6 月 18 日达成了所谓的《贝里克和约》(Pacification of Berwick)。苏格兰人同意解散军队，并交还攻占的王室城堡。国王同意在 8 月召集宗教大会和议会，并从此定期召开；他还认可了两会分别决断宗教和世俗事务的权力。他不愿意承认格拉斯哥宗教大会所通过的条款，因为这些条款侵犯了他作为君主的职责，但他也暂时同意废除主教制度。他推行高派教会①礼拜仪式的美好计划就此泡汤。然而，查理仅仅把《贝里克和约》当作争取时间的工具。誓约派很快也确信了这一点。独立精神席卷了苏格兰全境。人们对交还王室城堡愤愤不平，为遣散苏格兰军队而惴惴不安。回到苏格兰的汉密尔顿发现自己身处一个敌对情绪日益高涨的世界。苏格兰议会于 1639 年 8 月底在爱丁堡召开，直接声称枢密院应该对其负责，且国王应该听从其建议

---

① 圣公会的一派，在信仰和礼仪方面与罗马天主教最相似。

来任命军队的指挥官,特别是城堡守将。他们否决了财政部的管辖权,尤其是不能管正在贬值的铸币发行。他们甚至要求荣誉和爵位应随他们的意授予。当这些意图明朗后,汉密尔顿最初只能通过休会来拖延时间,最终闭会到 1640 年 6 月。大会解散之前任命了一个强大而有代表性的委员会,成了实际上的苏格兰政府。

在西欧的复杂版图中,苏格兰人不仅是新教的热情信徒,还是法国反抗奥地利 – 西班牙联盟的战友。他们将查理一世中立的孤立主义外交政策,视为过分偏袒天主教的利益。他们现在寻求以一种亲密的形式,复兴他们与法国的传统纽带。1639 年底,查理看到北方有一个独立的国家和政府在和自己作对。虽然名义上向查理致敬,承认查理是国王,但却决心在国内外各自为政。因此,它不仅冲击了国王的特权,还挑战了查理王国版图的完整性。他感到必有一战,但是怎么打呢?

从苏格兰返回的汉密尔顿提出了一个难题:“如果按国王说的做,钱从哪儿来? 不召集议会可能吗? ”温特沃斯从爱尔兰被召回,加强枢密院。他在朝廷上声誉卓著:不仅恢复了整个爱尔兰的秩序,还使其表面上忠心臣服。爱尔兰人同情天主教那派。作为开明专制统治者,总督大人征召了一支由 8000 人组成的爱尔兰部队,并为其支付军饷、提供训练。他坚信自己有能力先在苏格兰后在英格兰推行独裁统治制度。凭借这一制度,他在姐妹岛 ① 大获成功。“彻底”是他的格言。我们无从得知要是他打赢了,会把事情做得多绝。他调动自己的全部影响力,支持与苏格兰开战。一旦战争爆发,他寄希

---

① 指大不列颠岛的姐妹岛,爱尔兰岛。

望于唤醒英格兰人对苏格兰人的古老敌意。他梦想再来一场弗洛登大捷，并且做好了充分准备，必要时在苏格兰部署他的爱尔兰军。

*　　*　　*

这一刻千钧一发，英国的君主制也很可能变成正在整个欧洲蔓延的绝对君主制。然而，形势另有转向。国王一点也不打算背离自己心目中的古老律法。他对政教传统都心怀敬意。而温特沃斯则冷酷无情，是个能力出众的冒险家，他的个人实力随着危机的蔓延而增强。他对传统毫无敬意，但也清楚地认识到王室岁入不敷的战争支出。因此，他得出了"必须召集议会"的结论。过度自信使他误以为下院是可操纵的。他错了，但是这一步意义深远。经过将近11年的个人统治，国王签发了召集新议会的令状，全国进行了选举。这是举世闻名的议会反对国王斗争的滥觞。议会势力之前虽不曾公开抗争，但既不是无能为力，也没有无所事事。在温和的专制下，他们在全国多地确立了对地方政府的有力控制。当突然进行选举时，他们立刻组建了一个议会，继承前人未竟的事业。此外，他们怀着因被噤声11年而压抑的满腔怒火和怨毒，再次把1629年的种种议题扒了出来。查理现在不得不毕恭毕敬，求助于那些他当年轻蔑打发的势力。时光在流逝，财富有聚散，议员们也新旧接替，只有四分之一重新当选。艾略特已惨死在伦敦塔中，而温特沃斯现在是斯特拉福德伯爵、国王的首席大臣。但旧派议员中一个人站了出来：他富有才干，智识过人，却又心怀仇恨。新的议会史称"短期议会"，从召开的那一刻起，皮姆就成了中心人物。"他曾亲眼看见大小政务过错，"同时代的克拉伦登写道，"并了然于心如何让这些过错显得更加不堪。"在一次漫长而庄严的演说中，他重申了主旨，有些添油加醋。查理及其首席顾问斯特拉福德^①和劳德，没人从新议会中聊以自慰。相反，他们大发雷霆，几天后就极端轻率地把议会解散了。议会的召集反而刺激了整个英国，并将其引入风波中。

召集议会的权宜之计显然已经破产。"彻底"成为斯特拉福德当时的议程。苏格兰大军压境，英国却只能集结军力弱小、军纪涣散的部队与之抗衡。要将军队集结到战场上，需要钱和理由，但两者都无处可寻。许多权贵捐钱或借钱给查理以保卫王国。英国的天主教势力虽然表面上一声不吭且处于被取缔的状态，但仍心怀感激，也捐了钱。这些钱通过秘密的渠道授受。但总额杯水车薪，对一场战争来说算什么呢？

斯特拉福德想把他的爱尔兰部队调遣过来，而由于惧怕这一步可能引发反弹，枢密院犹豫不决，陷入瘫痪。作为北方议会的主席大人，斯特拉福德以粗暴、激烈的言辞谴责了约克的贵族们，但收获的反应冷淡，令人失望。眼下苏格兰人已经顺利渡过了特威德河。骑兵在上游站定分散水流，步兵得以徒步蹚河。直到部队抵达泰恩河，都没有遭遇抵抗。然后，就像《贝里克和约》达成前那样，两军正面对垒了。苏格兰领导人因全英国议会和清教运动而发动入侵行动，而皮姆是中心人物。有相当一段时间局势都风平浪静。但一天早上，一名苏格兰骑兵饮马河边，不小心过于靠近英格兰的哨卡。哨兵扣动扳机，正中目标。骑兵不慎受伤。接着，苏格兰所有大炮一齐开火，英格兰全体溃退。一位当事人写道："那么多的人从如此少的人面前落荒而逃，史上绝无仅有。"英格兰士兵振振有词，说逃跑不是因为

---

① 即温特沃斯，此后作者用其采邑名来指代他。

害怕敌人，而是因为心中不满，尤其是欠军饷。这种解释并没有阻止苏格兰军队迅速兵临纽卡斯尔城下。苏格兰将领宣称他们为英国的自由而战，并呼吁所有支持议会和清教徒事业的人前来鼎力相助。地方官仅仅在"纽卡斯尔无异于囊中之物"的"直白提醒"下就乖乖开了城门。与此同时，身在约克督战的斯特拉福德发了疯似的拼命组建反侵略阵线，一厢情愿地幻想对英格兰土地的侮辱会让期盼已久的民族精神得到复兴。同时，他试图获得枢密院的多数支持，以调遣爱尔兰部队前来勤王，结果又是徒劳。

此时，许多正在伦敦开会的贵族向国王施压，要求召开"大议会"。这是一种没有下院议员，只有上院贵族参加的会议。自上次召开大议会以来，已经过去了几百年。但是，现在难道不是时逢危机，需要它来纾解国难吗？查理同意了，但这个古老机构的建议只是召集议会。国王独自一人无法保卫国家，只有议会才能从苏格兰的已经恶化成侵略的行径中，把国家给解救出来。这一刻，查理一世的道义地位低落到了极点，尝尽了个人失败的苦楚。他的敌人们正在谋划并最终一手造成了他的毁灭。他们给他营造、改造了任何人会为之赴死的一个派别，一个事业。

第 15 章
议会造反

　　敌军锐不可当，逼迫国王做自己最害怕的事情。入侵的苏格兰军队连克达勒姆和诺森伯兰。其领袖与英格兰的议会党和清教党通信密切。他们的诉求不囿于北国，还有一些诉求，他们自己也明知会使英格兰朝野震动。一方面，他们小心翼翼地确保伦敦海运煤一天也不断供，但与此同时，其部队在占领的郡县大肆劫掠。国王对敌人束手无策。斯特拉福德自认可以守住约克郡，但仅此而已。枢密院着手达成休战协议。苏格兰方面要求每月 4 万英镑军费，用以驻军英格兰，直到全部诉求得到满足。一番讨价还价后，这一数字减少到每天 850 英镑。两军从此收剑入鞘，进行对峙。在无限期的谈判期间，双方军费都由身无分文的王室负担。所谓的"主教战争"已告结束，真正的大战尚未拉开帷幕。

　　召开议会的呼声响彻四面八方。一多半贵族留在了伦敦，其中一群由皮姆的心腹贝德福德伯爵领头。他们造访了枢密院，要求召集议会。他们甚至暗示：如果国王不亲自签发召集令，议会将在他缺席的情况下召开。王后及其身边的谋士匆忙致信查理，召集议会已是势所必然。国王自己也想通了这一点。这些日子里，他的想法彻底转变。他意识到自己的君主制理论必须修改。召集新一届议会这一行为，表明他接受了民众与王权的一种新关系。

议会的召集暂时舒缓了一触即发的局势，议员的选举触发了党派狂热。经过苦苦哀求，反而是在反对国王的贵族们的支持及亲自担保下，伦敦城终于同意预支 5 万英镑，直到议会的开幕。这笔钱让苏格兰军以胜利者的姿态盘踞英格兰北部，同时避免英格兰军因哗变而作鸟兽散。

没有什么与接二连三的大选相比，更能确保让民众兴奋的了。人们激情高涨，以啤酒庆贺。虽无 1639 年苏格兰选举时的盛况，但议会党的领袖们不辞辛劳地在各郡间奔走，动员自己的拥趸。国王也向支持自己的大领主们寻求帮助，收获了一些反响。一些地方甚至有四五个候选人竞选一个议席。但对于王室而言，是逆流汹涌。"我们推选了一些议员，" 1643 年的一份传单上写道，"不是因为他们有什么为人称道的美德，只是因为他们面对上级时的那份桀骜。"五分之三的短期议会议员重新当选，即 493 人中的 294 人。而几乎所有新当选的议员都是政府的反对者。反对党中稍有名气的人无一落选。国王能指望的下院议员不到三分之一。

这种情况下，英国历史上第二长，且最令人难忘的议会于 1640 年 11 月 3 日成立。它从不同政治和宗教观念的大杂烩中吸取了力量。一种需求支撑着它：社会不断发展，须建立在比都铎父权统治更广泛的基础之上。这个议会战术性地利用了苏格兰入侵者的军事威胁。苏格兰谈判代表和神职人员抵达伦敦后，对受到的热烈欢迎感到诧异——他们甚至被欢呼为 "英国的拯救者"。这些人固然痛恨主教们，却发现自己的敌意远不及一些英国议会盟友厉害。谈判旷日持久，一周周的费用记在了王室的账上，却只有议会来付。两国都蕴藏了深入变革延续几百年来的政治和宗教体系的要求。现在这些要求合并一处，再次启动了。詹姆斯一世的即位牵涉英格兰和苏格兰王室的合并；但现在詹姆斯一世父子都不曾臆想的事情发生了：两国的主要政党竟然联合起来，携手推进一份共同的事业。重炮炮弹已经上了膛，直指查理一世和他的亲信大臣们。

首当其冲的就是最惹人厌的斯特拉福德。新下院的领袖皮姆和汉普登不费力气便统领了一大群愤怒的议员。对于申冤优先于供给经费的原则，王室现在也听之任之了。但只有复仇才能平息下院的冤屈。斯特拉福德手握可靠证据，能证明皮姆等人与苏格兰入侵者的通信。只要国王下令，叛国罪就是板上钉钉。据信，斯特拉福德原本想打这一手令人丧胆的牌，但皮姆先发制人了。议会党的满腔仇恨，旧日同志翻脸后的怨毒，出于自保的考量，所有这些都让疾风骤雨般的愤怒集中于那一位"邪恶的伯爵"。这样咬牙切齿的愤怒在英国史上空前绝后。11月11日晨，圣斯蒂芬小教堂的大门紧锁，钥匙搁在了桌子上。不准陌生人进入，不准议员离开。傍晚，皮姆和汉普登在300名议员的伴随下，将弹劾斯特拉福德的文书呈送上议院。斯特拉福德在国王的召见下来到伦敦。早上，贵族议员还尊敬地迎候他。听闻发生的事，他便回到了枢密院。但形势瞬息万变。现在迎接他的只有低沉的嘀咕声。有人则大喊大叫，让他在议会辩论问题时滚出去。他不得不退出。不到一小时，这位炙手可热的大臣眼睁睁地看着自己沦为阶下囚。他惊奇地发现自己跪在议会的围栏前等候贵族议员们的发落。这也让大家惊奇。他被剥夺佩剑，并被黑杖传令官拘留。押送他穿过人群前往囚牢时，民众展现出了可怕的敌意。这样的垮台，至少从其速度之快，令人联想到被憎恨的古罗马皇帝提比略的大臣塞亚努斯①的命运。

处置决定波及了国王手下的所有大臣。在上院遭到弹劾的大主教劳德试图反驳时被噤声，并被走水路关进了伦敦塔。国务大臣弗朗西斯·温德班克爵士等人逃到了欧洲大陆。掌玺大臣约翰·芬奇爵士起身离开上院议长席位，在下院出庭。他身着肃穆的礼袍，刺绣的袋中装着英国国玺，慷慨陈词为自己辩护。所有人都闭上了嘴。然而这种拖延仅为他制造了逃亡必需的时间。下院议员的盛怒，伦敦市民和苏格兰遥远军力的支持，加之贵族议员的批准，促成了这一切。

在我们这一代人看来，当时清教徒革命的主要特征是其有分寸的克制。对立双方毫不留情地相互斗争：不仅议会中的议员怒目相向，并准备好将对方送上断头台，而且在不同山头的帮派团伙面对面甚至厮混在一起的伦敦街头也唇枪舌剑。尽管如此，对法律和生命的尊重仍然占据上风。在这场你死我活的斗争中，人身暴力一直受到克制。甚至在内战爆发后，所有惯例依然被遵循，保护了当时哪怕最意志坚强的人，让他们免于遭受前朝或后代禽兽般的野蛮行径。

*   *   *

下院受到恐惧和谣言的骚扰。他们兢兢业业，确保付给苏格兰军的驻英格兰军费不少一个子儿；反而是英格兰出了亏空。哗变和

---

①　古罗马政治家及阴谋家。公元 31 年出任罗马执政官，位高权重，因对皇帝提比略构成威胁而被皇帝处死。

军事阴谋风声四起。冷血且有心机的皮姆利用了这些警报。确实，只要议会不是铁板一块，稍有风吹草动就能弄假成真。下院多数派的侵略性已经转向，成了废除主教制的要求。现在苏格兰人在伦敦影响力巨大，且是北方的领主，他们试图建立长老会体系的教会治理方式。真是乾坤扭转啊。一份由15000人联署的要求将主教制"连根拔起"的请愿书被呈送议会，得到了多数票的认同。直到现在，有分量的对抗势力才出现。第二份请愿书由700名对国王和大主教的信条持敌视态度的神职人员联署，提议将主教的权力限制在教会事务上，并限制他们在某些信条上的裁量权。由此形成了一条抵抗线，产生了对立的一方。众所周知，国王认为基于使徒继承的主教制与基督教信仰不可分割。英国主教制可以追溯到圣奥古斯丁时代，亨利八世与罗马的决裂也对其连续性没有任何影响。国王真诚地主张提名主教是自己的世袭权力，而反对者则将其视为危险的源泉。因此这一宗教冲突的双方都是基督徒，且都是新教徒，但他们对教会的治理方式有分歧。宗教上，他们不惧走极端；虽然在政治上，当下对个人统治的反对是压倒性的，但在教会治理的问题上，双方相持不下。皮姆意识到了这一点，决定推迟全面辩论。因此，这两份请愿书都被呈送一个委员会。

与此同时，对斯特拉福德的审判已拉开帷幕。虽然下院做出了对于法律和正义的公认互相冲突的解读，但还是马上就发现，难以对这个可恶的佞臣提起有效诉讼。他是多数派所倡导理念的大敌，且危害了国家的权利和自由，这一点毋庸置疑。但不可能证明他犯了足以杀头的叛国罪。在有着宏大木质结构的威斯敏斯特大厅中，全国的领袖、权贵、政治家和神职人员齐聚一堂。三分之一的场地挤满了公众。国王王后每天"垂帘听政",希望自己在场会使诉讼有所收敛。斯特拉福德巧舌如簧地为自己辩护。每天早上,他向王室事务长行跪礼,向上院贵族和与会者鞠躬致意。每一天,他晓之以理动之以情,粉碎了一个又一个指控。他层层驳斥,到头来成功地嘲弄了弹劾者提出的所谓"积累性叛国罪"(cumulative treason)理论。一些所谓的轻罪如何积累成叛国罪?他强调了英式自由的重量级信条:"法无禁止即可为。"他犯了什么法?他以演说家般的口吐莲花,或如他的敌人所言,"演员般的巧言令色",在思想和情感层面打动了听众。国王夜以继日地做上院贵族的工作。只要能救斯特拉福德,什么都可以商量。国王郑重向他保证,不会让他的自由和生命受到一丝一毫的威胁。斯特拉福德不仅赢得了楼座中济济一堂的贵妇的同情,也赢得了上院贵族的同情。审判第 13 天,犯人还很有希望。

就在那时,皮姆及其同僚发动了致命一击。枢密院秘书亨利·凡恩爵士有一个儿子,他对议会的事业充满热情。他盗用了其父保存的一份有关 1640 年 5 月 5 日枢密院会议的纪要。这一欺诈行为将在许多动荡的年岁后,让斯特拉福德付出生命的代价。有一条模棱两可的观点被认为是斯特拉福德所言:"只要力所能及,陛下就应当倾力去做。是他们冥顽不灵,而陛下仰不愧于天,俯不愧于地。陛下在爱尔兰尚有一支军队,可以调来制伏这个王国。皇天后土可鉴,苏格兰撑不过五个月。"

下院声称,这份纪要给斯特拉福德定了罪:谗言调动爱尔兰的军队制伏英格兰。但这些话在语境中似乎指的是苏格兰,况且苏格兰在当时确实发动了对国王的叛乱。枢密院秘书凡恩在交叉盘问中不能或者说不愿意,指明"这个王国"说的到底是英格兰还是苏格兰。被盘问的其他枢密院大臣有的宣称他们记不得这些话了；有的则说，当时讨论的主题是制伏苏格兰的手段，而非英格兰；有的表示，调遣爱尔兰军队目的一定是靖乱苏格兰，除此之外决没听到关于任何地方的其他暗示。如下想法一定曾掠过所有人的心头：如果爱尔兰军队成功平叛苏格兰，则另有运用也未可知。但这不是当前的问题所在。斯特拉福德的回答面面俱到，他还自问自答道："如果在国王枢密院所说的被其他阁僚一知半解的话，都能授人以柄成为罪证，那么结局是什么？没有谏臣会再有勇气向国王直抒胸臆了。"律师们也宣称自己站在他一边。毫无疑问，这一案子是他胜了。

下院议员们受挫，声称要提出新的证据。斯特拉福德则要求说，如果准许，他也有同等权利。上院同意了。突然庭内下院议员群体喊道："退场！退场！"他们集体回到圣斯蒂芬教堂，重新锁上大门。难道英国人权利的公敌要通过法律程序逃脱吗？他们知道斯特拉福德是敌人，因此要置他于死地。他们要绕过审判，而通过议会法案的途径宣告他有罪。皮姆和汉普登本人并没有提出起草褫夺公权法案的计划，而是让一个主要追随者提出动议。动议出笼，他们便全力支持，并发动喧而愤怒的伦敦市民。

上院议员们假装不理睬下院的众所周知的行动，明确同情斯特拉福德的最后陈述。斯特拉福德的话深深打动了他们的内心。上院先生们，这是我目前的不幸，却是你们永远的不幸……除非先生们凭智谋未雨绸缪，我的流血就将为你们流血循迹开路。倘若熟悉这种程序的博学绅士们发动起来同你们作对，倘若你们的朋友和律师不准接近你们，如果你们的公开敌人出来

做证针对你，如果不是根据法条而是根据事情的后果和巧舌如
簧罗织的罪名把你们说的言论、意图和情节定为叛国的罪状，
那么你们本人、你们的财产和后代就危矣。请先生们自己预想
一下，刚才的这种危险先例，会有什么样的后果呢?

　　那些先生口口声声说他们在维护国家的利益，反对我的专
横规定。可是请允许我说一句，我也在维护国家的利益，反对
他们任性的叛国罪行。如果承认这种选择自由，如果你们和你
们的后代被这些人摒于国家大事之外，国王和我们的国家会受
到何等的危害呢? 至于鄙人，如果不是为了诸位先生的利益，
如果不是为了给我留下两个孩子的在天之灵（其发妻）的利益
（说到此处他痛不欲生），我就不会努力维持破败的家宅了。我
希望世上大多数人认为，我通过自己的遭遇，已经证明我对上帝、
国王和我们国家的诚笃之情。我是在最好的时机抛下家宅的。

可是，1641 年 4 月 21 日，下院以 204 票对 59 票通过了公权褫
夺议案。在投反对票的少数派当中，有作为反对国王的主要人物之
一来到议会的迪格比勋爵。他以超人的天赋舌战同党，一无所获，
反而被怀疑为叛徒，引起场内一片惊慌，愤怒达到了高潮。天花板
一块木板发出破裂声，他们以为是炸药阴谋重演。投反对票的 59
人，名字散布到社会上，成了叛徒保叛徒。每天都有群众封锁通往
议会的道路，格外气势汹汹。被认为支持斯特拉福德的上院议员们
被周围的狂热气氛慑服了。奥利弗·圣约翰在上下两院的全体会议
上要求判处斯特拉福德褫夺公权时，不仅提出法律上的理由，还提
出了革命性的主张。他说，议会和低级的专门法庭不同，它不受现

有法律的束缚，有权根据形势的需要制定新的法律。它的唯一指南是关心公益。它是包罗万众的政治机构，代表从国王到乞丐的所有人，可以为全民族的利益处理个人，也可以切开血管放掉腐败的污血。有人说，必须先有法律，才有犯罪；法无规定无罪过。可是对于意欲推翻一切法律的人来说，这个抗辩是不能适用的。圣约翰说："打碎狐狸和狼的脑袋从来就不算是残忍或者不公平，因为它们是猛兽。养兔者诱捕臭鼬等害兽，也是为了保护兔子。"

斯特拉福德听到这一复仇的叫嚣时知道大势已去，他将双手伸过头顶，似乎恳求苍天怜悯。出席弹劾的上院议员中，只有一半人敢于为褫夺公权议案投票，他们以绝对优势置斯特拉福德于死地。他们坚信，如果放走斯特拉福德，国王就会利用他向议会开战。伊丽莎白女王宠臣的儿子、心怀不满的埃塞克斯伯爵残忍地说过："死人的嘴最紧。"

不过，尚有其他的机会。查理国王试图将伦敦塔和那位在押者控制在自己手里，但镇守伦敦塔的威廉·鲍尔弗爵士紧闭大门，不让国王的队伍进入，而且对斯特拉福德的大笔贿赂嗤之以鼻。"明正典刑！"的呼声响彻伦敦街头。几千名乱民聚集到王宫前高喊，求斯特拉福德的脑袋，其中有许多人携带着武器。议会里有人扬言要弹劾王后。

这是查理一生中再大不过的痛苦。此刻的问题不是能否挽救斯特拉福德，而是国王的权威是否会同他一起覆灭。他呼吁主教们给予帮助。主教中除两人外都向国王忠告，必须把作为普通人的感情和王者的感情区别开来。但是，真正使他得到解脱的是斯特拉福德本人。斯特拉福德在上院表决之前给查理写了一封高尚的信，敦请陛下不要因对臣下的诺言而危及王权或国家安定。查理最后认输，并为此而遗憾终身。他批准了褫夺公权议案。他依然良心难安。在放弃国王权威的次日，他派年轻的威尔士亲王去请求上院把死刑减为终身监禁。在场的议员们拒绝了，甚至不给死囚宽限几天时间来安排后事。

刑场上聚集了大批围观者，人数在岛国是前所未有的。斯特拉福德慨然赴死，大义凛然。他无疑意识到了自己有匡世之才，而且雄心勃勃，抱治国之雄心。他通过议会道路追求权柄，因博得国王恩宠而掌管大权。他采取了符合自己利益的制度，并使之与自己的个性难解难分。对他进行审判和褫夺公权的情景，让穷追不舍他的人遗臭万年，因为他们把一个无法定罪的人给杀害了。不过，要他得逞，或许会把英国的民权自由之窗关闭好几代人的时间。

*　　*　　*

在斯特拉福德受审处死的冲击下，查理国王对各种事业听之任之。《三年法案》（The Triennial Boil）规定至少 3 年召集一次议会，必要时可以撇开国王召集议会。法案终于结束了查理一世至今主导的个人统治制度。船舶吨税和磅税只批准征收一年，同时议会抨击了征收造船税的做法，因抗缴造船税而受到处罚的人应得到补偿。查理不得不同意了这一切。可是，他还同意一项旨在"防止本届议会不合时宜地休会、解散而引起不便，除非自己同意解散"的措施，此刻他一定是完全垮掉了。查理是在同意斯特拉福德褫夺公权议案的同一天同意这项的；它实际上是一项法律，规定这届议会永久存在，史称"长期议会"（the long Parliament）。同时通过了缓和民怨的许多与时俱进的补救变革。法官们以前凭国王的喜好才能留任，而现在靠行为端正任职。亨利七世为制衡贵族而建的星室法庭随着时间推移成为压迫人民的工具，此时被取缔了；推行宗教统一政策的最高宗教法庭也取缔了；枢密院的管辖权受到严格限制。《权利请愿书》中提出的个人自由原则，尤其是不遭到任意逮捕的权利最终得到了确认。查理批准了上述重大决定。他意识到自己过分地抓住了受托的王权，从此站在了更广阔的立场上了。斯图亚特王朝从都铎王朝继承下来的整个制度发生了根本动摇。

但如今一切都变了，在那意志坚强、性格粗犷、性格固执的英国，人们不管自己以前的行动如何，纷纷在身边寻找稳固的立脚点。从斯特拉福德人头落地的那天开始，出现了一种保守主义逆流，虽然局部发生，却分布全国。查理在议会会议上曾经孤单得很，身边围着几个人人憎恨的大臣，此时却发现日益受到强大的公众感情潜流的支持。他只要允许这种情绪自然发展，就可能会达到非常好的社会基础。清教徒的过分行为、极端狂热，向国教进攻，同苏格兰入侵者沆瀣一气，引起了强烈的敌意。此前，无助的宫廷只是旁观者，但王权凭耐心和智慧可能会东山再起，当然特权受限，却比较牢靠。从此，斗争的双方不再是国王和人民，而是两大主题和情绪，它们直到现代的纷乱中还在争抢英国的统治权。20世纪到来时，人们方才无法看出自己的祖先在这场古老的斗争中的政治面貌。

查理认为，希望在于同苏格兰和解。驻扎在北方的苏格兰军队同威斯敏斯特宫中的清教徒派别遥相呼应，不可抗拒。查理决定亲自到苏格兰去，在爱丁堡召开议会。皮姆及其追随者无法提出异议，温和派欢迎这个计划。查理的秘书、远见卓识的爱德华·尼古拉斯爵士写道："如果国王同苏格兰人解决争端，平静相处，那么英国的一切争端也将开拓幸福圆满解决的道路。"于是查理国王动身前往苏格兰。至此，公布新《祈祷书》、两个王国政教统一梦的时代早已一去不复返了。查理接受了曾经深恶痛绝的一切。他努力赢得苏格兰誓约派的心，虔诚地听他们布道，如苏格兰教会教徒那样唱圣歌，同意在苏格兰确立长老会制度。可是这一切都无济于事。苏格兰的保王派策划绑架苏格兰领袖阿盖尔侯爵，不幸失败了。苏格兰人指责查理卷入了阴谋。他们顽固不化，查理垂头丧气地返回英格兰。

　　这阴郁的场面里，又出现了一个可怕的魔影。斯特拉福德的处死，将其曾用制度成功压制的爱尔兰的一切洪荒力量，解放了出来。以前唯唯诺诺的爱尔兰议会，也急忙在都柏林发泄对斯特拉福德统治的不满。同时，信奉罗马天主教的凯尔特人对英格兰的新教极为反感。斯特拉福德建立的纪律严明的爱尔兰军队已经解散。查理的大臣们企图征用爱尔兰人的宗教信仰为国王的事业服务，可是所有这一切都搅和成了一锅粥，没辙了。那里的原住民和饥肠辘辘、备受压迫的穷苦大众怒不可遏，把矛头对准英国边界内外的乡绅、地主和新教徒。1641 年秋，令人回想起 15 世纪法国扎克雷农民暴动的起义震撼了大地。有产阶级携家带口逃到几个设防的城镇。兰克写道："无人能够描绘出该国大地上对手无寸铁的人们大发雷霆的施暴景象。成千上万人丧生，尸横遍野，成为猛禽之食物……宗教憎恨和民族仇恨可怕地合流了。"西西里晚祷"① 反法起义的动机和圣巴托洛缪节 ② 之夜大屠杀的动机结为一体。"[1] 四面八方纷纷出现难以名状的暴行，政府在大法官们的带领下毫不留情地进行反击，在农村的

---

　　① 1282 年发生在意大利西西里岛，为反抗安茹王朝西西里国王卡洛斯一世对当地统治的一场起义。

　　② 1572 年 8 月 24 日夜，法国太后卡特琳·德梅迪西下令对胡格诺教派大屠杀。

大部分地区，宣布见男丁就杀，实行焦土政策。有关这些暴行的消息辗转传到英格兰以后，人们都震惊不已，他们尽管各有当务之急，却长期心有余悸。这对国王的利益为害深远。清教徒从爱尔兰的暴行中看到，或者自己声称看到，如果主们的亲天主教倾向用专制国王的兵权武装起来，他们一定会遭到厄运。他们把爱尔兰人视为需要格杀的野兽。他们后来在胜利之时的残酷暴行就是此刻发轫的。

* * *

国王不在伦敦，听任议会势力充分活动。这给查理带来的好处超过自己在英国勤于政务的所得。九十月间，保守逆流成为主流了。英格兰、爱尔兰的军队既已解散，谁还能指责宫廷搞军事阴谋呢？英格兰人不管宗教和立宪是哪种立场，均不愿为供养苏格兰侵略军而缴税。苏格兰的长老会教派对大多数英格兰人没有多少吸引力。由于对国教传统感到不满，英格兰人要在宗教改革的大动荡中涌出的激进派中或者在清教内部的再洗礼教派和布朗教派中寻找精神慰藉，寻找刺激，后两种教派既反对长老会制度，也反对主教制度。1641 年底，下院进展很大。皮姆及其追随者仍然占据主要地位，而且越发走向极端。但反对派同样坚定不移。上院同下院有分歧，如果开会出席，多数上议员站在国王一边。清教徒从献身国民事业的仆人演变成好斗的派系。即使对那个崇尚毅力的时代来说，这场争斗也未免过于持久，不断进击，光靠舌战是不行。人们感到右手发痒，想抓起刀剑，似乎只有凭武力才能为他们的事业加油。

正是这个风雨交加的时刻，皮姆和汉普登端出了所谓的《大抗议书》(Grand Remonstrance)，企图以此整合自己的力量。几个委员会用数月时间起草这份厚厚的文件，实际上是一份党派宣言，旨在宣传议会在解决旧恩怨方面已经成果累累，并且宣告议会领袖的未来方针。皮姆希望把形形色色的追随者重新联合起来，因而丢弃了进行宗教改革的极端要求。主教的权力要限制，而不是废除。然而，队伍日益壮大的保守派，即人们有时候所说的"主教派"，被抗议书所冒犯，决心加以抵制。他们不喜欢皮姆的做法，打算"用掩饰国王过错而不是张扬错误的甜蜜办法来争取国王"。不过，皮姆准备把这场斗争进行得更进一步，呼吁民众的支持，力求议会完全控制宫廷大臣。在一份关于爱尔兰叛乱的通报中，他早已提出要求，国王"任命枢密院成员和大臣时须征得议会同意"。他扬言说，如果国王没有这个让步，议会将接手爱尔兰问题。这是对王权的彻底挑战。可是目前国王身边枢密院的情况和一年前大不相同了。许多过去反对国王的人同皮姆为敌，主要是迪格比及其父亲布里斯托尔伯爵，以前带头攻击劳德的威廉主教开始反戈一击，福尔克兰和科尔佩珀反对多数人的暴行，不久便在查理的政府中任职。爱德华·海德，即后来的著名史学家克拉伦登，掀起了一场辩论。他坚持说，现在的目标是保持安定，如果《大抗议书》总体上得到批准，尤其是如果公之于世，目前的争端会大伤和气，且旷日持久。

辩论拖了很长时间，大家积极热烈，但控制着激情。最后，他们午夜时分对略加修正的抗议书进行投票表决。一年前议会召开时，支持国王的议员不到三分之一，而此时《大抗议书》仅以 11 票通过。多数派提出动议，抗议书立即付印。为此，下院议员都起来，激烈反对通过的决议。凌晨 1 点钟左右，中殿律师学院①的律师杰弗里·帕

① 成立于 14 世纪，是伦敦四大律师学院之一，简称中殿（Middle Temple）。

尔默先生要求记下所有持异议者的姓名。当时，以及以后很长的时间里，上院允许少数派发表意见是惯常程序，但下院的原则是，多数人的意见就是整个议院的意见。帕尔默似乎是想问，谁打算反对。一大帮人站起来喊道："全体！全体！"插羽毛的帽子挥动着，人们紧握刀剑，有人甚至拔剑出鞘，手按着剑柄的圆头。关于此时拥挤不堪、灯光暗淡的圣斯蒂芬小教堂，菲利普·沃里克议员写道："我以为我们都坐在死荫的幽谷①里，如押尼珥和约押②的后代那样，彼此揪住头发，将剑插入对方的腹中。"多亏汉普登及时精明练达的干预，才避免了一场流血冲突。然而，辩论的道路就此中断，只有经过战争才能为下一步铺下新的踏脚石。

代表剑桥市的议员奥利弗·克伦威尔一直不引人注意。他举止粗鲁，但仍不失为托马斯·克伦威尔的后代。一起离开下院时，他对福尔克兰说："假如抗议书遭到否决，我会在第二天早晨变卖所有财产，永远告别英国。我知道有许多正直的人抱着同样的决心。"他和皮姆一样，对大西洋彼岸的新土地充满希望，那里非常荒凉，但他们准备为之牺牲生命、为之杀伐的事业却可以生存。他们的看法在美洲引起共鸣，直到百余年以后，经过大规模的流血，这种共鸣才平息下去。

* * *

查理尽管在苏格兰、爱尔兰灾难中遭受重创，但他意识到支持者日益集聚，因而被拖入了各种自相矛盾的大错。他一度试图依靠

---

① 源出基督教《圣经》，表示临近死亡。
② 《圣经》中的人物。

下院多数派组织一班朝臣。上院反对派的 12 名议员宣誓就任枢密院成员。但几个星期之后，伦敦各派势力发现这些贵族议员以过分尊敬的口吻谈到国王时，便对他们咆哮，骂他们是堕落者。查理仍在费尽心机寻找立足点，邀请皮姆本人担任财政大臣。这种计划脱离实际。结果科尔佩珀担任此职，福尔克兰出任国务大臣。接着，查理突然变卦，决定在下院以叛国罪名起诉他的 5 名主要反对派。是亨利埃塔·玛丽亚王后逼迫他采取这一大胆行动路线的。她讥笑查理是胆小鬼，并且对他说，如果还想再见到她，他就应该对那些日夜策划推翻国王并杀害王后的人下狠手。查理当然确信，皮姆打算弹劾王后。

在王后的鞭策下，查理带着三四百名军士——史称"骑士保王党"（Cavaliers）——来到下院，这是 1642 年 1 月 4 日的事情。以前没有一个国王涉足过下院。他的官员上前敲门并宣布国王驾到的消息时，各派议员面面相觑。查理的人封锁了各个大门。他进去时，全体议员起立。议长威廉·伦索尔离开议长席，在他面前跪下。他在议长席上落座之后，对下院说了一番友善的话，然后要求他们交出皮姆、汉普登、霍利斯、黑兹尔里格和斯特罗德这 5 名被起诉的议员。但王后宫里的宫娥及时向皮姆告了密，5 名议员早已从威斯敏斯特逃走，被伦敦市民兵和治安官保护起来。伦索尔议长无可奉告，申辩说："我只可按照下院指示，才能表现出耳聪目明。"查理知道自己的错误了，对议员们瞄了一眼，怯生生地说："我看鸟儿已经远走高飞了。"他客气地慰问一番之后，便带着怒气冲冲、大失所望的随从们离开了。他离开下院时，会场随之发出低沉、持久的"特权、特权"的嘟囔声。代表伦敦市的议员至今在会议的开幕式上仍然就座国务大臣席，以资对伦敦市保护五贤的功勋表示诚挚的谢意。

　　出了这一插曲，伦敦民众怒不可遏。愤怒的暴民涌上街头，在王宫外面乱喊乱叫，吓得查理带着廷臣离开首都，逃到汉普顿宫，直到他受审就死才重返伦敦。在他闯入下院之后的一个星期里，5名议员便在伦敦当局的保护下回到下院。队伍俨然是凯旋式的。2000多名武装人员陪同他们沿泰晤士河而上，两岸各有一支大军陪船队齐头并进，都带着8门大炮。国王从此不可挽回地失去了伦敦。他步步撤退，先到纽马基特和诺丁汉，最后退到约克。1642年初，他一直在约克等待时机。同时，撕裂英国的无休止对立，使查理逐渐恢复权威，建立起了一支军队。这时出现了两个统治中心。皮姆、清教徒和议会的残余部分以国王的名义在伦敦实行独裁统治，在国王的身边聚集着旧英格兰的民族精英，他摆脱伦敦乱民的欺负之后，再次成为拥有君主权的国王。两个中心慢慢地扩充着军队和资源，准备进行内战。

第 16 章
大叛乱

　　自 1642 年初，国王与议会的谈判持续了数月，一事未成，不过是凸显了彼此之分歧，并集结各自之军队。"王党与我们相争的问题，"一位圆颅党队长写道（彼时议会党的主战派有"圆颅"之称号），"即是否君权神授，则人民如野兽，受暴力统治；抑或人民自立法律，受此统辖，并生活在其认可的政府管理之下。"为不失偏颇，他兴许还加了一句："或曰据说有其认可的政府管理。"1642 年 6 月 1日，议会向国王呈上 19 条建议。这一最后通牒要求枢密院、国务重臣以及王室子弟的导师之委任，交由议会决定；民兵组织之支配全权、收复爱尔兰所用军队之控制全权，皆交予议会，也即"刀剑的权力"；教会定居地须照议会意愿而定。简而言之，国王被要求放弃整个实际政教统治权。然而，这看似昭昭的宪法争端背后，实则为宗教、阶级冲突。清教徒主导议会，而高教会派主宰朝廷。那时政权几乎由贵族及世袭地主垄断，但工商业者组成的"新阶级"，以及数个郡的殷实佃农纷纷要求从中分一杯羹。

　　不过，内战爆发之际，若审视各派结盟之情况，就发现其中的分野已不再简单。兄弟阋墙，父子相残。保王党的吸引力是负面的，却仍有力量。他们呼吁效忠王室，来对抗议会效忠；乞灵于安立甘宗之团结，来抵挡清教徒之热情。保王党宁要有上帝祝福之王权的古老之光，也不接受民主遥远之微光。"上帝说，不要触碰我的受膏者。"一位骑士写道，他迫不得已，系上佩剑，准备迎战。交战双方的士兵个个逡巡不前，不过是秉着崇高理想的信念，才打仗罢了。放荡的廷臣，野心勃勃一心求战的政客，失业的雇佣兵，这些人纷纷归于敌对双方，摩拳擦掌，欲从国内纷争之中谋利；然而，总体来说，这场争斗已经变成忠诚与理想之间可悲可泣的冲突了。

议会派腔调傲慢，胃口日益庞大，这就划定了战线，也为国王募集了队伍。多数贵族渐渐云集在保王党麾下，而小店主、大商人则普遍投身议会党。但数量庞大的贵族阶层站在皮姆身后，多半自治市镇仍是忠心保王派。郡里的士绅和约曼农分歧很大。靠近伦敦的大都倾向于议会党，而英格兰北部、西部则几乎还全是保王党。争斗双方皆以国王的名义战斗，同时又都支持议会制度。圆颅党人也常把"国王和议会"挂在嘴边。埃塞克斯伯爵当时是圆颅党的第一任司令，他收到军令，权力已落入奸邪国务顾问官们的股掌之中，他须去从佞臣手中"营救"国王和亲王，必要时可动用武力。查理曾起誓，要做一位遵从宪法的君主，还要尊重王国的法律。争论的问题绝不在专制还是共和制，拿兰克精辟的话来说，而是在于"一方希望维护有君主存在的议会制，另一方则希望维护有议会存在的君主制"。宗教争端是所有阶级和政治问题的推手。用克伦威尔的话来讲："宗教起初并非争论之焦点，但上帝终于还是将其带入此次争端；且加之于人们之上，如叠床架屋，不甚必要；到最后，却是宗教告诉人们，何为至珍。"

绝对和平在英国已逾七十载。除寥寥数位军官曾在欧洲大陆服过军役之外，没人懂军事。保王党骑士受过击剑训练，与其猎物看守、家属一起，惯行打猎追捕之事，因此起先在军事上，骑士较圆颅党人更占优势。国王自约克郡远望赫尔城，他那对付苏格兰人的军队早已解散，武器就贮存在那座城市。威尔士亲王与约克公爵那时不过是小男孩，一个12岁，一个9岁，他们到访赫尔城，受到了礼遇，但当国王自己试图进入之时，地方官约翰·霍瑟姆爵士却关闭城门，还派人驻守城墙。鉴于国王在当地只有几千人的地方军队或民团，他只好忍受这粗暴的闭门羹。但这次事件影响不止于此，是一次沉重的打击。武器至关重要。诺丁汉的市镇无一例外，皆表示效忠国王。8月22日，查理在那里竖起军旗，命令忠君臣民前来支援。这是要求履行封建义务的信号，古已有之。这信号唤醒了全英格兰的祖先记忆。德·昆西天才地指明了一群人的悲剧，这群人"相逢太平盛世，同桌落座，因婚姻或血缘而结盟；但1642年8月的某天以后，他们不再相顾莞尔，重逢亦不过是战场；在马斯顿沼泽、纽伯里，抑或内兹比，他们用残酷的马刀砍断了所有爱之羁绊，用鲜血将古老友谊的记忆冲洗殆尽"。

＊　　＊　　＊

在诺丁汉，国王只有800名骑兵、300名步兵，且最初都不确定能否征召任何王室军队。不过，议会的暴力帮了倒忙。9月底，国王身边有了2000名骑兵、6000名步兵。几周过后，这两个数字又翻了不止一番，且全国范围内，又有其他部队为他组建。在荷兰寻得庇护的王后，卖掉王室珠宝，采办了一批武器，网罗了训练有素的军官，为国王送过来。查理曾与臣民争论才得以保留的海军，如今却归顺议会，其封锁线难以打破。大贵族们给国王资助了钱财。据称，纽卡斯尔侯爵为保王党事业花了近 100 万英镑，伍斯特侯爵也花了七八十万英镑。牛津大学熔化了教堂金银器皿，许多大庄园领地纷纷效仿。剑桥大学露出同样的心情，克伦威尔就动用部队干预。同时，伦敦的财富与稳定税收为圆颅党人提供了充裕资金，于是招募、训练了一支 25000 人的陆军部队，由埃塞克斯侯爵率领。与保王党类似，军团多半都是以显赫要人之名征集。国王只能授权委任筹募军团或军队，而议会却还能提供装备。议会军的军事素质不高，可他们以高涨之热忱弥补了在部队纪律与军事技能上的短板。伦敦民团经过德国军官操练，早已叫人刮目相看了。

国王巧妙地躲过了埃塞克斯的军队，此时已向西进发，前去会合威尔士援军，之后向南突击，直奔泰晤士河谷及伦敦。意图明朗后，都城人心惶惶。一则声明匆匆送至查理手中，建议其回到属于他的议会。与此同时，埃塞克斯收到命令，务必追上国王。前有伦敦部队之堵截，后有埃塞克斯穷追不舍，查理怕受到两面夹击。10月23日，沃里克郡埃奇山，王军突袭后方追击部队，在其后卫军支援之前发动进攻，彼时对方后援军还在向凯恩顿村靠近。对战双方盲目无知，却气冲斗牛，是这场战役的特点。国王的侄子、莱茵河的鲁珀特亲王同弟弟莫里斯亲王刚从欧洲战场回国，便匆忙赶来助阵，接管骑兵部队，向议会军骑兵发起冲锋，将其左翼冲垮。也许是澎湃激情冲昏了头脑，又或者因为骑兵们纪律不彰，鲁珀特亲王追赶圆颅党军至凯恩顿村，趁乱抢劫了议会军的辎重车队。另一边，国王和王室步兵丧失了己方骑兵的支援，只好独自抵挡议会军步兵

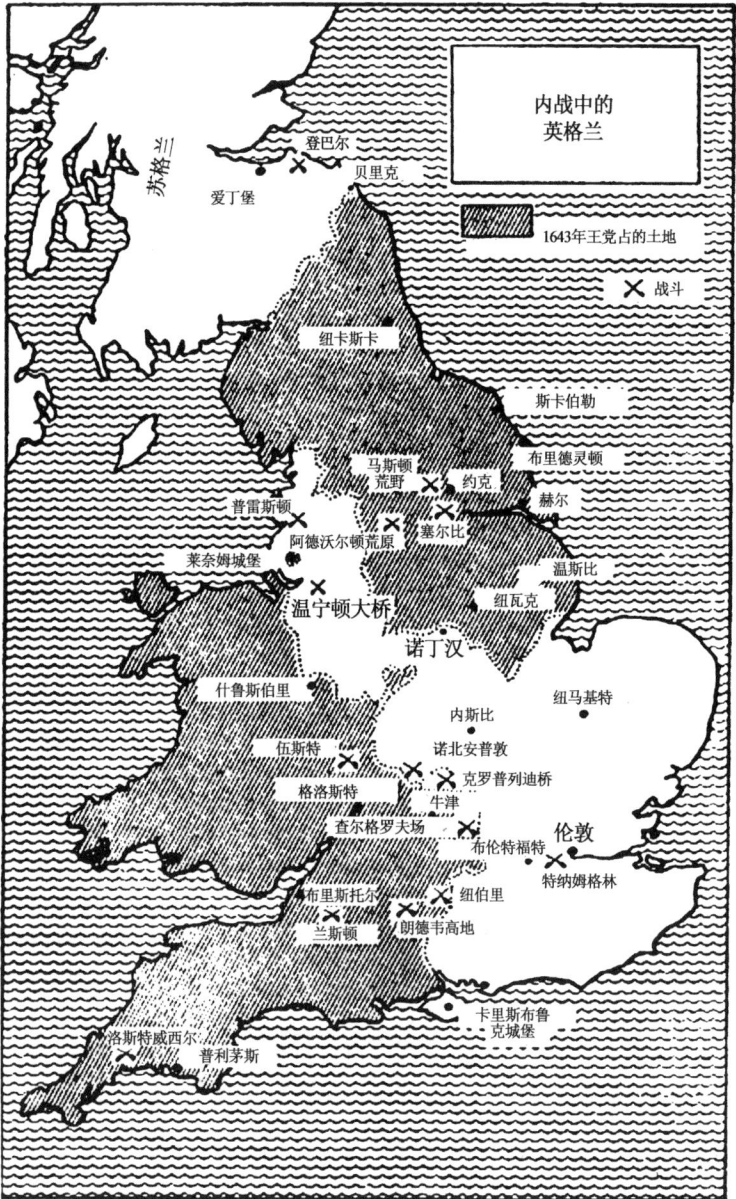

内战中的英格兰

和数支强悍骑兵的攻击。混乱血战之后，连查理自己的卫兵部队也遭击溃。火炮皆为议会军收缴。王军大旗一度被抢,掌旗官埃德蒙·弗尼爵士遭砍杀。而汉普登率领议会后卫部队不断逼近凯恩顿村，鲁珀特和骑兵部队不得不丢弃辎重车。他们及时返回战场，王军以此未得铩羽溃散。交战双方均回到了各自早晨开战前的阵地,踌躇不定、困惑不解地对望着。5000多英格兰人长眠战场，其中1200人由凯恩顿的牧师安葬。

埃奇山战役国王原本稳操胜券，最后却不分胜负。埃塞克斯继续行军，名义上为掩护伦敦，义正词严，实则是撤离后退。国王占领班伯里，志得意满地进驻牛津。从此，牛津成为王军大本营，一直到大叛乱结束。

查理能否先于埃塞克斯抵达伦敦，此后将发生何事，史学界众说纷纭。自埃奇山战役次日，鲁珀特亲王便竭力主张这一行动方针。王军与伦敦人一场鏖战，似乎在所难免，而埃塞克斯之军队数量占优，也将逐步抵达介入。可如今，王军自牛津出发，地方武装力量虽然成拦路虎，但国王却称心快意，因其一路解除其武装，叫他们溃败四散。另一边，议会使臣向国王呈上了一则新声明，谈判虽持续进行，但正式的停战协定却尚未达成。埃塞克斯先头军团正在火速赶往都城，并与守军获得了联系。在这关头，鲁珀特发起了进攻，与议会军部分增援部队在泰晤士河畔布伦特福德一战，对他们穷追猛打。议会党和王党互相谴责对方背信弃义。前者宣称，和谈进行过程中，其无辜士兵遭袭，且饱受德国式残忍折磨。保王党则拿出如下军事实情回击，埃塞克斯每时每刻都在想方设法与伦敦军队会合。双方没人可以义正词严地抱怨。查理遭受非议，称其弃信违义，但如此责难无视了彼时战况，以及部队向要塞转移的事实。

数天之后，在伦敦以西数英里的特翰姆格林，国王遭遇埃塞克斯野战军与伦敦卫戍军的联合部队，对方兵力比己方多一倍不止。连续炮轰之后，他向牛津撤退，有人称其逃出生天，实为大幸。埃奇山战役之后，王军是否应该向伦敦突进，自此我们或许可以对这一热议不止的非议下结论了。败北而走，所有成果将付之一炬；不过，陷入优势兵力之中，查理恐怕会遭纠缠，抓捕，直至毁灭。1642年的战事就此落下帷幕。

＊　　＊　　＊

英格兰大地怒火燎原，每一郡、市镇、村庄，甚至是原本幸福和睦的家庭中间，也决裂离散，各为其主。万众之目光皆落在两支主要军队的冲突对抗及行兵调动之上，两大阵营皆期望由此可以做个了结，继而实现和平。不过这一希望逐渐变得渺茫，旷日持久的拉锯战不日到来，所有暂停之对抗因此重新启动。争战遍布全国，抢掠举目皆是。宪政争端、宗教争执，与不计其数的地方宿怨世仇混杂交错，在党派仇恨中重新爆发出来。当年这诸多冲突倾轧的战线，与19世纪保守党和自由党投票表决、喧嚷叫嚣的争论的矛盾，在地域上大体重合。大内战导致的大裂痕，影响英国人的生活达两个世纪之久。那众多证明其续存的实例皆令人匪夷所思，直到今天英国各选区已有了普选权，也未曾消失。

自1643年初全面开战。不同阶级与利益团体、政党与宗教流派个个全力以赴，彼此对抗。港口与市镇以及制造中心大都归从议会党，所谓"旧英格兰"地区则集合在查理麾下。在英格兰北部、西部这两大区域，国王之事业蓬勃发展。亨利埃塔·玛丽亚王后自荷兰抵达北英格兰。她冲破封锁线，将一船火炮和弹药送至约克郡海岸的布里德灵顿，总数可观。议会党军舰紧追不舍。时值落潮，他们尽力抵近岸边，向王后睡觉的房屋开火。卫兵们保证，誓死守护王后的船只以及珍贵无比的货物，而她则赤脚匆忙在村子里寻找掩体，躲避呼啸的枪炮。议会党海军上将巴腾连续炮轰王后本人，如此行径不公不法，是小人作为。那个年代，男女之别、社会等级以及骑士风度依然受到重视。在如今这个时代，人们曾听闻一位皇后在地下室惨遭杀害，可"文明社会"的集体意识却无明显的反应。

亨利埃塔·玛丽亚在欢呼声中进入约克，身后跟着载有火炮、蔚为壮观的辎重车队，两旁王党臣民人头攒动，欢呼雀跃。有人以为她既是女流，应该会向国王主张和平。恰恰相反，她带着一股战斗精神，狂放不羁、不屈不挠，就像玛格丽特·安茹一般。

起先，决战并未发生在北部。埃塞克斯的将才，早已引起议会的质疑。主和派对他青睐有加，但那些期望全面开战的人中意威廉·沃勒爵士，而后者当时已派去指挥西英格兰的议军。不过，康沃尔人展现出对国王事业的高度忠诚、积极热忱，战术上机敏灵活，战斗时英勇无畏。那里更有拉尔夫·霍普顿爵士指挥，他是保王党将军中最为精明练达、策略高超的一位。沃勒与霍普敦之间进行了三场小范围激战。他们私交甚笃，可正如沃勒写给他的对手那般，"各人都须为荣誉和忠义而尽职"。在巴斯郊外的兰斯多恩，霍普敦的康沃尔士兵突袭了沃勒的阵地。沃勒部队的王牌是伦敦骑兵。他们被盔甲包裹得严严实实，看起来简直是一座座"移动堡垒"，因而交战两方皆戏称其为"龙虾兵"。"龙虾兵"遭遇保王党居高临下的冲锋，溃不成军。沃勒战败，可霍普顿也损失惨重，只得在德韦齐斯寻求庇护。霍普顿军中唯一的火药车发生爆炸，他自己因此炸伤。他的骑兵部队在莫里斯亲王的带领下逃脱。好在亲王火速自牛津回援，新骑兵急行军，路遇沃勒在朗德威高地列队准备对阵。保王党发起进攻，迫使"龙虾兵"慌不择路地走下急坡。同时，霍普顿从镇里出动，指挥步兵部队大获全胜。

捷报频传，军心大振，牛津部队既已汇入霍普顿队伍，鲁珀特先招呼劝布里斯托尔城投降，然后发起猛烈攻击，迫使其投降。布里斯托尔是当时王国境内的第二大城市，居民大多是保王派。他们削弱了议会卫戍军的抵抗，把鲁珀特视作救星。港口的军舰声明支持国王，王室海军控制布里斯托尔海峡的希望日渐明朗。此刻查理国王主宰了西部诸郡。

国王在约克郡亦占上风。约克郡的议会军由费尔法克斯勋爵和其子托马斯爵士统帅，士兵大多来自利兹、哈利法克斯和布雷福德——据克拉伦登在事后的数年所写，三地皆是"人烟稠密、经济富庶的城镇""完全靠衣料商发展，理所当然怨恨绅士阶级"。费尔法克斯父子包围了约克；不过纽卡斯尔侯爵却带着领地上的庄客、骁勇"白衣军"来解围。之后，那年夏天，他又在阿德沃尔顿荒原击败了费尔法克斯父子。纽卡斯尔侯爵不懂军事，不过是朱门绣户、肥头胖耳、傲慢自大，但赤胆忠心。议会军这一方，彼时已出现为数众多的农民兵，武器装备是长柄镰刀与大头棒——人称"击棍兵"。他们也全部遭到大屠杀。如此失利致使议会在北方只余赫尔城一处据点。斯卡伯勒的市长休·乔姆利爵士原本是议员中间的卓越之才，如今背弃了圆颅党，率部反水，一手促成赫尔的投降。在赫尔，市长霍瑟姆也已变节，直到投降前还是圆颅党人的坚定支持者，如今投向王党一边，一是因为俘虏迪格比勋爵接连不断的劝说，二则毋庸置疑，是因为国王接二连三的胜利。一年半前，赫尔及其弹药也许能起到决定性作用，那时他尚可轻而易举地移交全部军火。可眼下他在市民之中培养起了一股反抗精神，市民并未随着一起改变立场。霍瑟姆父子被逮捕，并由海路押至伦敦。这时候，在英格兰中部地区，保王军也一路向前。黑斯廷斯家族在莱斯特郡势如破竹，卡文迪什家族在林肯郡亦是余勇可嘉。不过克伦威尔上校在盖恩斯伯勒附近与查理·卡文迪什发生激战，将其打败杀死。克伦威尔亲自组建、训练东部诸郡联盟的骑兵，在该战役首入战场。然而他们未能阻遏王军攻占林肯。交战双方之骑兵均未曾成功卫戍市镇。

* * *

查理在战略上尚有些悟性。虽然他不像那些卓越的指挥官一般心如明镜，亦难有计不旋踵之魄力，但其军事观念已是补缺挂漏，此外他为人无所畏惧。自 1643 年初起，他便意欲向伦敦大进军。霍普顿自西，纽卡斯尔自北，他本人自牛津，在都城会师，以攻破叛乱的大本营。截至仲夏，战局似乎都有利于此关键计划；但国王实则既无军备，亦无权威，没法指挥规模如此庞大的联军。此外，西部的鏖战已令其损失一众精兵猛将。霍普顿的区之众向东稳步行至汉普郡、苏塞克斯而遇截。西部的保王军本应策应支援，却安于在普利茅斯前驻军扎寨，当地议会驻军便从四面八方发起突袭。保王党大区里，仅一处小镇对议会派效忠，确实也将阻碍国王抽调本地军队，去发动全国性战争。纽卡斯尔不听劝阻，决意要对赫尔城发起着陆攻击，因为赫尔周围潮水汹涌澎湃，水栅实难构筑，这座港口城市不可能切断海上联系。但没有来自其他北方军队的支援，中部战场原已势均力敌、相持不下的战斗想要取胜，已是无望。王后和一众狂热的谋臣极力主张单独向伦敦行军。同时，在布里斯托尔与约克之间，议会派只留格洛斯特为唯一据点。若此城陷落，塞文河将向保王党舰队与补给船门户洞开，牛津、西英格兰可与保王党威尔士联结成片。如此，国王便在其军事红运的巅峰，决定包围格洛斯特。他也许是对的。英格兰是个顽钝固执的国家，人民不过在自己地盘打个胜负，从不管别人地界遭殃，不会因为耸人听闻的剧变而冲昏头脑。此外，据传，此前已经做出庄严承诺的梅西市长准备改弦更张。故而 8 月 5 日这天，这座城市被包围。

话分两头，伦敦，议会议长、圆颅党战事的灵魂人物皮姆窘境凄惨。至此，无一事称心顺意，百念俱灰。战争日益不得人心，他身为政府首脑，却不得不继续为此筹措资金，所用方法也令其感到不齿，与他一直以来声援捍卫的信条准则相去甚远，在卑劣程度上，反倒可同查理 1640 年为攻打苏格兰人的集资之法不相上下。强制借贷、直接税收两个手段，几近压到每个人头上。保王之潮流声势浩大，如今已涌入首都，投身加入和平运动。伦敦城政务议事厅虽立场不移，但保王党呼声鼎沸，已难以令其缄舌闭口。70 位商人一度因拒绝缴税而一齐入狱，他们认为此类税收皆是违法。另有一次，数百名妇女涌向威斯敏斯特宫呈上和平请愿书。这些狂热女人还试图将游走在她们之中的骑兵拉下马鞍。"我们把皮姆这条狗扔进泰晤士河吧。"她们大吼大叫。士兵们拔出佩剑，野蛮凶狠地劈砍她们，将这些女人驱赶至宫外的皇宫庭院，许多人在奔逃中都已伤痕累累。如今仅由 20 人不到的在席大贵族组成了上院，他们通过了一项细致周密、庄重严正的和谈决议。甚至人员稀少的下院，也以微弱多数附议了上院之主张。皮姆的生命也在衰弱，即将步入终点。他罹患癌症。他最伟大的同僚汉普登年初死于战伤。当时汉普登与鲁珀特的骑兵在查尔格罗夫菲尔德一战，身受重伤。事业之惨败，死神的到来，灾祸不断，似乎就是皮姆斗争的唯一回报。然而，他百折不挠，力挽狂澜，生命的最后一搏也许可能扭转局面。拉出伦敦的清教军队拒绝和平。牧师唤起会众，主战派聚集起来给威斯敏斯特施压。下院遂废除了和解决议，此时解围格洛斯特成为口号。

埃塞克斯侯爵早前是作为将军声名狼藉，如今又被疑政治温暾水。他虽然对所拥护支持的事业忠心耿耿，但也争取和平解决。从形式上看，他的方案荒诞不经，但从目的来说，倒是正经八百。他提出国王应当离开部队，作为庄重威严的中立者，作壁上观，骑士党和圆颅党的骑兵、步兵、炮兵以同等数量在约定地点对战，直至上帝作出裁决，而众人皆须遵从。这其实是打着战争幌子的和平动议。可现在他奉诏前去解围格洛斯特。埃塞克斯接受了任务，或许期盼这将给他带来力量，去阻止英国分崩离析。伦敦民兵组织，或者说民团，凭着高涨之决心，喧嚷着出发行军。街上，人们夹道欢送，场面热烈。都城首屈一指的团体再次显示出了不可争辩的支配力。

在格洛斯特，梅西市长辜负了国王。城墙之内，清教主义斗志昂扬，他迫不得已，无法背信变节。查理招降这座城市时，两个恶声恶气的家伙受派前来，说道："如无上下议会一齐传令，恕难从王命。"两人才刚退出王军驾前，就别上埃塞克斯军队的橘色帽章，当时公认这种做法极为放肆无礼。不过，橘色帽章几乎立竿见影。国王的智谋，乃至当时英国战争艺术，都未能祭出封锁围攻的好办法。与后世规模庞大、条修叶贯的军事行动相比较，英国内战的诸多包围行动都虚弱得可怜。几排火炮配寥寥数发弹药，试图在墙上凿洞，交战兵马各占一边，凭刀剑与滑膛枪对打，直到某一方粮草尽绝，或居民恐遭劫掠而迫其投降。国王围困格洛斯特毫无进展，而9月之初，埃塞克斯和伦敦军以压顶之势不断靠近。国王无奈，只得放弃封锁，撤回牛津。

* 　 * 　 *

埃塞克斯胜利进入格洛斯特，但立即发现几近弹尽粮绝，而强敌就在他与伦敦之间。两支军队皆进军伦敦，9月20日，他们在伯克郡纽伯里遭遇。这是一场旷日持久的激战。鲁珀特的骑兵部队虽然再度打败了敌人，但并未叫伦敦长矛兵与滑膛枪手心服口服。部队伤亡达三分之一，保王党一方大批贵族倒下。其中就有福克兰勋爵，其人已在这世间、在此番争斗中寻觅解脱良久，业已无法忍受，如今他在死亡中找到了这份解脱。对战尚未分出胜负，夜幕已经降临。埃塞克斯只好黎明时分再重启战斗；可国王却撤退了，众多私交挚友丧生，令其痛苦不堪，火药也已用尽。如此，通往伦敦的大道已对圆颅党敞开。

* 　 * 　 *

国王1643年的大计宣告失败。虽然如此，战争局势一度对他十分有利。他控制了英格兰大部分地区。比起圆颅党军，其部队的素质总体而言也更胜一筹。战争之初丢失的大部分土地后续皆得到收复。议会军已有人开小差，涌至王军阵营。两支部队将王国搅得四分五裂，实力上却旗鼓相当，这已是众所周知。双方都期望和平。但皮姆并不作如是思考；他对苏格兰人寄予厚望；他散金万两，劝说了一支超过11000人的苏格兰军介入。为以不懈之激情继续战斗，9月

25 日，皮姆组织议会签署一份庄严誓约，亦与苏格兰人签订这项协定。这是一则披着宗教宣言之外衣的军事联盟。12 月 8 日皮姆去世，没有因成功而自喜，反而在逆境中孜孜不倦。他因公废私，若无议会，其庄园也不会破产。议员们偿付债款，以此寄托哀思，表达感激。他仍旧是最为卓著的老议员，是他将英国从君主专权中解救出来，领上一条奔跑至今的道路。皮姆此等丰功伟绩，无人比肩。

兰克对皮姆致以崇敬的评价。"他的天赋才干，"兰克说，"正是革命年代所需，既撼动摧毁了现有制度，又创立全新体制；既坚定促成宏伟举措，又孜孜不倦地规划细枝末节：计划时胆大，执行时又实事求是，既积极进取，又百折不挠，胆大心细，有条不紊，能屈能伸；对朋友关怀备至，对与之抗争夺权的对手毫不留情。皮姆兼有西耶斯与米拉波①之品质，是历史上最伟大的革命领袖之一。如他这般的人物所在皆有：屹立在现实与未来之间，现实已让他们永远打碎，而未来则常立于众多与他们最初主张的大不相同的原则之上。"[1]

* * *

那年冬天，出现了一段暂时的平静时期。法国大宰相黎塞留去世，权力回到查理妻兄路易十三手中。丹麦国王亦对查理伸出援助之手。为此，国王深受鼓舞。爱尔兰总督奥蒙德伯爵与天主教徒达成停战协议。尽管在战争中施暴亦遭受暴力，他们仍旧接受君主制。保王党阵营甚至考虑允许爱尔兰天主教徒进入英格兰。谣言四起，国王事业因此遭遇不利。然而，爱尔兰有了所谓"停战"，却使爱尔兰新

———

① 均为 18 世纪法国政治家。

教兵团和其他王室军队因而得以进驻英格兰，继而扮演举足轻重的角色。

查理从未解散议会，即便后者如今正与其交战。1641年，他草率地接受了《三年法案》。若解散议会，即宣告当初的批文作废，从而令法案在事实上永久有效，遑论这将使得自己的支持者看重的众多其他法例失效。因此他宣布威斯敏斯特议会不再是自由议会，并下令召集所有被逐及出逃的人参加到反议会，这引起热烈反响。1644年1月22日，83位大贵族及175名议员在牛津开会。

1月，一支苏格兰强军跨过特威德河抵英格兰境内，步兵18000人、骑兵3000人。由此，王军阵营的所有优势被推翻。为了得到此番援助，伦敦议会每月花去31000英镑，还将承担装备开支。不过，苏格兰人虽然明白自己的雇佣身份，除了钱财之外，还另有打算。他们决心根除英格兰教会管理的主教制，采用武力强制推行长老制。当真是此一时彼一时，6年前，查理和劳德还强逼苏格兰接受英格兰国教的礼拜仪式。如今，苏格兰人不仅要捍卫自己的宗教自由，还意图迫使疆土远比自己辽阔、经济远比自己强盛的英格兰俯首听命。苏格兰人勃勃雄心，前途一片光明灿烂，他们可以从双方获益。富庶的英格兰王国自费邀他们以全能上帝之事业为名入侵，而自己能推行其公共礼拜方式。边境线另一边，等待他们的将是及时支付之现金、胜券稳操之救赎。为苏格兰之声誉，值得一提的是，爱丁堡长老会虽适时应务，接受了如此政策方针，但内部仍存在立场坚定的少数反对派，只不过受到了有效压制。

第 17 章
马斯顿荒野与内斯比

    1644 年初，国王占了大半个国土，身后亦有一众心腹议员支持，聚于牛津，英格兰的军事胜利似乎已在其掌握之中。谁料苏格兰人反转了战局。苏格兰军队向南进发，控制了英格兰北部保王派诸郡，又突袭攻占纽卡斯尔城，向威斯敏斯特寄发账单讨军费。苏格兰人之政治支配权已举足轻重。其专员来到伦敦，主要目的有三：一是在英格兰全境施行长老制；二即为《庄严盟约》之目的而设立"两王国委员会"（Committee of Both Kingdoms），在英格兰政局占据一席之地，不仅指挥作战，亦制定一般政策；三为维护君主制。他们对国王陛下及其王权之神圣极尽口惠之能事，反对建立共和制的政治倾向，全因其乐见苏格兰血统于英格兰御座之上。对他们而言，所有这一切是皆大欢喜。

    已故皮姆与汉普登之事业此时已跌入绝境，但这种交易并非无异议通过。议会派纳税人怨恨为苏格兰军队花钱。上院——抑或其在威斯敏斯特寥寥几个议员——抵制"两王国委员会"方案，说这将颠覆其宪法权力。所得回复是：必须由两联合一致的国家共同作战。然最大分歧还在宗教上。正是此时，奥利弗·克伦威尔脱颖而出。
这位代表剑桥的议员虽尚未获得最高指挥权，却业已被视作议会党
一方超群拔萃之军官，曾在至暗时刻率东部诸郡联盟军赢得盖恩斯
伯勒战役。他的兵马相较交战任一方之队伍，似乎在纪律与素质上
皆高出一筹。克伦威尔其人不容小觑，绝难压制。1644 年，他攀至
最高权力层，不仅缘于其战功彪炳，还因其反对长老派及苏格兰人
控制威斯敏斯特。他宣布在天主教及英国圣公会外，人有宗教信仰
自由。新教不见经传的各宗派皆因其声援而唯其马首是瞻。

　　威斯敏斯特联席会议召开；正当英格兰及苏格兰神职人员就教
会行政体制的种种重大议题进行唇枪舌剑、慷慨辩论之时，长老派
与公理派——或称独立派发生龃龉，水火不容。公理派虽只占联席
会议席七分之一，然凭借澎湃的宗教热情与浴血奋战的英勇精神，
他们成为军中一支剽悍无比的力量。这些人拒绝在任何神职派立仪
式上行按手礼，并不无道理地宣称，此种礼仪颇有几分主教制的流弊。
唯有恢复旧有之独立教会制度，宗教改革方能达成。就举止之合宜，
公理派不比长老派或老派清教徒严苛，但公理派教徒须始终保持温
文有礼、风度翩翩，对此，每一个教堂会众将做出裁断。公理派确
有牧师，不过与圣公会牧师或长老会牧师不同，他们的牧师绝不享
有任何属灵权柄。如此教派会众正是政治极端观点的温床。长老派
之训导一如主教派，令人憎恶。诸位苏格兰专员及神职人员闻其如
此混乱的教义，个个目瞪口呆。不过，鉴于保王派仍待征服，他们
并诸英格兰同僚皆不敢轻易反对克伦威尔及独立派。这些苏格兰人
以为，虽本该早与此等"持不同意见的弟兄们"打交道，但最好还
是等自己的军队纵深打入英格兰，参与内战，再来应付他们为好。

由此，神学依附于军事，此非开天辟地头一回，决将周而复始再一次；长远来看，正是圣公会与长老派结盟对战公敌独立派，君主制与英国国教才得以恢复。

英格兰北部，纽卡斯尔侯爵此刻不得不一头对付苏格兰军队，另一头周旋费尔法克斯父子的部队。他仍按如此条件下的常规开展军事调动。春天，他率兵北上驱退苏格兰兵，留下贝拉西斯勋爵抵御圆颅党人。4 月 11 日，费尔法克斯父子在塞尔比打败贝拉西斯。纽卡斯尔之后方就此暴露。他别无出路，只好固守约克，不久便遭到重重包围。若约克失守，国王之事业在北方将化作泡影。查理是以派鲁珀特亲王率一支彪悍骑兵部队，前往解围约克，解救连遭攻击而始终忠心不二的侯爵。一路上，鲁珀特不断扩充兵力、积蓄力量，杀进兰开夏，重挫各方敌军。而由德比伯爵夫人坚守之莱瑟姆城堡，也由鲁珀特解困，全歼包围的敌人。他亦抢掠斯托克波特，突袭博尔顿。6 月 1 日，戈林勋爵带手下 5000 骑兵与鲁珀特亲王会师，联手攻占利物浦。

国王此时给鲁珀特写了封信，其中有如下段落："如果约克陷落，除非你向我处突然挺进，且趁北方势力南下见效之前在南部出奇取胜相配合，我仍将敬重我的王冠……故此，凭你对我之义务与情怀，我命令并召请你搁置所有新的行动，立即率全军照原计划解围约克；但若约克失守……你则当即率全部兵马直接赶赴伍斯特，助我一臂之力。倘不能及时赶来，亦未能打败苏格兰人、解围约克，则你之后所获一切万无一失的胜利，都对我没有任何助益。"[1]

鲁珀特无须鞭策，他将上述繁杂文句视作一遇战机、立即作战之命令。"凭在上帝面前发誓，"科尔佩珀听闻信已发出，便对查理如此说道，"你完了，此强硬之命令一下，他必将遇敌而战。"果不其然。

鲁珀特救约克于最后一口气；彼时地雷全炸，城墙皆破。苏格兰军与圆颅党人齐齐西撤，退至利兹，在那里，他们与曼彻斯特勋爵、克伦威尔领导的东安格利亚军会合。这三支清教军队联合起来，共有 2 万名步兵、7000 名骑兵，在马斯顿荒原一处山冈设下前哨。鲁珀特与纽卡斯尔侯爵会师，合计之兵力达 11000 名步兵、7000 名骑兵。侯爵反对作战，他认为北方战区眼下已经解围，可等达勒姆援军到来。而鲁珀特却能对他发号布令，这叫他恼火不已。侯爵满足于亲王班师南下，与国王会合，但鲁珀特却称他"持有国王的亲笔信，信中命令言之凿凿、不容置疑，必须对敌作战"。"打就打，"侯爵对朋友们说，"我绝不避战，活是陛下之忠臣，死是陛下之义鬼，亦无他求。"于是保王军紧随敌军进入马斯顿荒原，7 月 2 日已接近敌方营地。就鲁珀特作战之决定，虽然众说纷纭，但总体皆持谴责态度，不过，他的战术才有问题。他把步兵置于中阵，却将所向无敌之骑兵割成几路中队，故此丧失了麾下常为其取胜之强兵，虽然他亦不时挥霍制胜机会。鲁珀特急切地问俘虏："克伦威尔在你们那儿吗？"

那天晴雨交叠，敌对双方接触甚密。鲁珀特误以为将由自己于第二天发起战斗，谁料傍晚 6 点他便遭圆颅党全力进攻，对方步兵是其两倍之多。又见一身披铁甲之骑兵纵队快速逼近。那是克伦威尔和他的铁甲军。王军虽已列队整装，但正预备享用晚餐，故而既无防御阵地之掩护，亦无对战进攻之斗志。然其仍作战英勇。戈林所率左翼骑兵击败圆颅党右翼后，又袭击中阵苏格兰军，打得他们人仰马翻，节节败退。久经沙场的利文伯爵亚历山大·莱斯利大呼败矣，落荒而逃，在 10 英里外被治安官逮住。不过，大卫·莱斯利领导苏格兰军余部襄助克伦威尔，反败为胜了。如此，骁勇无畏、令人闻风丧胆之保王党首度遇到强敌，而且还是他们的主人。"我们将亲王整支骑兵赶出了战场，"克伦威尔写道，"上帝使其在我等剑柄之下一如麦茬般任我砍杀。此后，我们的骑兵又进攻其步兵团，将所遇之敌尽数歼灭。"

马斯顿荒原之战是内战规模最大最为血腥的一次战役。双方打得你死我活，4000人惨遭屠杀。纽卡斯尔之"白衣军"一拼到底，就地马革裹尸。他们曾夸口，将用敌人之鲜血染红所穿之白衣。如今，白衣确实血色尽染，可用的却是自身的鲜血。仅仅因为夜色让议会军停止了追捕。保王军此次极为惨败，国王的事业受到重挫。北方保王军遭击溃，北部全境失陷。鲁珀特的骑兵部队威信扫地。侯爵心如死灰，流亡他国。鲁珀特从容无惧，整顿余部南下，将他们安全地带至什鲁斯伯里。

* * *

国王在南方的捷报频传，至少在一时间，遮掩了其在马斯顿荒原之惨败。查理展现了出人意料之将才。他开始流连戎马生涯，军情时变，战场激荡。法国大使萨布朗曾在马背上与他长谈，对他赞不绝口。"他高瞻远瞩、精明练达，处险境绝不贸然行事，事无论大小，必躬行令。公文未阅以前，绝不签署；骑马抑或步行，总处于队伍前列。"5月，查理仅召集到1万兵马迎战各有1万兵力的埃塞克斯与沃勒两军。圆颅党将领之间心存嫌隙，他原期望趁机分而攻之，逐个击破。但敌方两军同心同德，一齐向牛津进发。牛津城缺粮少弹，难抵长期围困，更遑论在守备军之外供应保王军野战部队之所需。不仅议会，连保王派自己都预期国王将在牛津被俘，被迫投降。谁知国王为牛津布好守备之后，绝妙地躲过进逼合围之两路敌军，抵达伍斯特。

如国王所料，两位圆颅党将军只好分兵。沃勒调兵对战不断北进之国王部队，而埃塞克斯则向西突进保王党之势力范围。国王掉头往东，6月6日在牛津郡克洛普雷迪桥截击沃勒军队，歼敌甚众，尽数收缴敌方火炮。马斯顿荒原并未让他有丝毫气馁。相较沃勒，国王智胜一筹，行军又快一步。8月，他忽地掉头向西，意欲抄埃塞克斯后路。埃塞克斯小有战绩，业已解围莱姆与普利茅斯；然其在乡野地带遭顽强抵抗，全因当地居民与圆颅党势不两立之故。国王此时忽引兵向其进逼，埃塞克斯寡难敌众，粮草补给线亦遭截断，但拒绝国王招降。他下令骑兵部队设法突围，自己则偕一众军官奔至普利茅斯，而留余部听天由命。9月2日，在康沃尔郡洛斯特威西尔镇，埃塞克斯所部8000名步兵炮兵悉数缴械投降。

冬季将至，战火不见平息。保王军领地虽日渐缩减，而圆颅党兵多将广，粮草丰足，他们却始终斗志昂扬，在每一郡之据点中负险固守。如今议会军主力被遣与国王对阵。曼彻斯特及沃勒获得克伦威尔的增援。保王军阵地以牛津为中心，配以一众设防城镇，包括威尔士及英格兰西部。国王便在此范围内与敌军较量对峙。10月27日，两军又在纽伯里相遇，依旧不分胜负，保王军遂撤出战场。直至11月底，两军才暂停交火。查理凯旋再入牛津。此战为国王最为光辉的军事成就。虽金钱匮乏、补给短缺，逆境重重，面对多出一两倍之敌军，他经受住了攻击。要知议会军方还有精良的炮兵部队，这本就是一枚重量级砝码啊。

　　*　　*　　*

　　克伦威尔策马赶赴议会，前去履行议员职责。他与苏格兰人意见相左，极力反对长老会一统，这本已左右圆颅党的政治立场。此次他就指挥作战不力，进行了一番措辞激烈而有条有理地诘责，并痛斥埃塞克斯与曼彻斯特两位贵族将领反应冷淡。自打洛斯特威西尔之役，埃塞克斯已名誉扫地，而克伦威尔又谴责曼彻斯特行动迟滞、毫无热情，致使议会军在第二次纽伯里战役吃了败仗。他自己贪权，希望做司令，对此信心在握，不过仍审时度势，步步为营。克伦威尔极力主张按照自己在东部诸郡建立军队所创建之"新模范"，重组议会军，同时，其下院中的友人提议所谓《弃权法令》（Self-denying ordinance），即上下院议员皆不得受任军职。如今仅有寥寥数位贵族爵爷仍坐镇威斯敏斯特，他们心知肚明，哪怕不是在攻击其社会秩序，也是在打击其军事指挥权。尽管如此，鉴于彼时军情大势所向，爵爷们和苏格兰人并未能够阻挠法令在议会通过，尽管后者早已对克伦威尔心惊胆寒。埃塞克斯与曼彻斯特虽自战争伊始便对阵国王，招军买马，为议会派之事业肝脑涂地，可如今俱遭抛弃，退出历史舞台。

　　寒冬腊月，议会军照克伦威尔的理念重新整编。由议会派贵族以个人名义招募之旧军团，现全部拆散，军官与士兵编入新队伍。新模范军包含 11 个骑兵团，每团 600 人，12 个步兵团，每团 1200 人，并 1000 名龙骑兵，共 22000 名兵力。强制征兵可自由采用。在埃塞克斯郡一地区，1645 年 4 月、7 月及 9 月 3 次征募，就招到了 149 名新兵，需要 134 位卫兵送其至各个部队。

　　王军大本营，众人以为此等重组之举，势必重挫议会军之士气。

毋庸置疑，改编之初确乎如此。不过，圆颅党现今军事组织工整合宜，指挥官皆崛起行伍之间，久经沙场，满腔宗教热忱，除此之外，亦毫无其他声名地位。托马斯·费尔法克斯爵士获任总司令。克伦威尔是代表剑桥市的议员，故而起初未能出任军职。然而不久，众人皆知《弃权法令》只对其政敌有效。新一轮战役形势紧迫，而军队方面也有不满情绪，仅克伦威尔方能安抚消除，逼得上院无可奈何，只好对其破例，委以军职。1645 年 6 月，克伦威尔出任骑兵司令，如此，他便成为同时高居军中并议会要位之唯一人。自此，他已是军政两界之头号人物。

劳德大主教原因于伦敦塔，在此番压力下，他被送上了断头台。圆颅党、苏格兰人和清教徒全在此等仇恨行为中插了一脚。劳德曾请求免遭绞刑并开膛分尸之苦，而以斩首代之。下院虽存在不同意见，彼时驳回了其该等诉求。幸而第二天如此惨无人道之决定遭到推翻。一番不屈不挠的慷慨演说之后，这位老人被体面地砍掉了脑袋。

英国人皆亟待此番毫无人道之争斗罢战息兵，战争的狂热拥众感觉压力倍增。"击棍兵"重现江湖。不计其数的农夫雇农与城镇居民一道，抄起手边的兵器，在全国各地云屯雨集，反对交战两军之敲骨吸髓、焚烧掳掠。击棍兵如今更倾向支持国王而非议会。在伦敦附近的阿克斯布里奇村，双方进行和谈，主要是为逢迎苏格兰人。除议会内死硬分子之外，人们皆对此会谈寄予厚望。双方代表各自住在村舍及其中的旅社，泾渭分明，整整 20 天。双方以严谨仪式，据理力争，但查理国王和圆颅党首脑就两方面问题皆不打算做任何退让——主教制和军权。内战的第四个年头，这两点上仍不见丝毫回旋余地。阿克斯布里奇不过再次证明交战两方为至高权力，将对战到底，誓不罢休。

苏格兰人对克伦威尔之敌对情绪现已无以复加，而他们强行依法实施长老制一统，给独立派系之重压也已登峰造极。关于马斯顿荒原战役之回声与教义分歧缠夹不清。独立派以该战之诸多片段作为撒手锏。利文及部分苏格兰军曾逃逸，但是克伦威尔及其铁甲军留下来讨伐。苏格兰人则回敬说，克伦威尔战斗时缩头缩脑、贪生怕死，但这种话没有说服力。苏格兰人对英格兰事务大加干预，本就不公不法、难以容忍，虽获益极大，但也为自己招致深仇大恨。而其首要目标，即施行长老制，如今亦遭多股力量挫败，这些力量虽出其不意，眼下却如一柄锋利重剑，对其施以重击。

在此关头，蒙特罗斯侯爵显露头角。他曾是誓约派，但自与阿盖尔大吵一架闹翻后，便投效国王。他留名青史，成为崇高人物与杰出将领。他向查理宣誓效忠，以寡敌众，获得节节胜利，转移了全苏格兰的注意力。有时，他的士兵只有石头可扔掷，而后挥舞双刃大刀冲锋。他曾占领邓迪、阿伯丁、格拉斯哥、珀斯、爱丁堡等城市。蒙特罗斯写信向查理保证，若国王能在南方坚持，他将举全苏格兰之力赶赴营救。而英格兰南部，决战一触即发。

1645 年 6 月 14 日，最后一场实力的较量开始。查理此前占领并劫掠了莱斯特，在内斯比附近适宜捕猎的乡间，他与费尔法克斯及克伦威尔相遇。骑士党过去常凭主动进击之精神而大难不死。相较其他军事素质，鲁珀特此种精神体现得最为显著。这次他们也毫不犹豫，径直冲上山坡，向两倍于其兵力的圆颅党军队发起进攻。对战过程几乎与过去一模一样。鲁珀特粉碎议会军左翼。其骑兵与埃奇山之战如出一辙，又为议会军之辎重纵队所吸引，好在随后折返战场，猛攻中阵圆颅党步兵。然而克伦威尔于另一侧一哄而上，亦控制了圆颅党预备队。王军步兵四面受敌，寡不敌众，但仍殊死战斗。国王打算率身边最后一支预备队赶去解围，虽确实下达了命令，他的几位参谋及时伸出双手，拉住了他的马勒。王军预备队猛然调转马头，向右飞驰，撤退了一英里多。在那里，他们与鲁珀特所率部队会合。鲁珀特一直稳操胜券，保王军骑兵完整撤离了战场。然而步兵或被杀或被俘。议会军怜悯，缴枪不杀，死亡人数因此不像马斯顿荒原那般惨重。克伦威尔铁甲军在保王军兵营发现100名爱尔兰女子，秉持"道德原则"，亦出于民族偏见，她们尽数遭刀剑刺死。内斯比之战，是骑士党在开阔地孤注一掷之战。此战之后，两方虽仍有多次包围解围之城镇争夺战，并诸多军事调动，但内战的最终结果已尘埃落定。

克伦威尔随后以令人厌恶的做作语句，写下了自己对此战的感想："我这么来说内斯比之战：当我眼见敌人列队整装，无所畏惧、井然有序地步步进逼，我们这支自愧弗如、愚钝无知的军队——他如此这般形容英国史上装备最为精良、纪律最为严明、军饷最为充沛之军队，其中大部分都是能征善战的老兵，遑论其总兵力是对方两倍之多——还在苦苦思索该如何应战。总司令命令我来指挥骑兵，当我单枪匹马巡查阵地，只能微笑着赞美上帝，以期获得胜利之保证，因为上帝'将拣选那没有的，为要废掉那有的'。对此我充满信心，而他做到了。"

第18章
弑君之斧砍下

　　到 1646 年春，对议会军的武装抵抗统统被镇压了。雅各布·阿斯特利爵士随着最后一股王军在荒原上的斯托小镇失败而被俘。他对俘虏他的人说："好啦，小伙子们，你们任务完成了，现在可以回家玩去了——除非你们彼此之间打起来。"

　　清教徒们胜利了。总体看来，比较固定地支持议会的中产阶级打败了分崩离析的贵族和士绅，伦敦的新兴金钱力量战胜了陈旧的忠君观念；城镇人控制了农村，日后的其他教派战胜了国教。许多地方有反面例子，但从全国来看，情况大致如此。政体问题仍未确定下来。查理在个人专制时期所支持的一切已经荡然无存。可是，又出现了更大的问题，而国家和时代尚未成熟，不准备加以解决。所有这些问题的焦点是国王本人及其职权。查理准备在兵权问题上做出让步，然而为了维护英国国教的主教制度，他决心单枪匹马斗争下去。早在 1645 年秋，蒙特罗斯已经在靠近边界的菲利佛格被入侵英格兰的苏格兰正规军支队。但查理最终求助的是苏格兰政府，因为他看出苏格兰同铁甲军之间出现了严重的分歧。他没有物质资源，但仍然希望被剥夺权柄的君权在看起来山穷水尽之时召集新的资源，去服务于自己不认输的意志。他还指望从法国得到援助，亨利埃塔·玛丽亚王后正在那里避难。在这场战争中，她为查理国王所做的一切努力均已付诸东流，她从此再也没见到丈夫。

在令人痛苦的几个月里，鲁珀特轻易就交出了布里斯托尔，保王派的堡垒相继陷落。查理国王打算只身来伦敦，为在战场上输掉的东西与臣民争辩。各界人士都有这种愿望。查理似乎并不担心个人安危。伦敦市议会，以及国家议会和圆颅党军中的强大势力也赞成这个计划，但查理最后决定把自己的命运交给苏格兰人。法国特务从苏格兰人那里得到口头保证，将保证国王的人身安全和尊严，他们决不强迫他做任何违背良心的事情。于是，查理投奔到了苏格兰军司令部，当时这支军队正在和圆颅党攻打纽瓦克。纽瓦克陷落之后，苏格兰军队立即北移。

查理曾经试图说服自己是一名客人，不久便发现自己是一名阶下囚。他在行军途中向一名苏格兰军官打听自己的处境，遭到戴维·莱斯利将军的粗暴制止。他受到各种礼遇，但处于严格看管之下，不能同随从接触，有人甚至盯着他的窗户，防止他把未经检查的信件投到街上。在纽卡斯尔的软禁生活中，国王开始就重大国事进行将近一年的讨价还价。苏格兰人企图逼他接受当年的誓约并且在英格兰推行长老会制度，查理负隅顽抗。同时，他还同英格兰议会争论他提出的政体问题。议会的策略是，让查理尽可能长久地关在狱中，直到政体和宗教方面为他造好笼子为止，同时利用他的名义签发为党派利益服务的手册。他必须遵守誓约条款，主教制度必须废除，海军和民兵20年内应由议会掌握。称为"限制附则"的大批惩罚措施，剥夺了国王忠实朋友和支持者的公民权，无异于兰开斯特王族在陶顿战斗之后遭受的待遇。一位具有远见卓识的现代作家写道："查理只消放弃可怜巴巴的王权、教会和朋友，就可以保住王位……所谓英格兰国王，实际上只是外国军营中的一名囚犯，禁止同自己的牧师相见，只能独自在卧室里读《祈祷书》，成了那个吸引人的危险分子、'受伤者'。"[1]

查理自然希望从议会和军队之间以及英格兰政府和苏格兰政府之间的矛盾中坐收渔利，因此迟迟不做决定，以致英格兰和苏格兰的政府撇开他单独达成了协议。苏格兰人在得到替英格兰办事的一半酬金之后，于1647年2月根据议会派保证查理人身安全的诺言将他交给议会专员，然后回国。这笔交易虽然很实际，却不免令人凄怆，至今如此。许多人念着这样两句顺口溜：

苏格兰人叛变，
出卖国王换铜钱。

1646年是混乱的危难一年，有关政体和宗教方面的争论无休无止，国计民生处于瘫痪状态，民怨沸腾，人们重新以忠君之心期盼查理国王。

苏格兰人收到报酬之后，查理被新主人极其敬重地带到北安普敦郡的霍姆比城堡。他的威望立即昭示了出来。在纽卡斯尔以南的旅程中，百姓的欢呼声不绝于耳，沿途钟声齐鸣。全国人民欢迎国王，希望摆脱残酷的战争，恢复旧英格兰，无疑也要进行一些重大改革。如以前在议会斗争中那样，查理在战场上一败涂地，不过仍是英国的首要人物。只要他能满足人民的要求，人人都会拥护他。查理失去一切物质武器之后，更加清楚地意识到，他所代表的制度威力无穷。这时，英国的政治舞台上出现了一个新的第三方伙伴——克伦威尔的铁甲军。这支军队有 22000 人，它尚未成为它的缔造者的主人，不过已经不是他们的仆人了。指挥者是一些威名远扬的可靠将军，总司令托马斯·费尔法克斯；荣光如炬的奥利弗·克伦威尔；主心骨并且在很大程度上是军队的良心亨利·艾尔顿。在他们领导下的可怕队列里，充满着政治和宗教方面的分歧，足以引起比刚刚结束的战争更加惨烈的斗争。

议会进行了新的选举，填补了保王派议员的空缺，有了一些生气。议员中有一股强大的独立派势力，他们支持铁甲军。大多数议员仍然代表长老派的利益，主张实行严格限制的君主制。军队并不赞成长老派雇主的宗教观点，最勇猛的战士、极有说服力的鼓吹者和忠诚分子几乎如反对主教制度那样反对长老会制度，像反对劳德大主教那样反对苏格兰人。军中有许多活跃的教派，内部就产生了宗教自由的观念。可是军队时刻准备镇压别人，那谁能够使它就范呢？

议会派在战争中既已取得胜利，大多数议员及其领袖便不再需要军队了。军队必须裁减至适当比例，文官应当掌权，支出必须削减。应该把许多军团调到爱尔兰，向爱尔兰人讨还 1641 年大屠杀的血债；还应该在英格兰维持合适的驻军。至于剩余的部队，不如让他们解甲归田，由下院表达谢意，使他们在以后的生活中欢欣鼓舞。这时候冒出了一个非常尴尬的问题，即拖欠军饷的问题。1647 年 3 月，步兵已有 18 个星期没有发饷，而骑兵已拖了 43 个星期了。曾经伟大一时的下院以为，补上 6 个星期的军饷就可以抹去债务了。士兵们却不以为然。他们在许多重大问题上有分歧，在军饷问题上却是团结一致的。他们下定决心，只要军饷问题和他们所关心的其他问题没有得到解决，他们就不去爱尔兰，拒绝遣散回家。议会同军队的严重冲突就此开始了。双方都洋洋自得，感到胜券在握，并应该获得奖赏。

在这场冲突的最初阶段，议会以为有发号施令的权力。剑桥市的议员克伦威尔以上帝的名义向议会保证说，军队一接到解散的命令就会解散。可是在另一方，他一定别有一番言辞，因为军队接到议会的遣散命令时，军官们呈交了一份措辞恭敬的请愿书作为回应。请愿书可能是艾尔顿起草的，要求为他们本人和士兵补发拖欠的军饷，对战争中行为不予追究，并且保证以后不再征兵，对残障人员、孤儿寡母发给抚恤金。他们说："鉴于我们因战争需要采取了许多法律不允许的行动（在平时不会做的），我们恭请议会在遣散军队之前通过法令明确规定（若蒙国王批准更好），保证我们对所有这些行动不负任何责任。"即便在马斯顿荒野和内斯比一战取得胜利之后，铁甲军仍然没有把握，没有国王批准，事情是否合法。他们寻求全国通用的永久保证，而组织严密的威斯敏斯特议会认为，只有国王才能给予这种保证。拥有不可一世实力的人们始终坚信，实力不能给他们任何保证。这个重要事实将英国革命同所有其他国家的革命区分开来。英国人的最大特点是，即使在叛乱之时，也本能地尊重法律和传统。那些打破王权的人内心深处相信，以国王的名义制定的法律是他们能够依靠的唯一基础。

议会领袖接到军官请愿书，很不开心。他们似乎自以为一切都在掌控中。最后，他们命令各个团队开往不同的驻地，以便于逐个解散或者派往爱尔兰。军队回答说，要集中驻扎在纽马基特。他们在那里郑重约定，不达成愿望不解散。权力当局和武装力量之间似乎势均力敌，双方都努力寻找盟友。议会中的长老派想依靠苏格兰人，军官们则企图依靠国王。按实际权力的大小，将军们的排列顺序应是克伦威尔、艾尔顿和总司令费尔法克斯。他们认为，他们的地位即将被降到可恶的党派政客之下，这些政客视胜利为私产，只消在小圈子里分享胜利果实。此刻，将军、普通军官和士兵是齐心协力的。

克伦威尔和艾尔顿感到，如果能赶在议会之前把查理本人抢到手，这将非同小可，倘若能赢得他的道义支持，就万事大吉了。艾尔顿早已同查理国王进行秘密接触了。6月初，科内特·乔伊斯队长奉艾尔顿和克伦威尔的命令，率领近400名铁甲军骑兵奔向霍姆比城堡。查理在内廷官员和议会专员的簇拥下，在那里过着舒适的生活。议会派去的卫队上校仓皇逃命。查理深信不会受到伤害，因而安详地度过了夜晚。王室官员同铁甲军的军官互相寒暄了一番。

翌晨，乔伊斯禀报说，他是来接国王的。查理没有表示抗议。他走到外面的阳台上，差不多是以主人的姿态对刀枪整齐的队伍扫视了一番。乔伊斯对他的骑兵说："我以你们的名义做了三点保证：不伤害国王陛下；不强迫他做违背心愿的事情；允许他的随从陪同着。你们每个人都同意吗？"士兵们齐声喊道："同意！"查理说："乔伊斯先生，你的命令呢？你有托马斯·费尔法克斯爵士的手令吗？"乔伊斯面露窘色，他四处看了看，最后指着他的队伍说："在这里！"查理露出颇有王威的笑容，凭着君主的自信和神圣的权力说道："不错，这是一个不用拼读就可以看懂的手令，同我长期以来看到的绅士队伍一样漂亮威武……下面去哪里呢，乔伊斯先生？"

乔伊斯和派遣他的人只是琢磨国王的意愿，以为只要能把国王掌握在手就行。牛津呢？——国王觉得对健康有害。剑桥呢？——倒让人容易接受，而纽马基特则颇诱人。军队正好驻扎在纽马基特。查理和乔伊斯等人策马同行，蹄声嘚嘚，怡然自得，感到手中捏着英国的历史。查理在纽马基特附近的奇尔德利盘桓了三天。剑桥大学的师生倾城而出，献上表忠辞，这在内战期间是没有过的。克伦威尔、艾尔顿和费尔法克斯不久也来拜谒。被俘的国王被转移到哈特菲尔德，然后又迁居汉普顿宫。他有时一连数小时在那里的花园中一边踱步，一边同叛乱的将军们谈笑风生，大家似乎都兴高采烈。内廷官员见了不禁感到惊奇。最后王室发表了一项公告："国王陛下认为，议会的计划危及军队的根本利益，所有的军队同情者的根本利益。陛下细看军队的建议之后……认为，上下议院会同他一样认为，这些建议比议会的当下计划更能满足各方的利益，是实现永久和平更稳固的基础。因此他请议会立即考虑军队的建议（他认为这是实现和平的最好途径）。"[2]

这一切的背后是一场政治的和个人的大交易。无人探索过确切细节。一次宗教妥协就这么简单地达成了，议会和国王权力平衡的政体成立了，军队解散时得到了实质性免责和酬劳。这个大纲是嘉德骑士勋章获得者、一个名叫克伦威尔的伯爵制订的，他是爱尔兰总督，平定了爱尔兰的乱局，变相恢复了斯特拉福德为之丧生的"彻底"政策。当时济世之才的政治家、掌玺大臣艾尔顿可能超越了社会前进的艰难步伐，规划了岛国的政体。近乎称心如意的安排，英国人本来可以在这个时候唾手可得，可是规划过于美好，根本不能实现。人类无法轻易逃避漫长历程中的艰难坎坷。查理同军队将领们打交道时没有充分的诚意，他仍寄希望于苏格兰人的帮助。议会则反对军队和国王的建议，坚持自己的党派意识和党派政策，它也指望请苏格兰人来镇压危难时曾经拯救它的武士们。这就是制约因素。而另一个制约因素，则来自军队内部。

迄今为止，将军们控制着下级军官，下级军官则控制着士兵，大家的势力倍增，思想活跃，宗教热情蓬勃向上。士兵们对《旧约全书》深信不疑，满脑子尽是以笏和伊矶伦、扫罗和撒姆耳、亚哈和耶户①。他们尤其钦佩的是，撒姆耳虽然闲庭信步，却在上帝面前把阿迦砍成碎片的行为。将军们希望为国家、国王和他们自己争取到妥善的解决方案，而普通士兵则怀有更加深刻的信念。查理和克伦威尔达成的方案，唯一的机会是立刻付诸实施。然而出现了拖延。将军们的主要关切是控制军心，可是过去的高谈阔论在军人大会上似乎已经不起作用了。军人大会的成员们早已把查理视为"血债主"，他们感到惊讶的是，尊贵的长官们竟然不知自爱，同国王勾勾搭搭。士兵们的情绪越来越坏，军官们发现有失去对士兵控制的危险。

下院中的长老派此时意识到，他们无法压服军队。但伦敦城的人，学徒和乱民不信邪，于是强迫他们履行职责。长老派在骚乱和暴力的逼迫下，废除了违心对军队作出的妥协性决议。议长和五六十名议员惧怕伦敦乱民，投奔豪恩斯洛的军队司令部，要求克伦威尔予以保护，并且获得准许。军队开赴伦敦，占领威斯敏斯特宫，进驻伦敦城。除了他们的问题之外，一切都在军队的面前屈服了。

---

① 均为《圣经》中的人物。

*　　*　　*

1647 年秋，军队在帕特尼进行了激烈的辩论。将军们努力疏导军队的骚乱活动，艾尔顿尤其卖力。他们召开军事议会，成立了军人辩论会。每个团选出代表，称之为"代理人"或"鼓动家"。艾尔顿起草了军队章程，准备不惜一切代价，除了打破社会秩序和财产权之外。在帕特尼相互激斗，进行了几个星期的长期思想斗争。他们任命一名秘书做会议记录，记录最后流转到牛津大学的一个学院，在 19 世纪成为观察西洋镜的窗口。各种新人统统粉墨登场，其中有塞克斯比、雷恩博罗、怀尔德曼和善于布道的戈夫上校。他们慷慨陈词，以理服人，每次都一语中的。克伦威尔听到了这样的话："英国的赤贫者应该和大人物一样生活。""人不必服从没有参与建立的政府制度。"这是福音书和冷兵器的混合物。

人人具有政治平等的天赋权利这一主张，不仅使艾尔顿震惊，后世的伯克和福克斯 ① 也会大吃一惊。他企图在不能解散的议会和无法遣散的士兵之间走僵硬的中间路线。他的精辟论据博得克伦威尔在理智上的认可，但并不符合他的政治判断。论点没有获得士兵"代理人"的赞同。艾尔顿将军论述了只有"同国家利害攸关"的人才有选举权的原则，听众才会三思而后行。他指出，如果根据上帝或大自然的法则提出政治平等的要求，将会影响到财产的所有权问题。他还说："根据这条自然法则，人人对他所见之物拥有同等的权利。"士兵们听到这种结论并不惊恐退缩。他们的观念不久便与 19 世纪宪

---

① 埃德蒙·伯克（Edmund Burke，1729—1797），英国政治家和政治理论家。查理·福克斯（Charles James Fox，1749—1806），英国政治家。

章派看齐了：21 岁成年男子有选举权，选区平等，两年召集一次议会，可能还将有许多新的看法。

克伦威尔听到了所有这些观点，加以深思熟虑。他的世界观向伊丽莎白一世看齐，认为这些要求会导致无政府状态。许多讲演者鼓吹将来要打倒国王和贵族，要平分财产，就博得了军人大会的欢呼，而克伦威尔则回想起了自己的地产。上述主张对他来说显然是一派胡言，危言耸听。艾尔顿做了一番论证，以为能安定情绪，结果只是打开了新的颠覆前景。除了这些政治话题之外，克伦威尔不得不考虑纪律问题。他仍然手握大权，且不失时机地加以运用。他设法通过了令军人大会代表和煽动者返回军团的决议，以他的军官大会代替军人大会。铁甲军在帕特尼提出的政治构想直到我们这个时代才能成为现实。

1647 年深秋，克伦威尔和艾尔顿认识到，即使解决军饷并免责，仍然不能使国王和军队联合起来。他们是无法打动部队的。士兵们在秘密集会场酝酿着皮姆和汉普登倘若在世必定会反对的宗教观点以及"长期议会"曾经努力避免的共和制，在这些财产问题的背后，还有成年男子选举权和当时不为人知的名称——社会主义和共产主义。英国的保王派尽管在军事上失败，产业被夺，但仍然存在，尚在喘息，并伺机东山再起。议会仍在制定具有坚定基础的政治目标，充满宗教狂热情绪和个人贪欲的苏格兰人仍在边界虎视眈眈。查理对这些动向有所了解，开始另寻出路。在这些压力之下，失败的国王同胜利的将军之间的联合终于解体。铁甲军的一名上校根据上司的吩咐，随口暗示国王说，他有生命危险，说有残忍的人在一些公开会议上辩论为了公众利益暗杀他。在这段时期，查理的行动并没有受到限制。

11 月，查理确信那些不再受军官节制的士兵将要杀害他，便连夜策马逃生，经过许多驿站顺利到达怀特岛上的卡里斯布鲁克城堡。他在这个驴子踩水车不停转的城堡里住了将近一年，没有护卫，神圣不可侵犯。他是精神上的国王，令人垂涎的工具，有趣的货色和最终的牺牲品。他身上仍然存在一个元素，要么加以利用，要么必须摧毁。然而，他在英国再也没有讨价还价的权力了。还有苏格兰人嘛。他同苏格兰人签署了一项秘密协定，保王派据此和长老派结盟。由此第二次内战不久爆发了。

同时也可以看出，克伦威尔和查理竭尽全力，差不多要达成协议。军队即将叛乱，有人策划逮捕或杀害将领们。上校们准备弹劾克伦威尔，因为他"走上了霍瑟姆的道路"。12 月 15 日，将军们同士兵见面。一些军团立刻归顺，而罗伯特·里尔伯恩和托马斯·哈里森的部下却决定哗变。史学家加德纳描述了该场面："他们在操场集合时帽子上插着《民愿书》，自己在上面加上'英格兰的自由！'和'士兵的权利！'这样的口号。费尔法克斯训斥几句之后，哈里森的部队立即驯服了，利尔伯恩的部下却不那么顺从。克伦威尔看到此时单靠劝阻已无济于事，就骑马从队前走过，厉声命令士兵拔去帽子上的《民愿书》。发现无人服从，他便拔剑冲入哗变士兵的队伍。在他那严厉的面孔和坚决的行动中有一种威慑的力量。服从军纪的本能复活了，几分钟以前目无军法的士兵立即扯去帽子上的《民愿书》，请求饶恕，哗变的头头遭到逮捕，其中三人被临时军事法庭判处死刑。不过，三人获准掷骰子决定生死，输者受刑，结果阿诺德输了，他在同党面前遭到枪决。就这样，军队以一条生命的代价恢复了纪律，否则它会一哄而散的。"[3]

       *   *   *

第二次内战的起因和情形同第一次内战大相径庭。几乎所有领头者的角色均有变化，甚至反转。国王及王权此时已经不是议会权力的障碍，而被看作英国人民自由的保证。假如有机会召开议会，"长期议会"中的很大一部分议员，上院的几乎所有议员都会发表这样的看法。从前威逼国王的苏格兰人此时也意识到，对他们有害的是另一方。威尔士是铁板一块的保王党。伦敦曾是皮姆和汉普登的主要拥趸，现在也积极拥护恢复王权。当年把查理赶出首都的学徒们仍然情绪高涨，不过他们这时侮辱士兵，高喊"国王万岁！"。海军一直是反对查理的致命工具，此时一半人也倒戈勤王。参加哗变的大部分舰艇驶向荷兰，官兵恳求威尔士亲王担任元帅。所有的保王势力，身上鲜血淋淋，腰包也出血，情感和社会利益受损，痛定思痛，盼望着亮剑。人民群众仍然比较冷漠。导致 1660 年王政复辟的那种普遍情绪尚未产生，但英国社会的各种领导力量正在汇集。甚至连普通民众也都感觉到，国王和议会已经被新暴政抛到一边，劳苦大众苦日子来了。查理虽然软禁在卡里斯布鲁克城堡，却比个人专制的鼎盛时期更像真正的国王。

第二次内战的故事短小简单。国王和上下两院、地主和商人、伦敦城和农村、主教和长老以及苏格兰军队、威尔士人和英格兰舰队，现在通通都反对克伦威尔的"新模范军"。军队一并加以击败。克伦威尔身先士卒。起初，军队形势危殆，似乎令人绝望，但就是这种困境消除了内部的分歧。费尔法克斯、克伦威尔和艾尔顿再次同猛士们同仇敌忾。军队进军厮杀。他们杀向威尔士，挺进苏格兰，所向披靡。只派出一个支队，便足以镇压康沃尔郡和西部的大规模起义。他们在科尔切斯特粉碎了保王派的武装，新的严厉手段呼之欲出。费尔法克斯一反过去的惯例，下令在城墙外枪毙投降的保王派军官卢卡斯和莱尔。克伦威尔镇压了威尔士的起义之后迅速北上，集结他的部队，然后向穿过兰开夏的苏格兰军队扑去。率领苏格兰军的是戴维·莱斯利，可那已经不是当年的苏格兰大军了。利文勋爵统帅的苏格兰军训练有素，却袖手旁观。入侵者在普雷斯顿被分割切断，无路可退，全军覆没。英格兰舰队几年前同苦苦挣扎的国王作战时威武雄壮，此时对横扫千军、奋勇驰骋的铁甲军却无可奈何。铁甲军衣衫褴褛，大部分没鞋穿，然而披着闪光的甲胄，手持锋利的刀剑，并且坚信自己的使命是崇高的。

到1648年底，一切都结束了，克伦威尔成为独裁者。保王派被粉碎了，议会成为工具，宪法子虚乌有，苏格兰人遭逼退，威尔士人回到山里，舰队被改编，伦敦慑服了。查理国王仍住在偏僻的卡里斯布鲁克城堡，等着付出代价。这个代价是致命的。

*　　*　　*

在维多利亚时代一些文人的笔下，克伦威尔和铁甲军的凯旋被描绘为民主制和议会制战胜君权神授和旧世界迷梦的某种胜利，我们切不可被误导啊。这不过是2万多名坚定、残忍、纪律严明的军事狂徒扳倒了英国一直向往的、一厢情愿追求的一切。要扭转这种局面，需要持续多年才能奏效，好事多磨呀。于是，当年我们无限同情并积极参与的这场斗争，开始建立了权力有限的君主立宪制，结果却导致了军事独裁。一个粗暴、可怕、雷霆万钧的人物成为国家的主宰，而接下来的12年记录下他出于好心但迷惑茫然的沉浮。

他的错误投机路线，是以自我为中心的产物，在编年史上臭名昭著。

最容易收获的胜利果实显然是查理国王的脑袋。诚然，他并没有离开过卡里斯布鲁克城堡。可是，难道他不是英国那场反对铁甲军及其统治甚至扣发军饷的大规模运动的主发条吗？难道他不是左右舆论的枢轴吗？难道他不体现着铁甲军所痛恨或者无法瓦解的所有那些道路吗？难道他不是他们南征北战夺得的战利品吗？当人们在治国理政的问题上彷徨的时刻，一切都动荡不定的时候，处决查理是人人理解的神圣之举，足以使军队团结。只有处决"血债主"查理·斯图亚特，士兵才能满意，军头们才能使其俯首帖耳。

一个风雨交加的傍晚，怀特岛上的人发现许多铁甲军士兵乘船渡过索伦特海峡，在纽波特和考斯登陆。国王的内廷官员上前询问，密切警戒。查理的亲信催他赶快逃走，当时似乎还不是不可能。可是他深陷于同议会再度进行大有希望的谈判，自信地位还强大，放弃了这个机会。其实，这是最后机会了。几天以后，他被带到本土，囚禁在赫斯特城堡。他在那里受到的粗暴对待，是二次内战的新事物，标志着他已经适用新规则。此前，他的个人尊严受到尊重，生活上总是被照顾，此时身边却没有一个仆人，关在幽暗的小塔里，没有点蜡烛。继续进行的一段谈判，仅仅是死到临头者的讨价还价了。黑暗的牢房里，国王上升到其最高的地位。他在纷乱倒霉的统治时期多次表现出错误的态度，而在临终时刻，命运之神却赋予他英格兰权利与自由斗士这个无可争议的光荣角色，不，是不列颠的权利与自由斗士，因为整个岛国介入了。又盘桓一阵子后，他在圣诞节假期被押往伦敦。起初，他担心前来押解他的哈里森上校会杀害他，实际上并无这种意图。铁甲军打算以最能证明他们的威力和信仰的方式放血。克伦威尔无以抚慰他那激情洋溢的军团，而通过压倒一切的赎罪祭，至少可以给他们一个威慑的场面。在前往首都的一个傍晚，查理单刀直入地问哈里森上校道："你是来害我的吗？"上校回答说："不是的，陛下，法律对大小人物都平等适用的。"查理安然入睡了。他得到了不会杀害的保证；法律规定，他神圣不可侵犯。

查理在温莎休息了近一个星期，再次受到尊重和礼遇，与赫斯特城堡里的苦难，肯定不可同日而语。一些核心的职员和内廷官员服侍他，他每天晚上以传统的威仪用膳，仆人跪着上菜。议会派来的军官毕恭毕敬地陪他进餐，告别时行最高鞠躬礼。多么怪诞的插曲！接着向伦敦进发，那里有许多事情要发生。"恭请陛下起驾！"

当时伦敦处于严密把控之下，军人凭口令放行。下院议员打算进入议院开会时，一些趋炎附势的议员站到普赖德上校一边，并把不会服从军队意志的议员统统剔除。试图进入议院的 45 名议员遭逮捕。总共 500 多名议员中，有 300 人再也没有入议。这就是所谓"普赖德清洗"事件。"血债主"大审判将在全国、全世界面前上演。当局查遍英国自古以来的法律和判例，找不到这类审判程序的批准书，甚至也找不到借口。史上倒是不乏杀害国王的先例，比如，爱德华二世在伯克利城堡，理查二世在庞蒂弗拉克特城堡都惨遭不幸。然而，这些行为都是秘密进行，当局矢口否认，当时就用神秘或自然因素的理由加以掩盖。胜利的铁甲军想就此教训国人，此后务必唯命是从。一年半以前本可在查理国王手下充当爱尔兰总督的克伦威尔此时看出，杀害查理是保持最高权力和生存下去的唯一机会。费尔法克斯指出，杀害俘虏查理之举，会使寄居荷兰的王子自然拥有国王的一切权利，可惜被置若罔闻。英国找不到法学家能够起草起诉书，组成法庭。最后，长期生活在英国的荷兰律师伊萨克·多利斯劳斯总算把事情用古代外衣加以掩饰。开庭辞同英国历史无关，参考了罗马时代，元老院或禁卫军有权下令处死暴君。剩下的下议员顺从地通过了法令，从此产生了由135人组成的国王审判团，实际上出席的不到60人。木匠开始装修威斯敏斯特宫，为最难忘的场面做准备。这次不仅仅是弑君，而是杀害了一位当时代表着几乎整个不列颠民族的意志和传统的国王。

* * *

著名的审判情景，描写得越是细致，就越是具有戏剧性。查理根据自己在春风得意之时曲解、利用的法律和宪法，以无懈可击的辩护词迎敌。他扫了一眼法官们，"无动于衷，一派蔑视"（莫利言）。他拒绝承认特别法庭，认为其大逆不道，无法无天。首席审判官约翰·布雷德肖也找不出所以然来。尽管如此，克伦威尔和铁甲军仍然可以砍掉国王的脑袋。这是他们决心不惜任何代价要做的。威斯敏斯特宫内的大部分观众同情国王。最后一次开庭的下午，查理要求申辩遭拒后被带出大厅时，人群里传出一阵低沉的祈祷声："上帝保佑国王。"士兵信念坚定，根据班长的事先吩咐，高呼："讨公道！讨公道！明正典刑！明正典刑！"

查理的个人尊严保持到最后，提供了各种方便，去处理后事，接受牧师祝福。这次处决不是屠杀，而是一场仪式，是一次牺牲，借用西班牙宗教法庭的术语来说，是一次"信仰行为"。1649年1月30日上午，查理被带出圣詹姆斯教堂，押往白厅，此前他是从舒适的河景房被带到教堂的。大雪纷飞，查理穿上了暖和的内衣裤。他在铁甲军卫兵簇拥下，快步走向半英里远的宴会厅，说："出来吧。"

只要他的要求不抵触既定方针，没有干预。签署死刑判决书的大多数人被自己的行为吓呆了，他们将对此承担责任，终将遭报复。克伦威尔克服重重困难，才纠集足够的签字者。仍担任总司令的费尔法克斯不是个小人，大为震怒，因此不得不将他控制起来。艾尔顿和哈里森仍在大厅里陪同面临大限的国王。克伦威尔也在那里，必要的场合，他从不缺席。

下午 1 点钟，查理获知大限到了。他从宴会厅落地窗走出去，登上断头台。一排排的士兵将大批民众堵在远处。当局突发奇想，认为查理会以实际行动否定判他死刑的特别法庭，所以准备了捆绑的绳索滑轮。国王面带笑容轻蔑地朝这些东西扫了一眼。他获准随便讲话。由于声音传不到士兵戒严线外面，他便对聚在断头台上的人讲话，说他"死是个虔诚的基督徒。他饶恕世上所有的人，对，尤其是那些将他置于死地的人（没有点名）。他希望这些人能够悔悟，希望他们走正道实现国内和平，而不是强权征服。他认为君与民黑白分明，民众的幸福不在于参与治国。假如他让位于专制统治，同意武力改变全部法律，今天就不用受罪了，所以他说自己是人民的殉道士"。

查理从容赴死，配合刽子手将头发用白缎子小帽盖起来。他主动躺到断头板上，自己一打手势，刽子手便一刀砍掉了脑袋。然后悬首示众，有人喊道："这就是叛徒的首级！"

无数的人流潮水般地涌到现场，虽然默然无语，心里却受强烈的感情所刺激。当时有人在日记中写道，看到那首级，"千万名在场者齐声悲吟，前无古人，希望再无来者"。

英王查理摊上的命运是异乎寻常的。没有人跟他那样不合时宜固执地抵抗当时的时代潮流。他在自己鼎盛时坚决反对如今所谓的议会民主自由，而在灾难的连续打击之下，他却逐渐成为英国自由与传统制度的象征。他的错误弊端与其说是出于个人极权欲，不如说是源于与生俱来的国王至上的观念，因为那是国内习惯成自然的东西。最后他奋起同摧毁了议会统治的铁甲军做斗争，因为它要把国家投入空前绝后最难抗拒、最卑鄙的暴政之中。查理在自己坚信的事业中从不缩手缩脚。无疑，他在同敌人讨价还价，斗智斗勇的过程中曾经诉诸欺诈手段，不守信用，但这是斗争的残酷和瞬息万变所造成的，何况对方也经常尔虞我诈。至于在宗教和政体问题上，他从未背离过自己的中心主题。他坚定不移地维护英国国教的《祈祷书》和主教制度；他认为基督教与这两点难分难解。在这动乱多变的年代里，他始终不渝，处变不惊，维护自己的事业，用以指导一生。他是一个殉道者，倒不是指为宗教理想而牺牲的人。他的王室利益同每一时期的国家大事难解难分。有些人认为，他站在卑微小百姓一边，反对新兴的财阀。这是空想。他不能说成是英国自由的捍卫者，也不完全是国教会的卫道士，不过他是为两者而死的。他以身殉职，将它们保存下来，不仅传给他儿子，也传给了我们的时代。

第六部　王政复辟

第19章
英格兰共和国

　　甚至在处决查理之前，英格兰共和国就出现了。1649年1月4日，一小撮替克伦威尔和铁甲军干活的下议员决定："人民是上帝之下一切正当权力的本源……英格兰下院是由人民选举的并代表人民，因此拥有国家的最高权力。"1月9日，他们投票决定，盖国玺的法律公文不应再有个人的名字。于是，他们设计了一个新的国玺，一边是英格兰和爱尔兰的地图，另一边是下院的图画，上面还有"托上帝祝福恢复自由元年"的题词。查理一世的雕像被推倒，像座上刻上了此话："当代暴君的末代国王下台了。"2月5日又宣布说，上院"无用而又危险，应该撤销"。从此上院不再开会。第二次内战期间被俘的一些贵族遭到报复，知识广博、久经锻炼的政治家汉密尔顿勋爵和霍兰勋爵被斩首。

　　如今统治国家的是行政院，由议会选任，任期一年。41名成员中有贵族、法官和议员，大部分主要弑君者也在其中。行政院表现得无所畏惧，勤勤恳恳，廉洁奉公。司法部门一度悬而未决，12名法官中有6人拒绝留任，但其余6人在正式收回效忠誓言以后，同意为共和国服务。军队上层的极端保守派坚决维护习惯法，主张对所有非政治性问题继续按照原有的司法体系执行。人们认为，律师必须加入新政权，以便保护特权和财产所有权不受平等派、煽动者和极端主义分子的侵犯。这已成为关键性问题。尽管平等派气势汹汹，但当权者毫不犹豫地将他们压服。连艾尔顿也被摒于独揽大权的新设行政院之外。克伦威尔及其同僚熟悉极端派的要求，因为克伦威尔和查理国王于 1647 年进行失败的谈判之时，约翰·利尔伯恩策动 5 个骑兵团签署的《民愿书》中提出的正是这些。

必须分开疏散军队。克伦威尔决心以上帝耶和华的名义，率领铁甲军的大部分队伍讨伐偶像崇拜、血债累累的爱尔兰天主教徒，认为这样的行动能网罗狂热的士兵。要决定哪几个团去爱尔兰，各团之间进行抓阄，反复抓阄，直到仅仅平等派势力最强的几个团中签。一本名为《英国新枷锁》（*England's New Chains*）的小册子在军中流传，频频兵变。千百名老兵成群结队地举行示威，支持"人民的主权"、成年男子选举权以及每年召集议会。这种情绪不仅仅限于士兵中间。在这些大原则背后，以杰拉德·温斯坦利为首的团体大胆主张：不仅公民权要平等，财产权也要平等。这些人叫作"掘地派"（the Diggers）。

大批人出现在萨里郡的公地上，准备以共有形式耕种这些土地。这些"掘地派"并不滋扰私有圈起的土地，将其留给有权占有它们的人解决，但他们宣称，整个地球是"公共的财库"，公地应该人人有份。他们还说，遭斩首的查理国王的权利可以追溯到征服者威廉那里，一群贵族和冒险家随着主公来到英国，武力剥夺了人民大众在撒克逊时代的古老权利。从历史的角度来看，600 年来的习俗已经尘封了这个权力主张，而且其本身也争议多多。然而，他们确实是这么说的。共和国的统治者们认为这一切是危险的、颠覆性的废话。

克伦威尔比任何人都更加吃惊，因为他对私有财产的关心几乎不亚于对宗教自由的关心。他说："贵族、绅士和自由民是我国的有益利益集团，而且很伟大。"行政院把自说自话的耕种者赶出了公地，毫不留情地捕杀哗变的官兵。克伦威尔再次亲自平息了一次哗变。他下令，在牛津郡的教堂墓地枪决了追随利尔伯恩的骑兵威廉·汤普森。鉴于他的观点和恒心，一些人封他作"为民主献身的第一个殉道者"。克伦威尔还开除了不肯志愿去参加爱尔兰战争的官兵，不补发拖欠的军饷。行政院任命他为司令。他不仅在军事上履职，而且还执行了牧师使命。他和清教牧师一起鼓吹对爱尔兰人发动圣战，乘坐一辆套着6匹佛兰德斯马的车子做宗教巡游到查林十字街。这些举动是面临军事和社会危险时深思熟虑的对策。不消除这些危险，英国将会再次发生残酷的无限社会战争。

* * *

1649年克伦威尔发动的爱尔兰战争同样冷血，一样充满了《旧约》的色彩，《旧约》情绪在清教徒那里已经深入人心。爱尔兰人的民族精神和彪悍凶狠本来可以促使他们在天主教宽容精神和君主制度下联合起来，由此同新教徒保王派紧密联盟。后者在奥尔蒙德侯爵的领导下，已经拥有12000人的正规部队。教皇使节里努奇尼的到来，更激怒了各派零散纷争的力量。在克伦威尔登陆以前，奥尔蒙德的军队已遭严重削弱。奥尔蒙德在1647年把都柏林让给了议会派的将军，不过后来占领了德罗赫达和韦克斯福德，决心坚守不放。克伦威尔率1万名老兵向这两座城池步步进逼。如果奥尔蒙德率领正规军在野外守备，并且让清教徒侵略军的暴行引发爱尔兰人团结起来支持他，那么处境就会好得多。可是他在德罗赫达城布置 3000 守军，其中包括爱尔兰保王派的精华和英格兰志愿军，指望克伦威尔在持久的围城战中锐气受挫。克伦威尔认为，消灭这股力量不仅会粉碎奥尔蒙德的军事力量，还会在整个爱尔兰岛引起普遍的恐惧心理，于是他决定采取"震慑"行动，对于 19 世纪他的崇拜者和辩护士来说，这令人窘迫不堪。

克伦威尔招呼守军投降未果，便用大炮轰开城墙。他在第三次进攻中身先士卒，拿下城池。接着屠城，格杀勿论，即使在那个野蛮的时代，也足以令舆论哗然。所有的人都被刺一剑，无一幸免，连教士和修士也统统被杀害。尸体遭仔细搜身，找贵重物品。卫戍司令阿瑟·艾什顿爵士有一条假腿，铁甲军以为是金子做的，可是他们翻了半天，只是在他的皮带里搜到了私人财宝。直到第三天，他们还在搜索屠杀躲藏起来的人。这些事实是毋庸争议的，克伦威尔在致行政院院长约翰·布雷德肖的信中供认不讳。

> 我们在德罗赫达（他拼写作特勒达）奋战中得到了上帝的保佑。炮击之后，我们便冲进去。守城的敌军有 3000 人，他们顽强抵抗。我们有近 1000 人攻进城里，但又被敌人逼出。上帝赐予我们的人新的勇气，他们再次进攻，进去了：在敌人工事里打击敌人……前一天，我们曾经招降。而现在攻进去，当然不依不饶。相信我们杀死了全数守敌。死里逃生的人不到 30 个。侥幸活下来的人，也严密监禁起来，将流放到巴巴多斯岛……这是极大的慈悲。敌人不愿意进行野战，派几乎全部精锐部队，

在最好的军官指挥下守城……我不相信，也未听说有任何军官
得以逃生，只有一人除外……于是，敌人胆战心惊。我确信，
上帝仁慈，这残酷行动能免除大流血……

　　但愿所有正直的人都把这荣光只归于上帝，赞美仁慈吧，
属于上帝所赐。

　　在致议长伦索尔的信中，克伦威尔进一步透露了详情："若干敌
人退到米尔芒特，非常坚固，易守难攻……卫戍司令和几个高级军
官也在那里。我们的人冲上前去，我下令统统杀死。在激战中，我
确实禁止部下饶恕城里任何手持武器的人。我估计，那一夜他们大
约杀死了 2000 人。少数敌军官兵过桥逃到城的另一边，约有 100 人
占据了圣彼得教堂的尖塔……劝他们投降求饶求慈悲，拒绝了。于
是我下令轰击圣彼得教堂的尖塔，烈火中传出一个人的喊声：'天不
佑我，倒霉了，身上有火，我着火了。'"克伦威尔还写道："我相信，
这是上帝给予'这些野蛮人'的正当审判，他们双手沾满了无辜者
的鲜血。"[1]数星期后，攻克韦克斯福德城时犯下了同样的暴行。

　　在安全、舒适的维多利亚女王时代，当格莱斯顿和迪斯累里，
自由党和保守党，就往事争辩时，当爱尔兰民族主义者和激进非国
教教徒高举起过去事业的旗帜时，有一个学派形成，怀着敬畏瞪大
双眼看克伦威尔的野蛮暴行，有些人甚至偷偷赞叹不已。人们认为，
这样的场面一去不复返了，进入歌舞升平、追逐金钱和自由辩论的
时代，他们可以承受得起向奠定自由社会基础的粗鲁骑士们致敬。
在 20 世纪的今天，知识分子从这种虚荣的放纵中猛然警醒了。我们
目睹了现代使用的"震慑"手段，其残暴程度不亚于克伦威尔，其

规模也大得多。我们对暴君及其心性和权力了如指掌，所以我们无法实践我们祖辈那种达观的超然态度。这里有必要重温这个更为简单的道理：尽管征服者能大肆杀戮，对手无寸铁和已经缴械的人施暴，得逞于一时，但他们必将遗臭万年。

奥利弗·克伦威尔难免心怀鬼胎，疑神疑鬼。他笔端写出内心的"懊悔"，这与犯下滔天罪行是分不开的。他厚颜无耻，找出各种借口，卡莱尔也照单全收。克伦威尔认为，通过可怕的警示，就免除了更大的流血。然而事实并非如此。他离开爱尔兰以后，卑鄙凶残的战争又持续了两年。他痛恨天主教，认定其是世界性罪恶阴谋，可是他却寻求把守卫德罗赫达的保王军同那批信奉天主教的爱尔兰农民混为一谈（后者于1641年屠杀了信仰新教的地主），殊不知这些守军同8年前的恐怖行动毫无干系。他把战事激烈作为自己的挡箭牌，其实部队伤亡不到百人，其实"自始至终混杂着冷血的算计和蓄意预谋的暴力"（兰克的公正评判）。更有甚者，这位野心勃勃、利欲熏心的政客臆造出一个派系的上帝，人类良心见此怪物一定会退避三舍。这个政客满口"正当"和"慈悲"，实则滑稽可笑。形势所迫和国家安全的需要都不能成为这种暴行的口实。克伦威尔在爱尔兰手握压倒一切的力量，以无情的邪恶弄权，践踏了人类的行为准则，明显对人类进程投下阴影。克伦威尔在爱尔兰进行的大屠杀在石器时代以来的各国历史上不胜枚举，因此对不惜诉诸这种行动的人必须剥夺一切荣誉头衔，不管是围绕伟大军事统领身上的光环，还是对成功的王公大臣的残酷无情可起掩饰作用的长久名望[2]。

我们知道，许多纽带先后将西方岛国的居民团结起来，甚至爱尔兰本岛也为新教徒和天主教徒一并提供了说得过去的生活方式。

而克伦威尔的劣迹给这一切带来长久的祸根。克伦威尔通过无尽的恐怖手段，通过极不公正的拓居活动，通过实际上禁止天主教的政策和上述的血腥暴行，在民族和教派之间挖了新鸿沟。他给当地居民强加了条件："要么下地狱，要么去康诺特①吧。"整整 300 年，爱尔兰人一直把"克伦威尔诅咒你"当作最刻骨铭心的狠话。克伦威尔治爱尔兰的后果，至今还困扰并不间断地骚扰着英国的政治生活。为了弥补，世世代代兢兢业业，费尽心机，却束手无策，还一度成为世界各地英语民族和谐的重大障碍。我们大家现在仍然背负着"克伦威尔诅咒"。

*　　*　　*

从查理一世人头落地那一刻起，其长子在大多数臣民和欧洲人的心目中立刻成了查理二世。处死查理的第六天，探马刚带回消息，北方的苏格兰议会便宣布查理二世为大不列颠、法兰西和爱尔兰的国王。其代表在伦敦要求承认查理二世。自称为"议会"的政治寡头们下令驱逐这些使者，说他们"为新的血腥战争打下了基础"。查理二世当时在海牙避难。荷兰人的主流意见友好，对他父亲的噩耗感到震惊。为拼凑弑君特别法庭立下汗马功劳的荷兰律师多利斯劳斯，在晚餐时被苏格兰保王分子杀死。尽管启动了法律程序追究凶手们，他们的罪行却得到广泛喝彩。

蒙特罗斯在兵败之际，根据先王旨意逃离苏格兰。起初他以为，白厅处决之后，他一生便毫无意义。一位教士向他晓以复仇大义，使他重新打起精神。他率领一小股部下在凯思内斯登陆，被官军击败，

_____

① 爱尔兰西北部。

后被廉价出卖给官府。他被拉到苏格兰的许多城镇游街示众，最后在爱丁堡被送上一个很高的绞刑架。围观者甚众，群情激愤。他威风凛凛的精神升华于肉体摧残之上，将痛苦视作光荣的殉道过程，那傲然逼人的目光使极端凶残的敌人羞愧难当。他的名字在苏格兰民谣和传奇中长期传诵。他的尸体被割成无数的碎块，分发到他曾经凯旋的场合，以示警诫。就在阿盖尔和苏格兰誓约派对这位非正统的保王党进行野蛮刑罚的同时，自己也在准备为了捍卫君主制与英格兰开战，并且急忙同小国王缔约。

查理二世面临着多条艰难的道路。苏格兰政府说，如果你承认我们同老国王的协议，支持长老会制度，我们不仅将把整个苏格兰置于你的王权之下，而且要跟随你进军英格兰，那里的长老派和保王派都会加入反对共和分子和弑君者的斗争，重建神圣的王权。在至暗时刻，竟然还有人宣布延续君主制。但是代价也是过高且致命。查理二世必须立誓摧毁主教制度，把跟随他父亲战斗的人所痛恨的教派强加给英国。他受过细致严格的教育，熟悉当时的宗教分歧和政治争端。经过长时间的犹豫，他狠狠心决定为了王室的利益向心目中的魔鬼出卖灵魂，为延续王室而背叛王室事业。苛刻的苏格兰专员们每天在荷兰拜见他，他们懂得这笔交易牵涉的全部内容。其中有一个人说："我们迫使他签署一项誓约并发誓。我们根据一些显而易见的原因知道，他的内心对此充满仇恨……他违心顺应了我们充满罪恶地强加于他的主张。"连需要为亲爱的丈夫报仇雪恨的亨利埃塔·玛丽亚王后也怀疑儿子应不应该签字。对她来说，各种新教异端都是半斤八两。

履行协议同签署协议一样严峻。查理二世还未在苏格兰登陆，就在船上被迫做了事无巨细的保证。他在阿伯丁从住所的窗户向外望去，看到了一件可怕的东西：他的忠实仆人和朋友蒙特罗斯干枯的手掌被钉在墙上。他发现自己落入了恳求他充当国王的那些人的魔掌之中，简直成了囚犯。他听了无休止的布道、告诫、训斥。他还得在心目中的邪神庙里下跪。我们可以赞赏苏格兰政府和牧师的信念和目标是光彩夺目的光石，不过从来没有和他们打过交道的人，倒是该谢天谢地了。

苏格兰人的政策要点，是把他们将对英格兰发动的新战争同两年前在普雷斯顿惨遭失败的入侵区别开来。参加那场倒霉战争的人——所谓的"契约兵"（与查理一世订立的协议的名称），一律不准参加新战争。军队受到清洗，淘汰了三四千名战斗经验丰富的官兵，取而代之的是"牧师的儿子、教会执事和其他神职人员，这些人听到的是布道，看到的是圣礼，对军事一无所知"。不过，总算又有了为王室而战的军队。法国的红衣主教马萨林以及在荷兰的奥兰治亲王威廉给苏格兰派来援兵。在战争所需和求胜愿望的驱使下，不幸的查理二世发表声明，愿意"在上帝面前谦卑，因为他父亲反对《神圣盟约》，他母亲有偶像崇拜的罪过，假如王宫里容忍偶像崇拜，只能激怒要求绝对忠实的上帝，使儿辈代父受罚"。查理二世不知道是否敢再问心无愧地见他的母后了。实际上她告诉查理，她再也不当他的政治顾问了。在这种奇怪的基础上，一支苏格兰大军在英格兰边界上集结起来。

北方的威胁，让克伦威尔从爱尔兰回到英格兰。费尔法克斯同这位前同事完全疏远了，他拒绝入侵苏格兰。行政院最后形式上任命克伦威尔为总司令，实际上他一直掌握着总司令的实权。铁甲军刚刚在爱尔兰进行过大屠杀，是克伦威尔手中一把沉重、锋利、臭名昭著的利剑。大敌当前，他也不放弃内部争论。有些人认为，他所了解并奉为政治筹码的许多信条，不过是天堂救赎还是贬下地狱的问题。他慷慨激昂、咄咄逼人地同这些人争论，奋力喊道："我请求你们体会耶稣基督的心肠，想一想自己犯错误的可能性。"没有用。若不是有军队上战场的危险和军费，他们一定会激烈争论下去，直到世界末日。同时，英格兰军侵入苏格兰低地，沿着海岸前进，以便舰队从海路补充给养。两军角逐，戴维·莱斯利是不可轻视的对手，兵力也远远超过铁甲军。克伦威尔被迫退守邓巴，每天的军粮，要看天气和风向。他仍有机会经海路南逃，在英国东部的港口补充给养。可是对于常胜不败的人来说，不应该有这样的结局。

苏格兰军营中，意见分两种。莱斯利主张放走克伦威尔；6名宗教首脑则认为时机已到，应该替上帝向这些罪人复仇，以免新教陷入精神无政府主义状态。偏执战胜了战略。虔诚的苏格兰军从壁垒森严的高地冲下来，四面围攻克伦威尔和他的圣徒，以防他们登船。双方都自信满满地祈求耶和华保佑，可是至高神发现双方的信仰热情难见高下，必定会让纯军事因素说了算。又是9月3日，德罗赫达大屠杀一周年了。完全可以预见上帝再次表现偏心。克伦威尔轻松地说："我们对上帝寄予很大希望，我们反复经历了神的仁慈。"约克郡的军官约翰·兰伯特（关于他的情况容后再叙）使他确信，苏格兰军南翼薄弱，两军阵地犬牙交错。东方鱼肚白的时候，克伦威尔以右翼部队佯攻，从左翼掩杀过去。太阳在他背后跃出大海时，克伦威尔喊道："嗨！让上帝升起，让他的敌人溃散吧！"这政教合

一的武士一交锋,立见高下。苏格兰人发现右翼被击溃,便仓皇逃走,
扔下了 3000 名阵亡士兵,另外有 9000 人被俘,进入克伦威尔饥饿
的军营。长老派的军队就此土崩瓦解。

*　　*　　*

惨败使苏格兰的政策摆脱了教条的束缚,国家安全成为全国的
呼声。他们急忙安抚"契约兵",补充大量减员的军队,召回草率裁
掉的官兵,欣然接受英格兰保王分子参军。查理二世在斯康加冕。
宗教战争带来了政治思想。苏格兰议会的大多数人痴迷于南征计划,
沿途唤起英格兰的保王势力,让克伦威尔远远留在他已经占领的爱
丁堡。但宗教势力,以及史称的激进派仍有足够力量破坏这个计划。
自称懂得如何取悦上帝的 6 名长老会牧师布道说,邓巴失利是由于
万物之主耶和华疏远了我军,只因拥护了不同长老会订誓约的国王
之子的事业。出于这个原因或借口,许多人退出了队伍。

1651 年,一支苏格兰军队入侵英格兰,不是为了长老会的事业,
而是为了英国保王派。克伦威尔放过了他们,充分说明他政治和军
事上的远见卓识。如果他及早追击,几乎在边界上就可以赶上,但
他打算切断他们的补给。事实证明他的计策高明。英格兰的保王派
已经流干了血,财产被罚没,因此怕得要死,结果无力作新的响应。
其中比较活跃的领袖,多半早已被处死。查理二世作为国王踏上故
土,走在全军的前面,沉默不语,令人心寒。克伦威尔此时从容地
尾随而来,用兵如神,集中共和国的所有兵力打击北方入侵者。在
决定命运的 9 月 3 日,16000 苏格兰人被迫在伍斯特交战;不仅有 2
万新模范军,还有英格兰民兵,聚集起大批人马,抵御可恨的、碍
事的苏格兰人再次入侵。苏格兰军队的指挥官莱斯利率骑兵在城里

坚持到战败。查理二世表现得十分出众，激战中骑马奔走于各团之间，鼓励部队英勇作战。这场战斗是数次内战中最硬的一仗。但很惨烈，苏格兰军及其保王派战友溃不成军，没几个人回到苏格兰。对克伦威尔来说，这是上帝"大慈大悲"的表现。对查理二世来说，这是他一生最富有传奇色彩的冒险。他历尽艰险，逃出了战场；他的首级被悬赏1000英镑，当地四处缉拿他。查理在博斯科贝尔一棵有名的橡树上躲了整整一天，追捕者就从树旁走过。到处有人以他的首级邀功请赏为乐，但是到处也都有他的朋友，如果国王发现他们，他们会暗中帮助，毫不动摇，对他的行踪守口如瓶。将近有50人认出了他，随后跟他一起逃亡，甘冒重责的风险。"国王，我们的主人"成了咒语，对各个阶层的人都有魔力。"英国国王是我的主人，是你的主人，是所有好人的主人，他就在附近，陷入困境，你能帮助我们搞到一条船吗？""他好吗？安然无恙吗？""是的。""感谢上帝。"受托付的人，发现此秘密的人都有这种感情的共鸣。

经过6个星期的颠沛流离，查理二世又亡命国外。他最忠实的、幸存的支持者德比勋爵也在断头台上献出了最后一滴忠君的鲜血。曾经勇敢保卫家园莱索姆城堡的德比夫人，仍然希望国王的旗帜在马恩岛的上空继续飘扬。德比夫妇已经宣布马恩岛独立。英国议会先后靠计策和武力征服了保王派的这个最后堡垒。勇敢的女首领受到长期监禁，后来贫困潦倒。内战（或曰大叛乱）就此结束了。英格兰顺服，爱尔兰慑服，苏格兰屈服。三个王国统一起来，服从伦敦政府的统治，专制权力畅行。不可抵抗的力量掩上了英国史上最难忘的一页，保持了一阵子的绝对统治，却没解决任何问题。除了奴性民族之外，暴政都不长久。这一重大历史教训，总是使严峻或者阴郁时代自由的人感到慰藉。人们心目中熬不完的年代，在人类的历程中只是不幸的瞬间。人心自然会蹦出新的希望，就像年年春季田野复苏，奖赏给忠实、耐心的耕耘者一样。

第 20 章
护国公

君主制没了，上院已消失，英国国教趴下了。下院员寥寥无几，蔑称为"残缺议会"。他们自以为身居高位，是议会事业的残存物。议员们认为，在漫长岁月里，国家需要他们来指导。克伦威尔在爱尔兰、苏格兰作战之时，这些清教要人通过他们选定的行政院实行着有效的统治。尽管他们满腔热情地宣传宗教，却制定了比较实际的政策。虽然政策遭人痛恨，却颇有力。这些人是战争造成的寡头政治集团，仍在进行战争，必须筹集军费。当时军费的主要来源是货物税和财产税，后世的智慧至今没有将它们从英国的财政制度中去除。失败的保王派和被取缔的罗马天主教徒显然是政府岁入的来源。他们被处以大笔的罚款。交钱赎身以后，只能留下一部分地产。土地被大肆买卖。查理二世复辟以后，只归还直接没收的土地，因而出现了地产再分配的长期过程。分配虽然是在同阶级内进行的，却使新的土地所有者当中产生了一个维护自身利益的核心。后来围绕这个核心逐渐聚集了辉格党及其党派原则。王政复辟后，英国生活中表现出双重性，俗界对应出现了两个绅士阶级，其利益、传统和思想互相有分歧，但都以地产为基础。他们是两党制长期存在的坚实基础之一。

"残缺议会"奉行民族主义，既搞贸易保护政策，又十分好斗。颁布的《航海条例》，禁止非英国船只或原产国船只运载的一切进口货物。荷兰人控制着波罗的海贸易和西印度群岛的香料贸易，并且垄断了鲱鱼的捕捞。"残缺议会"同荷兰竞争，结果同这个信奉新教的姐妹共和国开始了英国史上首次主要基于经济原因而进行的战争。萨默塞特郡的商人罗伯特·布莱克受命为海军上将。他在内战中颇有名气，在航海方面却是个门外汉。他是第一位"海上将军"，名气首屈一指。他像鲁珀特王子那样，证明海战同陆战是一个调子，只是换一种乐器演奏而已。英国海军可以轻易地对付荷兰人和如过江之鲫的保王派私掠船。布莱克不久便学会了如何向舰长们下达命令，整饬舰队纪律，加强了团结。在同地中海海盗的决战中，他证明了船上的舷炮齐射能压制公认无敌的岸炮。

只有大将军在外作战，"残缺议会"方能得势。他凯旋以后，不禁为他们的不得人心而大惊。其缺乏代表性也使他感到震惊。更有甚者，他发现一直为上帝忙于其他方面事务的铁甲军十分讨厌那些文官老爷和军需官。他千方百计在"残缺议会"和巨大军事机器之间进行调解，但连他也不得不对议会提出批评。他痛恨同信奉新教的荷兰开战，抨击否定习惯法上自由的《特许法》和《叛国法》。他终于相信"残缺议会"议员的"傲慢、野心和自私"。他已经担心，他们打算永久地实行统治；所以预见到，假如他们得逞的话，将会出现可悲的危险。拿破仑从埃及回国后，就鄙视法国督政府，而克伦威尔也是这样看待他们。寡头集团冥顽不化，自我感觉良好，以为处死国王以后，议会至高无上的地位便永久确立了，因此对脚下正在动摇的基础满不在乎。大将军看法明确，说话直截了当。"除非军队扯着耳朵把他们揪下来，否则这些人是不会离开的"。

于是，1653 年 4 月 20 日，克伦威尔带着 30 名火枪手来到议会。他落座，听了一会儿议员的辩论。然后，他站起来发言，越讲越愤怒。最后他说："嗨，嗨，我要阻止你们胡说八道了。你们根本算不上是议会。"他召进火枪手清场锁门。政客们勃然大怒，他们多半是风风火火的人。把他们赶到街上以后，大将军的目光落到了象征议长权威的权杖。他问道："这个小玩意儿怎么处理呢？把它拿走！"当天晚上，有人在下院圣斯蒂文厅的门上用伦敦方言写了一句俏皮话："本院宅出租——无家具。"有人为这次闭会做出了名扬天下的努力，塞尔登和科克作了陈情，而皮姆和汉普登为之鞠躬尽瘁，死而后已。从西门·德·孟福尔时代到权力请愿书这几百年中，人们所确立和珍视的所有宪政保障和程序暂时沉沦了。个人的意志主宰一切。一位疑惑不解、扪心自问但脾气火暴的人一度成为几代人日积月累工作果实的卫士，维护着英国传统观念的连续性。

拿破仑在雾月 18 日解散共和国的立法机构以后，兼任天主教修道院院长的议员西耶斯回到巴黎对督政府的同僚说："先生们！我们有了主人。"英国（应该说英格兰、苏格兰和爱尔兰）此刻也有了主人，但仅此而已。这位主人同 18 世纪那个光芒四射的冒险家多么的不同啊！拿破仑十分自信，并不瞻前顾后，知道自己要干什么。他打算掌握最高权力，无限用权，直到他和家族控制全世界。他不关心历史，也知道自己无法统治遥远的未来，但当下是他值得夺取的战利品。

克伦威尔必要时也诡计多端，十分残忍，但平时却是个不情不愿、心怀歉意的独裁者。他承认自己实行专横的统治，并且为此难过，可是他又痛快地劝告自己说，他的权力受之于天，得之于民。难道他不是上帝选来保护人民的又一个摩西，奉命把他们领向应许之地吗，如果真有光明乐土的话？难道他不是唯一能够保护"国内几种神圣教派"的统帅，尤其能够保护上帝忠实仆人的财产不受保王派阴谋家或者疯狂、贪婪的平等派侵犯的总督办吗？难道他不是已经解散的议会所设立的大将军、全军总司令、国家大权的残存掌管者，他所说的"对三个国家拥有无限权力的人"吗？

克伦威尔谋求个人的权力，只是为了使事情按照自己的愿景得到解决，事情同他本人和他的名望无关，而是同他青年时期梦中的英国有关。他是伊丽莎白时代的落伍巨人，是个"土里土气的都铎王朝绅士，生不逢时"。他希望看到苏格兰和爱尔兰俯首归顺，看到英国成为"西方世界所畏惧的、光彩的强国，有顽强的约曼农、正直的地方官、博学的牧师、兴旺的大学和无敌的舰队"[1]。在外交政策方面，他仍然同西班牙无敌舰队对抗，始终渴望率领他的铁甲红衫军同宗教法庭的火刑迫害或者同意大利教皇的偶像崇拜迷信做斗争。这些东西难道不是已经成熟，可以用镰刀收割了？不是可以用在马斯顿荒野和内斯比砍倒邪恶保王骑士队，在韦克斯福德和德罗赫达铲除天主教徒的同一把镰刀收割吗？精干忠实的行政院秘书约翰·瑟洛指出了明摆的事实：西班牙在没落，而由黎塞留和马萨林实现统一的法国在不断壮大，将对英国构成威胁。可他人微言轻。独裁者主人根本没意识到这一点，他磨刀霍霍，准备打击堂吉诃德，

还有托尔克马达 ① 的后继者。

*　*　*

克伦威尔外交政策的成败，影响着整个查理二世在位期。他努力促进新教运动在世界各地拓展，满足英国贸易和航运的具体需要。1654 年，他结束了两年前爆发的英荷海战。他提出英荷两个共和国结盟的热切建议，以形成新教大联盟的基础，不仅有能力自卫，也能够进攻天主教列强。荷兰领导人自知在这场战争中已经败北，甘愿在尽量不损害贸易前景的情况下了结战争。

此时，法国同西班牙的冲突仍在继续。克伦威尔可以选边站。尽管行政院提出激烈反对意见，他仍然在 1654 年 9 月将远征舰队派往西印度群岛，占领牙买加。侵略行动缓慢而又必然导致了英国同西班牙开战，英法因此结盟。1658 年 6 月，蒂雷纳（杜伦尼）元帅指挥的 6000 名英国老兵在佛兰德斯的沙丘之战中打败了西班牙人，助攻占领敦刻尔克港。英国继而封锁西班牙沿海，显示了英国的海上霸权。布莱克的一位舰长在特纳里夫岛附近击毁了西班牙的运宝船队。克伦威尔的霸业目光早已锁定直布罗陀。他审查了行动计划，欲占领这个绝好的岬角。此目标将留待马尔伯勒时代实现，但英国从克伦威尔的对西班牙战争中留下了敦刻尔克和牙买加。

克伦威尔不难把对西班牙战争的掠夺性目的同他建立欧洲新教联盟的努力协调一致。他随时准备打击海外迫害新教徒的活动。1655 年，他听到皮埃蒙特以北山谷的新教"伏多瓦派"被萨伏依公爵镇压和屠杀的消息，便中断了同法国的谈判，扬言要派舰队进

---

① 15 世纪西班牙宗教法庭第一任大法官。

攻萨伏依公爵统辖的尼斯港。他得知瑞典和丹麦的新教徒好邻居之间发生战争后，力劝荷兰人同他合力斡旋，曾经使双方停火。不过，总的说来，克伦威尔对外政策的主要成就在于促进英国的贸易和航运事业，而不在于制止、逆转反宗教改革运动。地中海和英吉利海峡的海盗肃清，对外贸易拓展，全世界都知道尊重英国的制海权。诗人沃勒写下了：

> 大海归大英，
> 万国舰垂篷，
> 恭迎我舰艇；
> 国威随风到，
> 扬帆遍全球。

德莱顿[①]也写道：

> 他让我们当大陆上的自由人，
> 而以前大自然把我们当囚徒；
> 他派英国雄狮去猛扑更高贵的猎物，
> 教它先在比利时步道发出怒吼。

*　　*　　*

怎么找到一个当之无愧的、温顺的、敬畏上帝和心怀与他同心同德的议会，以协助、安慰护国公完成使命呢？克伦威尔寻求有权

---

① 约翰·德莱顿（John Dryden），17 世纪英国桂冠诗人兼剧作家。

威的议会，俾使他免于承担因惩罚"血债主"那样的暴政而落得骂名，且支持他的方针计划，也能够在不偏离他的理想、不妨碍他的文韬武略的前提下适当修正之。可是这样的议会根本不存在。议会是尴尬之物，其强项是在选民意见的基础上衍生发展自己的集体意见。克伦威尔寻求可限制他的独裁而又不忤逆长官意志的恰到好处的议会，挖空心思地搜索着。他接连尝试了清教徒寡头集团、上中产阶级的代表会议，其中夹杂着军伍起家的人。然后绝望之下就实行了赤裸裸的军事独裁。最后，他又恢复了有名无实的君主立宪制。他先是驱散了已经逾期理应民选的"残缺议会"，以一些清教名士取而代之，不是选举产生的，而是他亲手挑选的，史称"拜尔朋议会"的议员（因为其中有一名议员名叫"赞美上帝的拜尔朋"）。这将是一个政治背景可靠的贤人议会。独立教会或者公理会教会提出了一个名单，军官委员会从中选出 129 名英格兰代表、5 名苏格兰代表和 6 名爱尔兰被提名者，从而显示委员会比例的平衡。1653 年 7 月，克伦威尔在议会致辞时说，这些代表"是上帝选定的，为上帝服务，表明赞美上帝"。他在讲话中说了意味深长的半句话，表明他在以任命代替选举的问题上受着良心的责备："假如此刻比较你的立场和选民的立场的话，谁知道上帝多早能使人民适应此物，因无人比我更渴望它。"

这些贤人的政治表现使其召集人大失所望。他们神速扫除了一切累赘，以便开创新天地。他们企图搞政教分离，取消教区什一税，却又不给教士提供任何生计。经过一天的辩论，他们就撤销大法官法庭，提出平等派的主张，威胁着财产权。只能出于宗教的驱使，他们鲁莽地改革了税制，俨然要危及士兵的军饷。这是一锤定音。

军队炸毛了。这些贤人已经不听他的忠告了，克伦威尔认为他们是一群危险的蠢材。克伦威尔后来指出，召集议会的举动是"因我自己软弱愚蠢"。为了避免再度发生驱散议会的丑闻，军队将领们软硬兼施，使温和派贤人在一天凌晨趁其他议员未醒早起时，通过了把权力交还大将军的决议。克伦威尔并没有浪费精力去同议员们发生摩擦。他宣布自己的权力再次"变得同以往一样不受限制"，他还想方设法，尽力给他的权力披上了体面的外衣。

克伦威尔表面上颇有实力，但其显赫地位建立在议会和军队之间的脆弱平衡之上。他随时可以利用军队对付议会，但没有了议会，他在军队中就会孤掌难鸣。军队的将领们也意识到，他们和可怕的士兵中间隔着军阶和社会阶层的鸿沟。他们也是靠维护士兵的利益和信条才保持自己的地位。他们必须找到斗争的对象，否则就会不需要他们了。因此，这一大堆认真、务实且至今高唱凯歌的革命者需要设立议会，哪怕只是为了树立一个拉下马的目标也好。艾尔顿早已在爱尔兰去世，但兰伯特等各级军官起草了《政府约法》（Instrument of Government），这实际上是英国的第一部也是最后一部成文宪法。授予克伦威尔的护国公执政权受到行政院的制约平衡。行政院有 7 名军官和 8 名文官，终身任职。还建立了一院制议会，是根据国内新的财产标准选举产生的。旧的财产标准是拥有每年进项为 40 先令的地产，新标准是拥有价值 200 镑的不动产。这或许并不是将议员选举权范围缩小，只是参加反对议会的人统统失去了选举权。克伦威尔怀着感激之情接受《政府约法》，就任护国公。

可是这届议会又出岔子了。1654 年 9 月刚刚开会，便暴露出其中一个凶猛活跃的共和派小组，他们非但不感激军队将领和护国公对共和观点表面上的尊重，反而把新宪法撕得粉碎。克伦威尔立即把共和派议员赶出议会，但即使此刻剩下的多数派仍然企图限制《政府约法》保证的宗教宽容，打算制约护国公对军队的控制权，裁减军队并削减军费。这种闹剧未免太过分了。克伦威尔在《政府约法》允许的时限内及早解散了下院。他在告别演说中提出了一系列指责，说他们忽视了大好机会，由于攻击军队而损害了国家安全，还污染了政治气氛。他还正色道："你们似乎打算埋下冲突的种子，而不是帮助人民解决问题。"这里他又回到了一再出现的老问题。他对一名持反对立场的共和派议员说："我同大家一样赞成经过人民同意的政府。"有人诚恳地问："但是我们从哪里找同意呢？"

克伦威尔接下来即使不是完全卑鄙无耻，也是赤裸裸地实行了军事独裁。1655 年 3 月，保王派的彭鲁多克上校揭竿起义，攻克索尔兹伯里。起义轻易就被镇压下去了。但这次暴动，外加瑟洛领导的效率极高的特务发现了若干未遂的阴谋，使护国公意识到危险重重。克伦威尔对议会说："人民需要的是安全而不是激情，是真正的安全而不是表面的形式。"他把英格兰和威尔士划分为 11 个区，每区设一名少将，统帅一支骑兵和经过改编的民兵。少将有三种职能：维护社会治安，对公认的保王派征收特别税金，严格施行清教徒的道德准则。在几个月内，他们热心地履行了自己的职责。

无人敢同这些少将对抗，但对西班牙战争代价极大，税款不够开支。克伦威尔同查理一世那样，被迫重新召集议会。少将们向他保证，可以凑成一届恭顺的议会。可是平等派、共和派和保王派利用民众对军事独裁的不满情绪，使一大批公开敌对护国公的议员当选。克伦威尔滥用《政府约法》中的一项条款，把他的 100 名政敌摒于下院之外，另外五六十人自动退出以示抗议。即使在这次清洗之后，他要使议会批准少将们实行地方统治的企图仍然遭到强烈反对，最后只好作罢。余下的许多议员"对少将们的专横行为非常恼火"，所以"渴望有受法律规则限制的统治力量"。

正是此刻，一批律师和绅士决定给克伦威尔戴上王冠。其中的一人说："护国公的权力不受任何法规的限制，而国王的权力则受到限制。"于是，1657年的谦恭请愿与建议使拟议中的宪法具体化了，不仅要求恢复君主制，还要求坚决重建议会，通过提名组成上院，大力削弱行政院的职权。克伦威尔虽然说国王的地位轻如"他帽子上的一根羽毛"，然而对加冕为王的主意并非无动于衷，他宣布"非常赞成这个字面安排"。军队将领立刻表示对君主制派头深恶痛绝，士兵们更是如此，克伦威尔只好满足于获得任命护国公继承人的权力。1657年5月，他批准了新宪法中的主要条款，只没有了国王的称号。

共和派正确地预见到，君主制的实际复活为都铎王朝复辟开辟了道路。根据谦恭请愿与建议提出的条件，克伦威尔同意被他赶走的议员重返议会大厦，他那些最能干的支持者则调到新的上院。共和派因此可以在议会内外同时向新政权进攻。克伦威尔把问题看得过于严重，他认为有人正策划重大敌对阴谋，便在1658年1月突然解散议会，而这是他召集的历届议会中对他最友好的。他在结束告别演说时说道："让上帝在你们和我个人之间作出公断吧。"毫不反悔的共和派答道："阿门！"

*　　*　　*

要在国内掌握全部特权和权力，对外推行侵略征服政策，克伦威尔和他的行政院消耗了主要精力，而在社会立法方面则毫无建树。他们执行的《济贫法》，一直被批评为"粗暴加失效"。1629 年至 1640 年查理一世实行个人统治，状况远远胜过自称以上帝和贤人君主的名义实行的统治，还有不少改进措施呢。而现在这些人认为，贫困不应得到救济，而应该受罚。

英国的清教徒同马萨诸塞的清教徒一样，热衷于除恶，禁止赌博活动。1650 年通过了一项法律，规定通奸以死罪论处。这是苛法，不过陪审团难以确定被告的罪证，形势才缓解。严厉打击酗酒，无数酒馆关闭。赌咒论级别受罚，公爵初犯罚 30 先令，男爵罚 20 先令，乡绅罚 10 先令，平民发泄情绪罚 3 先令 4 便士。老百姓有钱财做不了多少事了；有人说了一句"上帝作证"挨罚，另一个人说了"以我的生命起誓"而被罚款。那可真是艰难时世。宗教节日被视为迷信放纵，以每月一次的斋日取而代之。圣诞节遭到这些狂热分子的强烈仇视。议会对于圣诞节带来享受世俗感官之乐的自由则深表关注。圣诞节的晚餐之前，大批士兵奉命在伦敦四处巡逻，随意进入民宅，抢走厨房和烤箱里烹饪的肉。到处是监视窥探。

全国各地的五朔节花柱统统被锯倒，以免村民围着柱子跳舞时伤风败俗，起码能杜绝轻浮的举动。安息日除了去礼拜以外，户外走动也要处罚，有人因为到邻近教区听布道而被罚款。甚至有人建议禁止安息日坐在门口或倚门而立。熊被射杀，公鸡被拧脖子，实际上中止逗熊游戏（纵犬与链条锁住的熊相斗）和斗鸡。包括赛马和摔跤在内的一切体育活动也遭到禁止。甚至制定了禁奢侈法令，企图取消男女服装上的装饰品。

显而易见，权欲和往上爬的愿望导致虚伪。如果眼神刻薄、眼睛朝上看、方言中带鼻音、言必称《旧约》语句能够邀宠，那么除了天生有这些特征的人以外，其他人也能装得出来。所有这些假话连篇、作恶多端的机构有一支训练有素的清教徒军队为后盾，军队还不断要求扩充人员和增加军饷，无人能与他们正面冲撞。将军和上校们不久便搜刮了从王室瓜分的大量地产以自肥：弗利特伍德成了伍德斯托克庄园的主人，兰伯特成为温布尔登的主人，奥凯成了安普西尔的主人，普赖德成了诺恩萨奇的主人。黑兹尔里格和伯奇从达勒姆和赫里福德两个主教辖区得到了大片地产。不过对全国民众来说，克伦威尔的统治表现为无数可悲的小霸王形式，因而成为英国古今最令人痛恨的政府。英国人民初次感到，自己受到发自一个中心的统治，而对于中心的管治，他们毫无发言权。仇恨和愤怒由于难于表达而日益强烈。过去的国王们或许折腾了贵族，向富人征税，而眼前这些人士则通过血腥的非法行为爬上来，擅自规定每个村子的生活习惯，动辄在千百年传统所形成的习惯中移风易俗。怪不得全国上下，人们都在橡树叶下甜蜜地梦想着所谓过去的好时光，盼望"国王重新登基"的那天。

大凡权力登峰造极之时，令人厌恶之处便淡出，代之以色彩，甚至魅力。我们看到了光荣伟大的护国公，新教改革运动的卫士，欧洲的仲裁者，学问和艺术的赞助者。我们感到他对众人举止庄重，对年轻人态度亲切。我们感到他对英国如查塔姆[①]那样激情洋溢，在某些方面则更加温情体贴。人们无不意识到他渴望为自己的权力找到道义基础，他对国家和上帝有一种责任感，远远超越他的人生视

[①]　18 世纪英国政治家。

野。克伦威尔轻易相信自己是选定的国家最高统治者，但他一直愿意和别人分享权力，只要他们同他保持一致就行。假如议会批准他制定的法律和要求的税收，他愿意，简直巴不得通过议会治国。然而，他的宠爱和清洗都没有使议会按照他说的办，他被迫一再使用武力或以武力相威胁，这使他以宪政统治取代君主专制或者无政府状态的努力结果成了军事独裁。

　　　　＊　　　＊　　　＊

　　不过在许多方面，克伦威尔的独裁不同于现代的专政。虽然言论遭钳制，保王派遭虐待，法官遭恐吓，地方特权遭剥夺，但是信仰坚定的共和派领导的声势浩大的反对派却一直存在。独裁者并没有企图围绕个人建立政党，更没有打算建立一个党国。私人财产受到尊重，对保王派罚款以及允许他们交出一部分地产和解的做法，也要经过正式手续办理。几乎没有人因政治罪被处死，也没有人不经过审讯就受无限期监禁。1647 年，克伦威尔对铁甲军说："自由取得的东西比通过强硬手段取得的东西至少好一倍，是真正属于我们的，也是我们子孙的财富……你们用武力得到的，我看一钱不值。"

　　克伦威尔关于信仰自由的主张，并不扩展到公开信奉罗马天主教、主教制度或贵格派教义。他禁止公开的弥撒活动，把千百名贵格派投入监狱。他对信仰自由的这些限制并非出于宗教偏见，而是担心社会动乱。宗教宽容政策是对克伦威尔时代一切信仰的挑战，护国公本人对其最友好。他认为犹太人是市民社会的有益成分，再次向他们打开英国的大门，那是爱德华一世近 400 年之前关闭的。其实，纯粹的宗教迫害很少发生，连罗马天主教徒也没受到严重骚扰。议会打算折磨并处死亵渎神明的一位贵格派、唯一神论教徒，克伦威尔戏剧性地出面干预，这证明他本人是许多起减刑的始作俑者。克伦威尔在那个黑暗的时代写道："我们不想强加于人，除非给人以光明和理性。"他还梦想着团结和正确理解能囊括犹太人等异教徒。这样一个人，我们不能在开明思想的进程中完全排除他的位置。

尽管克伦威尔激动时热情奔放，但常常受困于内心疑虑和斗争。他青年时期受过严格的清教徒教育，经常反躬自省，所以虽然确信自己属于上帝的选民之列，但对自己的行为是否正当却不确定。他把自己政治和军事上的胜利归功于上帝的特别关怀，可是在给朋友的信中写道，他担心自己容易"过分依赖天命"。这种犹豫不定的心理成为机会主义的根源，并在他说的"不知何所至的人将攀登高峰"这一名句中充分反映了出来。到了晚年，他在政治目标上的疑惑心理更加明显，并且越来越依赖别人的意见建议。他始终处于内心矛盾之中，一方面确信自己具有为大众利益而掌权的神圣权力，另一方面抱着真正基督徒的谦卑态度，认为自己微不足道。他在临终时向牧师问道："有可能失去神恩吗？"牧师请他不必多疑，他就说："那么我的灵魂得救了，因为我知道我一度得到过上帝的恩典。"

1658 年 9 月 3 日，即在邓巴战斗、伍斯特战斗和德罗赫达大屠杀的纪念日，护国公在大风暴的冲撞怒吼声中逝世了。他家庭责任观念一贯深厚，清教徒意识最弱的爱女之死曾使他心碎。他遗嘱指定长子、善良的乡绅理查德为他的继承人，当时无人表示异议。既然克伦威尔在重大危机中用武力挽救了议会事业，他当然应该成为独裁和军事专政的代表面对历史。尽管他是杰出的军人和政治家，但他同英国的民族精神永远是格格不入的。

如果我们透过现象看本质，便会发现，克伦威尔不但是防范将军野心的保卫者，也是远离铁甲军老兵用权时难以想象的野蛮压迫活动的屏障。尽管他有缺点和错误，但他确实是他所热爱的旧英格兰永恒权利的护国公，使这些权利免受他和议会为维护它们而锻造的可怕武器的破坏。没有克伦威尔，可能就没有进步；没有他，就没有崩塌；没有他，也就没有复兴。在此前曾经引领岛国生活的各种社会政治制度的废墟上，他崛起了，高大、神采奕奕、不可或缺，是可以为愈合再生赢得时间的唯一动因。

第21章
王政复辟

    护国公死后创造的空缺证明是无法填补的。克伦威尔临终时指定长子理查德为继承人，但遗嘱"语焉不详，不完整"。理查德被政敌们绰号"摇摇欲坠的迪克"，他是心眼好的体面人，可是缺少那个严峻的时代所需要的魄力和能力。他起初得到军队的承认，及时登上了父亲的宝座。当他想行使职权时，他才发现自己徒有虚名。他第一次任命军队将领，遭到军官委员会的抵制，而总司令查尔斯·弗利特伍德还是他妹夫。理查德还意识到，军队的指挥权是无法世袭的，统帅的职位是不会空着的。他弟弟亨利精明能干，精力充沛，同他一样努力加强文官权力，甚至不惜牺牲护国公职位的君主性质。根据亨利·克伦威尔的建议，议会召开了。

    当然，所有的保王派均被正式排斥在议会之外，一直十分活跃的瑟洛不遗余力安插护国公的人。但议会立即提出了有关治国的重大问题。理查德主持隆重开幕式并发表"御前演说"之后，下院议员便雷厉风行，恢复共和制的原则，努力控制军队。他们对1657年清洗以来一切法案的合法性提出疑问，因为当时议会失去了完整代表性。他们想使军队的效忠从护国公转移过来，但军事将领们决心保住独立的权力。他们对下院的行动牢骚满腹，认为"传统事业"受到威胁。他们说："我们为了这一事业曾经浴血奋战。如果听任用鲜血换来的人民自由再次丧失，一想到有朝一日要对此作出解释，我们便不寒而栗。"下院则认为，军队作为单独的阶层自立于国家之中，这是不可容忍的。他们要求到会的军官们返回自己的岗位，说："倘若再也不能命令军官们归建，那么议会的情况就不妙了。"他们决定，每个军官都应该以书面形式保证不干扰议会开会和辩论。

在同军队的冲突中，下院愿意把军队的主要指挥权交给护国公。这场争端因此达到白热化。双方都调集了力量。护国公和议会起先似乎各自控制了一部分军官和部队，然而下层军官和士兵的意愿占了上风。理查德·克伦威尔继任大位不到4个月，便发现连贴身卫兵都开了小差。军队要求立即解散议会，一个军官委员会整夜等候逼宫。翌晨，他们得到顺从的回音。企图进入下院开会的议员再次被军队驱离。军队成为主宰者，弗利特伍德和兰伯特争先领头。高级将领们本来同意给理查德留一点尊严，无奈军队对护国公制充满敌对情绪。他们决心实现纯共和制，以使军队利益以及教派和再洗礼教派的教义占主导地位。

甚至在这不流血的绝对胜利时刻，军队也感到行动需要得到文官权威的认可。到哪里去找这种权威呢？最后他们采纳了权宜之计。他们宣布说，他们回想起1653年4月在任的议员是"传统事业的支持者，始终得到上帝的保佑"。他们到前议长伦索尔的家里，请他和1653年议会幸存的同事们重新行使权力。于是，总共42个清教徒令人吃惊地回到6年前被驱逐的议院席位。"长期议会"就这样重新出炉，摆到疑惑不解的全国人民面前。

行政院宣告成立，其中有韦恩、黑兹尔里格和斯科特三大共和派领袖，另外有 8 名将军和其他 18 名议员。行政院规定，要求奥利弗·克伦威尔的儿子们默许废除摄政制，并为他们作了妥善安排。他们的债务得到清偿，本人将获得住所和年金。理查德立即接受了这些建议，亨利犹豫一阵也接受了。后来两人安享晚年，寿终正寝。护国公的大印被劈为两半。军队宣布承认弗利特伍德为总司令，同时也同意高级军官的委任状由议长以共和国的名义签发。于是，英国确立了以代议制为基础的共和政体，全国一切力量都服从这个权威。但军队同议会仍在钩心斗角。兰伯特将军说："不知道为什么我们不应该互相制衡呢。"

这些压力折腾着伦敦共和政府，而乡下就到处爆发了保王派运动。中央政府近来的变化，使斯图亚特家族的顽固反对党又上台了。诉诸武力，似乎在所难免。1659 年夏，保王派难得地结交长老派同盟军，在几个郡里发动武装起义。他们在兰开夏和柴郡声势浩大，德比家族的势力在那里十分活跃。乔治·布思爵士迅速发展起一支大部队；兰伯特带 5000 人马前去围剿。8 月 19 日，保王党在温宁顿大桥被驱散。不过，兰伯特在战报中说："双方的骑兵都如英国爷们拼命。"其他地方的保王派集会被当地民兵驱散。叛乱遭迅速镇压，查理二世甚至还来不及出面指挥，对他倒是值得庆幸的。铁甲军同样轻而易举地粉碎了拥护摄政制和拥护君主制的势力。战场上的武器撞击声使将军们想起自己的力量，不久便同他们亲手恢复起来的半截议会激烈缠斗。

此刻，兰伯特成为最显赫的人物。取得温宁顿大桥大捷后，他

的部队几乎全身而退来到伦敦。议会对他的傲慢态度感到不满，10
月份企图解除他及其同僚的职务。他率先带兵到威斯敏斯特，封锁
了下院的所有入口，士兵们甚至不让签发将军委任状的伦索尔议长
进去。议长生气地问道："难道他们不认识他吗？"士兵们说，他们
在温宁顿大桥没看到他。此次未发生流血事件，但大权暂时落入兰
伯特手中。

　　兰伯特能力出众，军事功绩仅次于克伦威尔，政治经验也很丰
富。他自己并不打算登上护国公的摄政宝座，他的想法与此截然不
同。他夫人出身名门，文化水平高，同情保王派，支持本家族的抱负。
夫妇俩致力于让女儿嫁给查理二世的弟弟约克公爵。这个计划的全
套过程是，如果兰伯特成为共和国的首相，就复辟王位。双方认真
酝酿了这个计划。所以最近起义中被俘的全体保王派受到极宽大的
处理，也是计划的一部分。兰伯特似乎认为，无论政治方面还是宗
教方面，在复辟的君主制度下一定比在"残缺议会"或护国公的统
治下更容易满足军队。他的行动路线保密，迂回曲折，充满艰险。弗
利特伍德早已起了疑心，两位军事首长之间产生了强烈的敌意。这时
军队发觉内部已经分裂，开始为自己对议会采取的猛烈行动而担忧。

　　黑兹尔里格是最严厉、最坚定的共和派议员，他那白皙的脸、
薄薄的嘴唇和犀利的目光显示出布鲁图斯①式的坚贞形象。他被赶出
下院以后，急忙赶到朴次茅斯，说服那里的驻军相信，伦敦的军队
践踏了大原则。彼此不和的弗利特伍德和兰伯特派兵攻打朴次茅斯
时，黑兹尔里格把攻城部队争取到自己这边。这部分铁甲军立刻向

----

　① 古罗马政治家和将军，坚定的共和派，参与了刺杀恺撒的行动。

伦敦进发，以便介入解决问题。士兵中间的分歧开始破坏部队的自信心，英国武力统治就此结束。圣诞节期间，军队决定同议会和解。他们高呼："誓与议会同存亡！"他们游行到大法官巷，在伦索尔议长的宅邸前面列队，一反不久前对待议长的大不敬，而对中止议会一事表示懊悔。他们服从议会的权威，欢呼议长是他们的将军和国父。不过，这种状况显然是不能长久的。必须有人启动运作，在英国建立一个代表新制度或旧制度的政府。这种拯救将来自另一方面。

*　　*　　*

镇守苏格兰的克伦威尔式司令官乔治·蒙克虽然在性情上同兰伯特大不相同，却也属于出类拔萃之辈。英国将再次被一个举止稳健的人所拯救。蒙克是德文郡人，年轻时在荷兰战争中受过全面的军事训练。英国内战开始时，他带着少有的作战经验回到祖国。这位军事冒险家对发挥一技之长的兴趣超过对处于生死存亡中的事业的关注。他曾经在英格兰、苏格兰和爱尔兰三个王国里为查理一世转战南北，被圆颅党俘虏并监禁后便倒向议会派一边，并且很快获得重权。他在爱尔兰战场上出生入死，也在海战中抗击过荷兰人。他渡过各种惊涛骇浪和激流险滩，先后支持过议会、共和国和护国公，每次转变都适逢其时。他在克伦威尔时代彻底征服了苏格兰，而没有引起长期的仇恨。他一开始就反对军队在伦敦的暴力行动。他顺应苏格兰的民心，通过一次会议为军队得到给养，没有冒犯苏格兰人。他还撤换了他不信任的所有军官。兰伯特仍然在推行他不配套的计划，发现他必须对付蒙克。蒙克可以利用议会的口号和法律原则，得到英国共和派的支持，还博得了苏格兰人的彻底信任，因为他允诺保护他们的利益。1659 年 11 月，兰伯特率领大军离开伦敦北上，可是师出无名。除了军队暴力，似乎不代表什么，不得不在农村强征军需品，引起当地居民的极端厌恶。

　　蒙克善于利用天时地利，可以说是英国人兴旺发达的典型。国人所崇敬的是这样的人，不去左右事态、逆命运潮流而行，而是日日尽人事，静待时机，直到明确潮水涨落的情况才行动；然后，必须表现非常得体，彻底克制自己，即使不是出于真心实意，也要采取坚定不移的高尚举止，小心翼翼地朝着本民族明确的目标缓慢前进。1659 年秋，蒙克将军率领 7000 精兵驻扎特威德河畔，他在司令部里受到各界人士的热切恳求。来访者说他掌握着英国的命运，纷纷请求他释放善意。蒙克将军在营中接待各种势力和党派的使者，如每一个英国伟人应该做的那样，耐心地听取请求呼吁。他虽然具备我们民族自豪的坦白真诚的性格，但让他们猜测了很久，他究竟要如何行动。

　　终于，耐心耗尽，蒙克开始行动。他了解到伦敦事态之后，于晴朗寒冷的 1660 年元旦在科尔德斯特里姆渡过特威德河。他采取了各种预防措施，但他对部队的担心是颇有道理的。在动荡不定的局势中，他日复一日，保持着焦虑。当年的圆颅党老将托马斯·费尔法克斯此时出现在约克，聚集了一支拥护自由议会的人马。蒙克曾经保证不惜一切代价在 10 天之内同费尔法克斯会师。他的诺言实现了。他在约克接到了盼望已久的东西：穷途末路的"残缺议会"邀请他进驻伦敦。于是他率军南下，沿途各郡各镇发出同一呼声——"自由议会！"他和部下抵达伦敦不久，便被"残缺议会"的专横命令所激怒。其中的一项是推倒伦敦商业城的城门，以此威慑首都，因为该区开始转向保王派，正在为查理二世筹集资金。蒙克没有学克伦

威尔和兰伯特的做法，而决定以稀释而不是解散的办法来驯服"残
缺议会"。2月，他召回被普赖德清洗出去的议员，主要是长老派，
其中大多数内心已经是保王派。王政复辟就在眼前了。被清洗的议
员重返议会的当天晚上，塞缪尔·佩皮斯①看到伦敦商业城"为此处
处荣光，篝火照亮了半边天……处处钟声叮当"。议会恢复后的首个
行动是，废除1648年普赖德清洗以后制定的一切法规，所有的事务
处理结果无效。议员们被一个将军赶走，又被另一个将军复位，这
12年期间师出无名、未经批准之事比比皆是。他们宣布蒙克为全军总
司令。"长期议会的残余"自愿解散。蒙克感到满意的是，自由议会即
将召开，这样一届议会必然会使查理二世归位。他从苏格兰率军回来
以后确信，英国人民大众对政体方面的尝试已经厌倦，盼望恢复君主制。

　　国王"应该归位"，显而易见是人民的愿望。这几个出自百姓肺
腑的字眼，对达官富人同样有不容违逆的吸引力。简单的句子冲破
少将官及其家奴的统治，迎着快乐的旋律，长了翅膀一样在每个村
庄和庄园之间传诵：

在亚拉腊山②上，
我的希望放下铁锚，
盼来一只和平鸽，
把她喜爱的橄榄枝衔回家。
我将等到水落，

---

① 18世纪英国政府官员，以日记而著名。
② 基督教《圣经》中诺亚方舟登陆地。

我的心忐忑不安。

不听到国王归位的声音，

我永远不会快活。

　　然而，必须解决的麻烦事比比皆是。此刻不是报仇雪恨的时候。如果议会军要请回国王，那么他们奋力反对他父王的活动决不可徒劳一场。岛国的潜在智慧这时发挥了作用。胜利当口出现了过激行动，大叛乱时期的原则无端扩大化了。必须在理论上，而不是在实践上恢复本来的立场。蒙克派人给查理二世带话，建议他除议会规定外实行无条件大赦，答应全额支付拖欠的军饷，确认土地买卖。在英国，财富和地位的主要来源——土地，大部分已经易手。这种所有权的转变是由战场确定的，不可能彻底推倒重来。国王可以重新行使他的权力，但不是所有的保王派都有这样的资格。必须充分承认大家保持到手的或剩下的财产。不许报复，每个人都必须另起炉灶。

　　然而，有人流过神圣的鲜血，当中的存活者已经为数不多了，可以辨认。如果议会派胜利的每个其他既得利益者能够确保不会受到影响或惩罚，那么他们对惩罚弑君者就不会有很大的抵触。1649年的行为违反法律，违背议会的推定意志，令全国百姓胆寒。应由当事人偿还血债。这种解决方案有些不仗义，但同当时的和解精神却是一致的，而这种精神对英国的事务起了难能可贵的作用。

　　查理二世的忠实大臣海德接受了蒙克的建议。他曾经随主人流亡，不久以后得到克拉伦登伯爵领地的奖赏。他为查理二世起草了宣言，叫作布列达宣言（Declaration of Breda）。国王在宣言中承诺，将一切棘手的问题放在一边，留给以后的议会去解决。后来王政复辟带来良好秩序的恢复，使英国古老制度在克伦威尔进行各种尝试以后得到复兴，主要是由于海德从律师的角度出发注意尊重议会和先例的缘故。

在协商取得最终方案之际，新议会选举开始了。名义上，凡是曾经拿起武器反对共和的人不能参加选举，可是保王派声势浩大，这条禁令名存实亡。长老派和保王派占绝大多数，各郡的共和派和再洗礼派在他们面前纷纷败北。这两个派别发动武装叛乱没有用，他们继而建议把即将去法国避难的理查德·克伦威尔请回来，结果也未能如愿以偿。有人提醒他们说，是他们自己把他驱逐的。监禁在伦敦塔的兰伯特越狱逃走，准备在战场上解决争端。其部下反水，所以蒙克不经流血就重新抓住了他。兰伯特的这次惨败决定了王政复辟的大局。蒙克、他的大部分军队、伦敦民兵、全国的保王派、新当选的下院大多数议员以及像没有发生任何事情一样重新开会的上院贵族议员联合起来,他们知道大权已经在握。上下两院已经复位。加上国王归位，英国议会的三个等级①就完整无缺了。

议会急忙给流亡中的查理二世送去大笔金钱，供其花费，然后便张罗起御辇中的猩红色天鹅绒装饰来了。以往敌视国王的舰队奉命保护查理二世回国。成千上万的人在多佛恭候接驾。1660 年 5 月25 日，蒙克将军毕恭毕敬地迎接他登陆。去伦敦途中的行列如班师回朝，各阶层的人熙熙攘攘，争相欢迎国王荣归故土，人们抑制不住自己的情绪，噙着泪水尽情欢呼。他们感到终于从噩梦中解脱，以为进入了黄金时代。查理二世、克拉伦登、久经考验的秘书尼古

① 指上院主教议员、上院贵族议员和下院议员。

拉斯以及同国王共患难的一小批流亡者惊奇地东张西望。这真是他们几年前侥幸逃离的岛国吗？查理二世在布莱克希思看到顺从的铁甲军排成整齐威武、寒光闪闪的阵列时，一定会自问是睡是醒。他在博斯科贝尔的橡树上躲避铁甲军的搜查，只是 8 年前的事情。就在几个月以前，铁甲军还在温宁顿大桥打垮了他的追随者。伦敦入城是一场感恩盛典。伦敦市长和反叛的政务委员带头欢庆。长老派牧师拦驾，热情致敬，有幸献上《圣经》。议会两院表示忠于国王本人，忠心服膺王权。各阶层的民众，无论贫富，保王派还是圆颅党，主教派还是长老派、独立派，都构成了和解的场面，是史无前例的欢庆。那一天是英国的极乐之日。

　　*　　*　　*

　　不过，历史的车轮并不像许多人想的那样倒转整整一圈。这次复辟不仅是王政复辟，也是议会的复辟。当时确实是议会史上最伟大的时刻。下院在战场上打败了国王，同时也控制了它为此目的而建立的铁甲军。清理了自己的过激之处，现在成为不可挑战乃至无须争议的英国统治机构。当年议员们向查理一世提出的有关政体的具体要求中的一切明智意见已经深入人心，因此已无再提的必要。"长期议会"在查理一世于 1642 年初逃出伦敦以后制定的法律以及共和、护国公时期的一切法规，此时土崩瓦解，但是查理一世曾经同意的王权限制条例则仍有效力，盖过玉玺的法令仍然有效，1641 年的成果也都有效。主要的是，这时每个人都理所当然地认为，王权是议会的工具，国王是臣民的公仆。

　　尽管君权神授的教义又得到承认，但至高无上的权力却遭放弃。枢密院的刑事司法权、星室法庭和高等宗教事务法庭取消了。国王未经议会批准或以巧妙但有问题的手段进行征税的概念消失了。从此，一切立法都要根据合法选举产生的议会的多数意见，王命不能抵制或代替法规。王政复辟达成了皮姆和汉普登原本寻求的目标，排除了他们因斗争压力以及由于战争和独裁带来的罪恶和蠢行而产生的过激。下院和习惯法取得了永久的胜利。

这时，新的君主观念已诞生。在早期同查理一世及其父亲的斗争中，议会派并没有设定彻底废除王室特权的目标。下议员中的律师们首当其冲，他们为之奋斗的主要目标是习惯法的原则。他们为了确保国王受到法律约束而进行斗争。这种法律指的是大宪章所体现的原则，即习惯法。它使英国人免遭任意逮捕和处罚。习惯法法庭几百年来所执行的正是这种法律。议会没有为自己谋取至高无上的权力，也没有设法摧毁国王的传统权力，只是努力约束这种传统权力的行使，以便使议会和个人的自主权得到保护。科克曾经宣称，法官是最高的释法人。在没有国王、没有王权的年代里出现了这样一种观点：议会法案是最高权威。这种观点没有历史根底，也不受律师们的待见。权力从律师手中转到了骑兵军官手里，后者在宪法上留下了痕迹。科克认为，即使国王和议会联合起来，也无权压制传统习惯的根本法，应该由习惯法最高法院的法官宣告什么是合法的，什么是非法的。他的这种梦想已经在英国永远消失了，不过它存在于大西洋彼岸的新英格兰，后来在反对议会和国王的美国独立战争中冉冉升起。

*　　*　　*

一如既往，王政复辟时期的财政状况是一个紧迫的棘手问题。除了一般支出，还需要大笔款项来偿还国王在流亡期间欠下的债务，补足军饷以解散军队。议会坚决拒付护国公在任时欠下的债款。国王放弃了财产监护税、骑士义务等中世纪残余的封建进项。议会拨给他终身年金，再加上世袭财产，每年收入估计可达 120 万英镑。这使他日子过得紧巴巴的，实际上这个数目是乐观的估计，但他和谋士们表示满意。经过多年的劫难之后，国家一穷二白，税收工作混乱不堪，因此对国王的收入做终身安排是不容蔑视的。至于额外的开支，查理二世就依赖议会了，他和克拉伦登都接受了这一现实。王权不可摆脱议会的限制。

同时，国王和议会均将摆脱军队的威胁。这支发展到 4 万人、战斗力堪称天下第一的军队即将解散，无论如何不能再建立这样一支军队了。"不要常备军"——这是各个派别的共同口号。

统一国家的这种决定像一把手术刀，对许多溃烂的伤口下手了，不管手术多么必要，患者难免感到疼痛，面部肌肉会随之抽搐。保王派感到屈辱的是，他们的事业虽然平反了，但受到的经济处罚并没有得到补偿。他们徒然抗议说，《大赦令》（遗忘与赦免法案）实际上是遗忘过去的功劳，赦免过去的罪行。只有直接判处查理一世死刑的人才受到惩罚，而那些在血腥的战斗中包围打垮国王并蓄意戕害国王忠实朋友的人却逍遥法外，甚至发了横财。所以保王派感到万分愤慨。除了军人之外，大家都赞成解散军队。能够解散军队而不发生流血冲突，似乎可以说是奇迹。铁甲军的士兵在公众舆论面前羞愧不堪，因为是千夫所指。他们曾经立下汗马功劳，取得无数次的胜利，努力为国家建立神圣的政府，约束自己的行为举止，可现在却受到万众痛恨。他们将被抛入无尽的黑暗之中，可是他们顺应了社会舆论的潮流。他们如数领到军饷，解甲还乡，重操旧业。

几个月之内，这台无所不能、不可战胜的战争机器，随时可能吞噬不列颠王国和社会的军队，消失在老百姓之中，几乎没有留下任何痕迹。他们从此成了勤劳持重的典范，如同以前是勇猛热情的榜样一样。

在签署先王死刑判决书的大约 60 人中，有三分之一的人已经离世，三分之一逃亡，剩下的仅有 20 人。查理二世坚决抵制忠于他的议会，尽量减少死刑。顿时群情激愤。国王争取宽待杀害父亲的凶手，议会则要求杀人偿命，而其中许多议员却是凶手的唆使者。最后，9 个人被定为弑君罪，处以极刑，他们是集体罪行的替罪羊。他们几乎个个为自己的行动而感到自豪，哈里森等军官走上断头台时确信，后人将为他们的牺牲而致敬。只有狂热的传教士休·彼得斯有些懦弱，可是同党们的榜样鼓舞了他，一杯甘露酒使他壮起胆来，浑身是血的刽子手提着屠刀在血泊中走近他，问道："彼得斯博士，你觉得这怎么样？"他坚定地回答说，这样挺好。

处死的人数离公众要求相差甚远，所以只好对血腥刑场做了一次补充，反正这次没有杀人。克伦威尔、艾尔顿和布雷德肖的遗体在几年前隆重下葬的威斯敏斯特大教堂被人从棺材里拖出来，装在囚笼里游街到泰伯恩绞刑架，在三角形绞刑架上吊了一天一夜。首级钉在醒目之处，残体扔在粪堆上。皮姆和其他 20 名议会派成员的尸体也挖出来，埋到一个土坑里。同死人进行毛骨悚然的斗争是迫于社会舆论的凶狠压力，为此，查理二世愿意抛出死尸而挽救活人。

另外，英国只有两个人被判死罪，他们是兰伯特将军和哈利·文爵士。兰伯特经历不凡。在共和制的最后一年，他随时可以染指最高权力。前文提到他一门心思要把女儿嫁给王子的计划。他企图抢在蒙克之前恢复王政，憧憬自己成为复辟后的王室总管，或者在打败蒙克之后继任护国公殿下。他胆大包天，在军事革命中积累了长期的经验，可这一切失败了。铁甲军的将军、取得数十次战场胜利的英雄兰伯特在法官面前低声下气。他请求国王开恩，还找到了国王弟弟约克公爵这一有权有势的辩护者。他得到赦免，余生在格恩西岛居住，"获得在全岛随便活动的自由"，后来搬到普利茅斯，以作画和研究植物学为慰藉。

韦恩爵士性格更为倔强，不屑于求饶。他精神饱满地为自己辩护，法律观点和辩护逻辑无懈可击，自认为可以得到赦免，可是他过去做过的一件事，现在就要命了。人们想起，20 年前他偷出父亲的枢密院会议记录，透露给皮姆，声称斯特拉福德建议引爱尔兰军队进入英国。这决定了斯特拉福德的万劫不复，如果血债血偿的话，这当然是一笔不可忽视的血债。查理二世表示不想饶恕他，说："此人危险，留不得，如果我们能够名正言顺地除掉他。"韦恩欣然赴死，自信满满，打算对充满敌意的人群做令人信服的论证，无奈号角声淹没了他的声音。

阿盖尔侯爵是王政复辟时受死的唯一苏格兰名人。他到伦敦来迎驾，但立即遭到逮捕。查理二世不想受此累赘，将他送回苏格兰，遂交由那里的贵族和同胞审讯。复辟的查理二世长期努力，减少这种可怕的行为，他说："我对绞刑感到厌烦。"但苏格兰议会根据新时期的气氛，急忙把他们昔日的导师送上断头台。阿盖尔也算是坚定勇敢，模范而虔诚地死去的，但人人都感到，他和蒙特罗斯两清了。在王政复辟的激烈反革命时代，被处死的总共还不到 12 人。这是查理二世极力保护的结果，尽管当初有损于他的威望。宣判这些人死刑的恰恰是他们犯罪的主要同谋和受益者，国王对这种具有讽刺意味的安排一定很满意吧。议会派的主要人物、上下院议员们以及共和制、克伦威尔统治时期的高官们立即改变立场，坐到屠杀弑君者的特别法庭上。这次令人伤感的有限报复行动，正是由于这种原因而遗臭万年。

第 22 章
"快活王"

　　请回国王的这届议会是一个各方势力均衡的议会，代表全国的对立双方。它成功地克服了恢复王政所遇到的严重政治困难。然而，它不是合法的立宪机构，因为并非国王下令召开的。当时认为这是致命缺陷。查理国王觉得，一动不如一静，便利用王权对议会进行加持，追认召集这次议会为合法行动。可是，人们认为这样仍达不到完全合法，下院算不上议会，只能算是全国性的大会。1660 年底，公众认为它必须解散。这样对复活法制观念的迎合，就排除了囊括全国的宗教解决方案的一切可能性。获得解放的人民通过选举表达了愉快的心情。保王派没有参与王政复辟，他们早就被彻底打垮，心有余悸。如今轮到他们大显身手了。议会中出现了反对清教徒的绝对多数，曾经跟随鲁珀特王子冲锋陷阵的人或者他们的子弟走出了断墙残垣的家宅和被分割的领地。在克伦威尔的暴政时期，他们一直隐姓埋名，在那里安居乐业。

　　英国历史上为期最长的一届议会开张了，维持了 18 年。史称"骑士议会"（the Cavalier Parliament），更有意思的是史称"年金议会"，因为起初成员都是老态龙钟之辈和伤残退伍军人，但最后解散时，除了 200 人之外，其他议员均已在补缺选举中被淘汰，取而代之的往往是圆颅党人及其继承人。成立之日起，拥护国王就是说一套做一套。将一切荣誉归于国王，而不打算受国王的统治。因效忠国王而贫困的许多乡绅并不是盲目的君主主义者，不想放弃战争中赢得的议会权力。他们准备作出规定，让民兵保家卫国，但民兵必须由各郡治安长官掌握。他们热切维护国王对武装力量的统治权，同时也确保国内的唯一军队在各地受到本阶级的控制。这样，不仅国王手里没有军队，议会也无兵权。各郡武装力量都保存于望族乡绅之中。保王派议会根据过去的惨痛教训并且经过深思熟虑确认了这一点，然后便致力于宗教问题，尤其重视宗教对政治和社会的影响，同时也重视自己的利益。

从伊丽莎白时代到内战时期，王室力求在《祈祷书》和主教制的基础上建立包罗一切的全国教会，还希望统一英格兰和苏格兰的生活方式和宗教信仰。克伦威尔在完全不同的形势下用暴力实现了这个目标，甚至延伸到了爱尔兰。现在，政教双方、议会和王室对这一切做出了深刻的反应。

由于大法官克拉伦登在政府中担任举足轻重的首席大臣，一系列法案均以他的名字命名。法案重新确立圣公会为国教，因而使各新教派别长期处于对立地位。查理二世主张采取容忍政策，而克拉伦登主张采取谅解政策。但是，保王派议会、从流亡中归来的劳德信徒以及某些不服气的长老派领袖的狂热，妨碍了他们两人的政策。鉴于国教之外还有其他宗教派别，议会决心即使不彻底消灭它们，也要使它们陷入严重的瘫痪状态。于是，议会反而使非国教派别形成了目标明确的政治力量：首先是宗教宽容，1688 年革命实现了这一目标；其次是要废除国教的特权地位。到了 19 世纪，当工商中产阶级的选票成为政治联合体中的决定因素时，第二个目标才得以实现，而且不彻底。至于非正统教派对英国政治思想的影响，还很难作出精确的评估。它们大量继承了旧式清教徒的苦行、固执，外加其大部分狭隘性。其中的学问往往是很深的。如果教会具有宽松的入教条件而兼收并蓄，也许就会最有效地为宗教事业服务。不过，非正统教派五花八门的说教，也可能无法被国教所包容，不管它具有多么广泛的基础；也可能所谓的"三主体"——坚持理性主义的长老派、桀骜不驯的新教公理派和狂热的洗礼派，恰好反映了英国思想中根深蒂固的、各不相同的派别趋势。

好也罢，坏也罢，《克拉伦登法典》(The Clarendon Code) 就是分道扬镳，摧毁了建立全国统一教会的一切机会。主教团不知不觉地却决定性地接受了作为一个教派而不是作为全国统一教会的领袖地位。它是"大教派""官方教派"和"正统教派"，然而毕竟只是一个教派。周围是形形色色的异见派、非国教派。"全国性议会"完全可以作出妥协，使英国信奉新教的绝大多数基督徒团结起来。保王派议会接受了教会分裂的事实，并为自己属于较大、较富有、比较得宠的一派而欢欣鼓舞。他们在自己的制度上所建立的不是一个民族国家，而是一个党派。为上帝和国王战斗过的乡绅地主应该有自己的教会和主教，正如他们有自己的民兵和治安委员会一样。

1662 年《克拉伦登法典》在某种程度上超越了他本人的理念。他在融合人心的王政复辟的鼓舞下希望政教统一。查理二世也不希望出现这样的大分裂。他采取无动于衷的捷径，走向宽容的顶点。

当然，他的宗教意识不强。如果某个绅士要信教的话，那么信奉罗马天主教最能使他感到满意。可是，这样会制造什么麻烦呢？难道圣公会不是英国王位的重要支柱吗？查理二世希望看到一切宗教狂热都冷静消停下来。何必为了来世而困扰现世呢？至于有人不同意各种可疑、有争议的获得救赎方法，何必虐待他们呢？腓特烈大帝有个直截了当的宣言："每个普鲁士人都得以自己的方式上天堂。"查理二世一定喜欢早于腓特烈大帝说出它来，借用一下，只是不打算就个人看法惹出麻烦而已。他在每个阶段尽量赞成宽容政策，对其他政策则耸耸肩表示不满。他在全国议会召开期间对贵格教友派的代表团说："你们可以放心，只要你们安静地生活，就不会因自己的观点和宗教信仰而受到迫害，你们有我的金口玉言作保的。"

骑士会严肃地纠正了这种可悲的松弛政策。《克拉伦登法典》包含一系列法规，例如，1661 年颁布的《市政法》，要求所有担任市政职务的人，必须声明放弃《神圣盟约》——这个考验就排斥了许多长老派教徒；必须宣誓不抗拒当局——这就排斥了共和派；必须根据英国国教的仪式做礼拜——这就排斥了天主教徒和一些非国教教徒。这个法案的目标是，只有站在国王一边的圣公会教徒才有机会担任市政职务，而后者同下院议员的选举密切相关。1662 年颁布的《礼拜仪式统一法》强迫教士接受伊丽莎白女王的《祈祷书》，该书已经作了删减和有价值的增补。法案要求教士们宣布真心赞成《祈祷书》中的全部内容，并迫使他们和大中学校的所有教师宣布"要奉行国教的礼拜仪式，现在它是法定的"。占教士总数五分之一的近 2000 名牧师拒不服从，被夺了俸禄。这些"一刀切"的决定之后，又增加了其他强制措施。1664 年颁布了《秘密集会法》，力图禁止免职牧师在本人教区内传教。1665 年制定了《五英里法》，禁止这些教士走进"他们传教过或生活过的任何城镇，自治市、教区等地方"的 5 英里范围之内。

《克拉伦登法典》是保王派的胜利，尽管他们曾经在战场上失败，对于王政复辟也毫无贡献。这个法典的回音，决定了今日英国的宗教分野，也有力地助长了党派组织的建立。掌握政权的保王派计划把他们的附属利益集团联合起来。国内所有其他成分也本能地站到一起，其中包括不久前统治英国并带来恐怖的人。现在伯明翰市所在之地，有一大批村庄距离任何"城镇或自治市"碰巧均达 5 英里以上。英格兰中部地区的非国教徒在这里聚集，至今仍然享有很高的声望。因此，王政复辟并没有使国家统一起来，反而造成两个英国，各自背景、利益、文化和世界观大相径庭。当然也有对立势力的逆流。麦考利[①]写道："有一条大的界线，把有时称为宫廷派的官员、他们的亲戚朋友同有时尊称为乡村派的那些人分为两派。"后世著作中证实了他的观点。受到官方保护或者希望受到这种保护的人自然同其他人有不同的利益。除了这个区别，另一条裂痕正在豁开。政治生活中，保守派和激进派分为两大传统，至今仍然存在。两大政党互相斗争的时代已经开始，他们不久得名为"托利党"和"辉格党"。两大政党左右着大英帝国的命运，直到一切在 1914 年世界大战的烽火中化为灰烬。

*   *   *

这些具有深远影响的裂痕的产生与查理二世毫无干系，他在位

---

① 英国史学家和政治家（1800—1859）。

期间一直主张采取宽容政策。1663 年 5 月，他试图中止运作 3 个月的《礼拜仪式统一法》，但是遭到复职的主教和宪法律师们的抵制。12 月份，他发表了第一份《信教自由令》（Declaration of Indulgence），宣布行使国王固有的恩赦权，使不信奉国教者免于遵守那些强制推行宗教统一和要求人们发誓的法律。可是下院议员们没有意识到这正是他们自己在做的事情，反而拼命反对有关"利用法律制造教会分裂"的阴谋。1672 年 3 月，查理冒险发表第二份《信教自由令》，以便暂停"对各阶级的不信奉国教者和忤逆者实行宗教上的各种刑法"，后者是指罗马天主教徒。下院严厉地反驳说："只有议会用法案的形式，才能暂停执行宗教方面的刑法。"除了这个警告，下院还扬言要拒绝拨款。国王莫名其妙地想起克伦威尔的利剑立于眼前，于是做出了立宪制度下的君主应该做的让步。议会中的党派人士应该意识到，在这个关键的时期，查理国王的主张是唯一顺应时代潮流的仁慈呼声。

不过，查理二世自己倒是需要一个"大赦法"，因为宫廷生活荒淫无耻，丑闻不断。他有两个主要的情妇，一个是巴巴拉·维利尔斯，被封为卡斯尔梅恩女伯爵，另一个叫路易丝·德·凯罗埃叶（英国人称为"卡维尔夫人"），受封为朴次茅斯女公爵。两人伴着查理二世消磨休闲时光，并且以插手外交事务取乐。查理二世同布拉甘萨的凯瑟琳结婚以后，仍然没有停止放荡的生活，尽管凯瑟琳带来了惊人的嫁妆，有 80 万英镑的现款，还有摩洛哥丹吉尔和印度孟买两个海军基地。查理对待他的妻子过分到了极点，竟然强迫她接受巴巴拉为宫廷女侍。有一次，这位文雅、虔诚的葡萄牙公主气得鼻孔出血，昏死过去，被抬出宫去。国王把美貌绝伦、性情温存、百姓在街上使劲喊为"新教徒婊子"的民女内尔·格温纳入宫中，老百姓闻讯如释重负。这些事情仅仅反映了淫秽、放荡的宫廷生活中臭名昭著的一角，令基督教国家的王位蒙羞，而在亚洲国家的王宫中，丑事会在后宫谜团中遮掩起来。

国王带了坏头，全国各地道德败坏纷起，人们摆脱清教徒的专政之后感到一阵轻松，奋勇向前，情色冒险如火如荼。受到压抑的天性变本加厉地恢复了它的权利。共和议会曾经将通奸者处以死刑，查理二世却嘲弄鞭笞贞操与从一而终。不过毫无疑问，全国各个阶层群众普遍接受罪孽者的松散统治，放弃了贤人的清规戒律。英国人并不想充当清教徒所理解的上帝子民。他们曾经被人极力捧上超人的层次，现在谢天谢地降下神坛了。政体斗争和内战的惨烈以及清教大帝国的阴森可怖已经不复存在，一切都已缩小体量，回到了慢吞吞的速度。查理二世发现，身边的一代新人比斗志昂扬的保王派和粗犷的圆颅党软弱得多，而后者正在死去。

一个时期的剧烈活动之后，必然会有筋疲力尽和衣冠不整的时刻，不过这是稍纵即逝的景象。英格兰民族生生不息。在查理二世的宫中，在他的身边，已经出现了一个年轻人。此人是近卫军的掌旗官，是国王打网球的伙伴，也是闯入卡斯尔梅恩女伯爵情网的冒失鬼，这难免使查理有些不悦。有朝一日，这个年轻人将抓住比克伦威尔的更长更亮的宝剑，在更广阔的天地里挥舞，但他打击的只是针对不列颠之自由伟大的敌人。此人名叫温斯顿·丘吉尔，是多塞特郡乡绅，曾和父亲一起在保王派军队中作战，负过伤，后来被圆颅党处罚并没收财产。查理无力帮助忠实追随者。他劝说克拉伦登把温斯顿爵士拉入私人议会主事委员会未果。后来他把温斯顿的儿子安插在宫中听差，还送温斯顿之女阿拉贝拉去了约克公爵夫人府。兄妹两人均长袖善舞。约翰·丘吉尔升为禁卫军军官。阿拉贝拉成为约克公爵的情妇，为他生了儿子，名叫詹姆斯·菲茨·詹姆斯，即后来闻名于世的勇士贝里克公爵。

克拉伦登和后来受封为沙夫茨伯里伯爵的阿什利左右着枢密院。他俩性格迥异，但都有魄力和能力。沙夫茨伯里刚刚18岁就投身短期议会的革命。"我刚刚涉世就处于风暴之中。"他替圆颅党战斗过，随着克伦威尔工作过，并且作为长老派的头目在促成王政复辟的活动中影响帮助了蒙克。他的升迁经过了很长时间，可他仍然年轻，信念也历久弥坚。他比任何人都更懂得剖析曾经蹂躏国土的各种痉挛力量，它们只是在互相残杀中终于暂时精疲力竭而已。他是已经消失的统治制度之最有权势的代表。尽管在无政府混乱时期，他带领长老派反对军队，却比任何人都更了解独立派精神。于是，他在枢密院中领头主张宽容政策，无疑是强化了国王那方面的作为。他对似乎正在酣睡的铁甲军疯狗始终保持警惕，知道他们趴在哪里，如何手到擒来。他的另一个担心是伦敦城，在关键时刻，那里的影响举足轻重，对此他记忆犹新。在查理二世的整个统治时期，他一直支持伦敦城，伦敦城也支持他。保王派议会的立法活动使沙夫茨伯里大为不满，国王也同样，但两人在原则上、实践上都无力同庞大的议会多数顽固派进行对抗。

在查理二世在位的最初7年里，克拉伦登一直是首席大臣。这位睿智可敬的政治家同王宫里的放荡生活、情妇们钩心斗角、岁入不足和下院不宽容进行了顽强的搏斗。他还必须对付宠臣亨利·贝内特的种种阴谋。贝内特任国务大臣，获封阿林顿伯爵，在查理二世时期的政务中，这位爱出风头的人物扮演着重要的、有时是邪恶的角色。同时代的伯内特主教评论他说："他傲慢无理。善于窥测君王的情绪，比当时所有人都更能驾驭之。"克拉伦登的女儿博得了约克公爵的心，虽然人们千方百计加以阻挠，许多人诽谤该小姐，但她还是和公爵终成眷属。首席大臣克拉伦登成为王弟的岳父，外孙也有机会继承王位。贵族羡慕嫉妒恨，克拉伦登同国王联姻之后，觉得自己不可一世。

丹吉尔作为葡萄牙公主凯瑟琳的嫁妆并入英国之后，政府的目光转向地中海和东方的贸易。由于经济拮据，英国只有厉行节约，才能在摩尔人面前守住丹吉尔，对付海盗，保护地中海的贸易。克伦威尔占领敦刻尔克以后，王家国库每年被迫为此支出起码12万英镑，占国家正常岁入的1/10。克伦威尔打算大力干预欧洲大陆的新教运动。敦刻尔克对他来说似乎是难能可贵的桥头堡。托利党政策的注意力已经不在欧洲的行动，而是集中在外海的"贸易和种植园"。查理二世听从克拉伦登的建议，将敦刻尔克以40万英镑的价格卖给法国。这笔交易的本身并无不合理处，却遭强烈的谴责。克拉伦登受到接受重金贿赂的指责，他在伦敦正在为自己建的府第被戏称为"敦刻尔克公馆"。这种指责似乎失之公允，而它带来的耻辱却久久难除。后来敦刻尔克成为法国私掠船的老窝，人们都怪在当年的克拉伦登头上。

英国同荷兰在贸易、渔业方面的海上争夺已经激化，荷兰人同克伦威尔的战争结束以后恢复了元气。东印度群岛的货物源源不断地运到阿姆斯特丹，西印度群岛的货物流到荷兰弗利辛根，英格兰和苏格兰的商品则通过荷兰的多德雷赫特和鹿特丹不断运到欧洲大陆。苏格兰沿海捕捉的鲟鱼为荷兰议会带来了大量收入。荷兰的东印度公司聚集了东方的财富。孟买的葡萄牙总督拒绝把孟买作为凯瑟琳公主的嫁妆交给英国，所以英国人在印度尚无可靠的根据地。在此期间，荷兰的庞大船队每年几次满载货物绕过好望角。荷兰人在非洲西海岸也发财了，他们的殖民地和贸易站不断扩大。他们还挤入新英格兰，在哈得孙河畔开辟一块殖民地。这就太过分了。商人们说动了英国议会，国王心中唤起了爱国主义的热情，约克公爵渴望海军立下辉煌的战功。议会拨出 250 多万英镑的巨款。100 多艘新舰艇建造起来，上面配置了新式重炮，以前的保王派军官和克伦威尔派军官捐弃前嫌，联手接受国王的委任。鲁珀特和蒙克各指挥一支分遣舰队。1664 年，英荷海战在非洲西海岸开打。翌年战火蔓延到英国领海。

　　6 月份，有 150 艘舰艇、配备 25000 人和 5000 门大炮的英国海军，在洛斯托夫特附近的海面上同势均力敌的荷兰舰队遭遇，进行了持久的激战。战斗中，双方折损了许多将领。克伦威尔时期的舰队司令、经常身穿普通水手服的约翰·劳森受了重伤。约克公爵身边，他的朋友法尔默思勋爵和马斯克里勋爵被同一颗炮弹炸死。荷兰海军上将科顿奈尔和总司令奥普丹也同命运。在战斗的高潮，约克公爵坐镇指挥的"王家查理号"（原"内斯比号"）同荷兰舰队的旗舰展开近战。奥普丹沉着坚毅，坐在船尾的一把椅子上指挥战斗。英国军舰上百门炮齐发，击中弹药库，把他和旗舰炸得粉碎。英国舰队大炮的重量和炮手的技术都远胜一筹，荷兰人败下阵来，不过并没有灰心。

　　德·鲁伊特海军上将从西印度群岛回到荷兰，挽救了荷兰共和国的命运。暂时代替约克公爵指挥舰队的桑威奇勋爵希望截获从地中海和东西印度群岛回航的荷兰商船队。商船上装载着价值很高的货物，却避开英吉利海峡，向北行驶，躲进挪威的卑尔根港。丹麦和挪威的国王同荷兰人有争执，他向英国人许愿说，如果英国舰队袭击停泊在卑尔根港内的财宝船队，他按兵不动，对半分战利品作为报酬。可是英国舰队进攻的时候，丹麦守军的指挥官尚未接到必要的命令，便用岸炮击退了来犯舰队。英国人怒不可遏，对丹麦人宣战，迫使丹麦人同荷兰人结盟。德·鲁伊特到达挪威海岸，把大部分财宝商船安全地护送到特塞尔岛。欧洲大陆上的国家认为，荷兰人在战争的第一年里有效抵挡了强大得多的英国海军，很了不起。

1666 年 6 月，比洛斯托夫特战斗更加激烈的海战发生了。路易十四曾经保证说，如果荷兰遭攻击，将给予援助。尽管查理二世抗议说荷兰是侵略者，法国仍向英国宣战。英、荷舰队在北福尔兰角外海激战了 4 天。德·鲁伊特指挥着配备重型火炮的荷兰舰队。伦敦可以听到隆隆的炮声，人们沮丧地意识到，在英吉利海峡提防法国舰队的鲁珀特同蒙克隔开了。第二天炮战结束时，英国舰队处于劣势，幸好鲁珀特第三天赶到，恢复了均势。但战局在第四天急转直下，蒙克和鲁珀特的舰队均遭重创，退回泰晤士河。德·鲁伊特胜利了。

跟荷兰人前一年一样，英国人没有被失败所吓倒。经过艰苦的努力，英国舰队装备一新，重新出海，且越发强大。它再次同劲敌遭遇，在 1666 年 8 月 4 日把荷兰人打得落花流水。可是，荷兰共和国的舰队第三次阵容严整地扬帆出海。法国舰队也终于出现在英吉利海峡。

英国此时是孤军，连制海权也不牢靠了。交战双方都苦于财政压力，但其他灾难抽干了岛国的国力。1665 年春天开始，伦敦大瘟疫肆虐。自从 1348 年的黑死病以来，还没有哪次瘟疫如此猖獗。在瘟疫最严重时，伦敦仅仅一个星期就死了 7000 人左右。宫廷撤到索尔兹伯里，把首都交给蒙克看管，他的孤胆胜任种种压力的侵袭。笛福在《大疫年纪事》(*Journal of the Plague Year*) 中以生动尖刻的文笔为我们再现了瘟疫的可怕。1666 年 9 月大火吞没备受煎熬的首都，结束了瘟疫的最严重阶段。大火是在伦敦桥附近一条挤满木板房的小街燃起的，借着强劲东风的威势，熊熊地燃烧了整整 4 天。暴民怀疑大火是再洗礼教徒、天主教徒或外国人放的，他们怒发冲冠。国王回到伦敦，表现出极度的勇气和人道主义精神。大火吞没了一条条街道，终于在商业城的城墙外停下来时，已经烧毁 13000 多所住宅、89 座教堂和圣保罗大教堂。堆满几个月贸易物资和军需物资的仓库毁于大火，作为政府收入的重要来源的烟囱税收益也化为灰烬。不过，大火也消灭了瘟疫。在后人看来，真正的灾难似乎并不在于伦敦这个不卫生的中世纪城市的毁灭，而在于没有采纳雷恩的重建城市计划，没有以圣保罗大教堂和伦敦交易所为中心统一修筑一条条大街和码头。然而，人们毕竟勇敢地担起了重建伦敦的重任。在旧圣保罗大教堂的废墟上，雄伟的圣保罗圆顶大教堂拔地而起，至今巍然屹立。

　　虽然战争拖到 1667 年，但查理二世这时已经开始向法荷两国求和。军费短缺，英国的战舰无法保卫领海。谈判期间，荷兰人为了促谈，在大议长约翰·德·威特之弟德·威特将军的指挥下，溯麦德韦河而上，冲破防卫查塔姆港口的水栅，烧毁 4 艘战舰，拖走洛斯托夫特战斗中击沉奥普丹旗舰的"王家查理号"。敌舰隆隆的炮声随着泰晤士河的波浪传到伦敦，近在耳边。人们普遍感到愤慨和警醒，甚至连保王派也说，克伦威尔时期也没有这样的事情。清教徒则认为，瘟疫、大火和海战是上帝对这个时代尤其是对宫廷内道德败坏的天谴。

双方同样需要和平，因而以不好不坏的条件达成协议。英国在这场战争中的主要收获是占领了新阿姆斯特丹，现称为纽约。但互相指责开始了。王室质问，议会让国王如此缺钱，如何保卫国家？议会反唇相讥，说国王在情妇和奢侈品上挥霍过多。克拉伦登居间调解，结果成了众矢之的。他同议会闹翻，还谴责国王的情妇，招惹了国王。他受到弹劾，只好流亡国外，去完成《内战史》(*History of Rebellion*)这部杰作。此书对他所生活的那个时代进行了涉及广泛、有长期参考价值的阐述。克拉伦登下台以后，查理二世有一个时期由阿林顿辅政，心情愉快时则由他的好友白金汉辅佐。此人是詹姆斯一世的遇害宠臣之子，活泼伶俐，是个浪荡公子，曾在决斗中杀死一个受侮辱的丈夫，佩剑沾上了鲜血。保王派议会对王室的道德品质和巨大开支日益不满，因而认为必须扩大政府的基础。从1668年开始，5位重要人物陆续被承认为重臣。在此之前，人们经常谈到内阁和阴谋小集团，而克利福德、阿林顿、白金汉、阿什利和劳德戴尔这5个人名字的第一个字母拼起来正好是"阴谋小集团"(Cabal)。

＊　　＊　　＊

欧洲大陆发生着克伦威尔一无所知的一件大事，即法国压倒西班牙和奥地利而崛起。在所有天生要继承王位的人当中，无人能够超过路易十四的天赋。他风华正茂。而法国人民在首相红衣主教马扎然的英明治理下众志成城，遥遥领先成为欧洲最强大的民族。人口总数达2000万，是英国的4倍。法国占据着地球上最好最美丽的地区，是欧洲文化艺术的先锋，拥有强大的军队和中央政权，在邻国中鹤立鸡群。它甘愿接受野心勃勃、手段巧妙的国王的统治。到1648年才结束的三十年战争粉碎了德意志的神圣罗马帝国。哈布斯堡王朝只是在传统精神上统治着由一些分崩离析的德意志公国组成的松散联盟，它没有权威，仅仅得到仪式上的尊重。甚至在世袭领地奥地利，神圣罗马帝国皇帝的地位也不稳固，受到匈牙利马扎尔人的敌视和土耳其人入侵的不断威胁。因此，法国的边疆上没有强国，也没有紧密的联盟。佛兰德斯、布拉邦特、列日、卢森堡、洛林、阿尔萨斯、法兰斯孔德和萨伏依统统处于法国的野心、武力和外交攻势的威胁之下。

与此同时，南边西班牙帝国和西班牙王族的显著衰落，使世界动乱的阴影越拉越长。马扎然做过一个计划，即使起初不能使法国西班牙的王位合二为一，至少要使两国的王族结合起来，这对统治世界前途无量。他促成路易十四娶了西班牙长公主。作为法国王后，西班牙公主不得不宣布放弃继承西班牙王位的权力，可是放弃继承权是有条件的，即西班牙必须缴纳一笔巨款作为部分嫁妆。西班牙交不出这笔钱，路易便把合并西法两国的王位作为人生的主要目标。

西班牙国王腓力再婚，1665年逝世时留下一个多病的儿子，即后来的西班牙国王卡洛斯二世，他在人间苟延残喘了35年，妨碍了法国人的计划。路易见自己的索求长期搁浅，便决定从荷兰得到补偿。他宣布说，根据布拉班特公国的古老传统，初婚所生的孩子在父亲再婚以后不应受到任何损失，因此法国王后对西属尼德兰拥有主权。布拉班特公国是西属尼德兰的较大部分。这些要求是路易在带领法国人民发动的第一次战争中提出来的。西班牙政府对法国人就比利时省份提出的要求没有太大的反感，也无力反对。不过，比利时一旦落入法国人手中，荷兰共和国就无法生存了。荷兰寡头政治集团的首脑约翰·德·威特愿意同英国海战，可是同法国陆战却是共和国无力胜任的。而且同法国开战可能会加强德·威特的政敌奥兰治家族的力量。这一家族的首脑威廉亲王年仅十七，却具有惊人的才干。从"沉默者威廉"的时代起，奥兰治家族的成员平时担任州长，即最高行政长官，战时则担任武装部队总司令。威廉亲王至今未享受这些权利。如果荷法发生战争，他就会乘机要求获得其祖先享有的荣誉。德·威特企图和谈，主动提出许多让步。但路易十四派蒂雷纳将军进军佛兰德斯，占领西属尼德兰的大部分地区。路易十四还要安抚神圣罗马帝国皇帝，同他签订了瓜分土地的条约，在某种程度上保护了神圣罗马帝国的利益。迫于这种形势，德·威特同英国媾和。查理二世和"阴谋小集团"在英国驻海牙使节威廉·坦普尔爵士的协助下，同荷兰、瑞典结成反法三方联盟。举国上下热烈欢呼这个新教国家联盟，查理二世和大臣们一时受到全国的爱戴。这个联盟是一系列反法联盟的先导，暂时遏制了路易十四的行动。路易十四被迫同西班牙讲和。根据 1668 年的《埃克斯拉夏佩勒条约》（the Treaty of Aix-la-chapelle，即亚琛条约），他把法兰斯孔德归还西班牙国王，但在佛兰德斯扩展了自己的势力。新获得的地区包括繁荣的里尔城，他把这座城市建成法国规模最大、最坚固的要塞。

　　虽然英、荷、瑞三方联盟在伦敦深得人心，但是英荷两国的贸易摩擦并没有因此停止。少年君主统治下的瑞典是一个弱小的国家，不久反水。三方联盟因而瓦解。路易十四决心收买两个海上强国中的任何一国，然后再动干戈。于是他致函英国，1670 年开始同查理二世举行秘密谈判。查理二世的妹妹、姿色迷人的"小不点"亨里埃特公主是路易十四的弟弟奥尔良公爵的夫人，自然提供了密切接触的渠道。特别是查理二世缺钱，他向路易指出，英国议会将拨给他一笔巨款以反对法国，路易打算出多少钱使他不反对法国呢？如果路易交够数目，查理二世就不必召集令人畏惧的议会了。在这个基础上，他们签订了可耻的《多佛密约》(Treaty of Dover)。

条约中除了最后公之于世的内容，还有一个秘密条款，国王只有对阿林顿和克利福德才吐露过。"大不列颠国王相信天主教信仰是正确的……准备在对他的王国有利的时候皈依天主教。笃信真正基督教义的法王陛下答应支持这一行动，给大不列颠国王陛下 200 万里弗……并且援助 6000 步兵。"此外，查理二世每年还将得到 166000 英镑的补助金。他为了金钱而同意出卖自己的国家，把钱的一部分花在寻欢作乐和情妇身上。不过，他是否曾经打算履行这样异乎寻常的诺言，则值得怀疑。反正他没有尝试履行诺言，得到的现款大都用于海军舰队了。

《多佛密约》中预示了第三次荷兰战争，一旦路易十四认为时机已到，英法两国将联合对荷宣战。1672 年 3 月，路易十四要求英方履约。英国要想同荷兰闹翻，不难找到借口。英国驻海牙的一名外交官写道："我们的任务是同他们决裂，然后把责任推到他们身上。"荷兰舰队违反当时的礼节，没有向一艘送威廉·坦普尔爵士之妻回国的游艇致敬。英国提出抗议之后，荷兰人希望和解。接着英国人策划挑衅行动。从土耳其士麦那来的荷兰舰队驶入英吉利海峡经过朴次茅斯时，英国人发动袭击，不过没有成功。开战了。英国和法国集中了 98 艘军舰，配备 6000 门大炮和 34000 人。荷兰只有 75 艘军舰，有 2 万人和 4500 门大炮，而军事天才德·鲁伊特上将维护了荷兰共和国的尊严。1672 年 6 月 7 日索尔湾大战，德·鲁伊特趁比他多 10 艘军舰的英法舰队停泊的时候发动突然袭击。双方进行了持久、激烈的大海战。萨福克郡的海岸上挤着大堆异常激动的观战者。炮击声在几英里以外的地方听得见。法国舰队强行出海，可是风向不利，无法接敌。约克公爵的旗舰"王子号"受到围攻。甲板上站着禁卫军第一连，掌旗官丘吉尔就在这个连里服役。旗舰打得百孔千疮，惯常英勇作战的约克公爵被迫把指挥旗换到"圣迈克尔号"上，等此船也坏了，就又到"伦敦号"上。桑威奇勋爵的第二旗舰"王家詹姆斯号"船体吃水线以上的部分烧毁,他和击沉的旗舰同归于尽。荷兰人也损失严重，只得撤走。

　　路易十四在陆地上对处境艰难的荷兰共和国穷追猛打。他不宣而战，骑兵突然渡过莱茵河，陆军侵入荷兰。12 万法国大军势不可当啊，他们初次把刺刀套在枪口上，而不是插在枪口里。83 座荷兰堡垒开门投降。面临灭顶之灾的荷兰人求助于奥兰治亲王威廉。作为总司令，"沉默者威廉"的曾孙没有使他们失望。他说了一句有名的抗命话："我们可以战死在最后的战壕里。"大坝的水闸打开了，无情的洪水在肥沃的土地上奔腾，荷兰得救了。海牙发生了一场革命，奥兰治亲王威廉成为州长。德·威特辞职，兄弟俩在首都被奥兰治集团的乱民碎尸万段。

　　1673 年整整一年里，德·鲁伊特维持了荷兰的海军力量，在多次激战中取得了不同程度的胜利。8 月 21 日，他在特塞尔岛附近的大战中击退了英法的联合入侵，成功地将荷兰东印度船队迎入港内。陆战中,路易十四亲自冲锋陷阵。孔代率领弱军在北面同荷兰人作战,蒂雷纳将军在阿尔萨斯同皇帝的军队角逐。路易十四这时在王后和妃子孟德斯潘和满朝文武的陪同下，推动中路法国大军浩浩荡荡地向前挺进。显然他选择了荷兰的坚固堡垒、由5000人防守的马斯特里赫特要塞作为胜利的目标。他说："我最喜欢大规模的围困战了。"围城确实比两军对垒的战斗更适合他的军事爱好。马斯特里赫特要塞在长期防守后开城投降，不过这次战斗并没有决定性的意义。

第23章
天主教会阴谋案

    1673年2月的议会会议让查理二世了解到，臣民对于同荷兰新教共和国进行战争感到厌恶。在他卷入的这场战争中，他不是英国贸易的保护者，而是路易十四的走狗。英国人尽管怨恨荷兰人在海上的冒犯，嫉妒荷兰的发达贸易，可是鉴于他们恐惧和憎恨信奉天主教的法国及其日益称霸欧洲的地位，就顾不了那么多了。伦敦的街头巷尾都传说，国王和大臣们被法国收买，出卖了岛国的自由和信仰。《多佛密约》的秘密条款如果公之于世，必然会引起政治抗议爆发，带来无穷尽的暴力行动。沙夫茨伯里并不知道内情，不过一定产生了狐疑。阿林顿似乎在1673年初向他坦露情况。后者立即机敏地退出政府，成为反对派的领袖。反对派后来同皮姆领导的队伍一样狂暴。下院日益加深的仇法情绪，对天主教复归潮的恐惧心理，国王"对天主教徒的宽容态度"，约克公爵的皈依罗马——这些因素在全国各地激起了危险的深层次骚动。此时，占主导地位的圣公会同长老派、清教徒完全同仇敌忾。政治喧闹声处处可闻，咖啡馆里议论纷纷，小册子传播四方，补缺选举吵吵闹闹。一个法案强加给了国王，要求实行宣誓制。一个人只有郑重宣布不相信圣餐变耶稣血肉的说教，才有资格担任公职或接受国王的船上或者陆上官职。这次清洗捣毁了"阴谋小集团"。天主教徒克利福德拒绝发誓，阿林顿由于不得人心而被免职，白金汉同国王本人吵架。沙夫茨伯里投票赞成了《宣誓法》(the Test Act)，已经成为反对派领袖。只剩下劳德戴尔一个人了，控制着苏格兰，愤世嫉俗，凶狠残忍，巴结长官。

此时，万众瞩目约克公爵詹姆斯。结发夫人安妮·海德死后，他同摩德纳公国信奉天主教的玛丽公主结婚，从而成为犯罪嫌疑人。他是装模作样呢，还是放弃官职？不久便传出消息，王位继承人放弃了海军大臣的职务，誓死不向《宣誓法》屈服。这个事件震惊全国。王后不大可能为查理二世生下继承人。因此，王位必然传给一个天主教徒，他已经表明，为了信仰，会毫不犹豫地牺牲一切物质利益。现在反对国王及其政策的势力，来自圣公会教徒和非国教教徒的合流，以及当年鲁珀特部下军队和克伦威尔部下军队的实际上的合流。武装部队全部掌握在保王派绅士的手中，而且仅伦敦就有数千名曾经追随克伦威尔的老兵。他们现在统统站到同一边，为首的便是17世纪第二位伟大的议会战略家沙夫茨伯里。这是各种联合势力中对查理二世构成最大威胁的。

德莱登以不朽的诗句记录了此事，他对沙夫茨伯里的评价尽管有偏见，却很权威：

> 精明勇敢，才智汹涌，
> 满腹盘算，奸计百出，
> 不顾原则，不守本分，不肯安顿。

权柄无法满足他，失宠更令他焦躁。

火爆的灵魂自行其是，

折磨着小身躯去衰颓，

塞满了泥胎卑微。

他是绝境里无畏的舵手，

风高浪急中，乐见艰险，

迎战暴风，却不适合平静；

尽力靠近沙滩行驶，

以炫耀才智。

天才必与疯狂结盟，

两者的界线薄如纸。

　　保王派议会每与王权争端，就显示出威力。在外交方面尽心尽力，完全控制了国内事务，并以硬核的《宣誓法》或《弹劾法》迫使国王撤换谋臣。这时候，新政出现了。约克郡地主托马斯·奥斯本爵士在下院网罗了强大势力，并且在很大程度上强迫国王为了拯救自己而接受他。他的政策是一个顺应民心的纲领，把曾经在内战中为国王战斗而现在对宫廷怒不可遏的人统统组成一个坚强的党派。该党的主要理想是厉行节约、维持圣公会和摆脱法国人。奥斯本在枢密院提出这些目标后，很快被封为丹比伯爵，以自己的党派为基础开始执政，党组织在下院形成了微弱而有效的多数。为了把追随者团结到国王身边，同政府的反对派决裂，1675 年丹比伯爵提议，所有担任官职或议员的人必须首先发誓，一切抗拒王政的行为都有罪。他蓄意要对清教徒及其传统采取强硬路线，计划把中央和地方的政府大权揽到宫廷派那里，党同伐异。计划执行中，他操纵党羽营私舞弊，采取前所未有的补缺选举方式，结果在上院遭到沙夫茨伯里和白金汉的反对。由于这两位前任大臣的竭力反对，丹比伯爵只好放弃通过宣誓进行的新报复计划。

在外交方面，新任大臣公开与他的主人唱对台戏。他反对法国人的支配权，反对干涉，因此得到广泛的支持。可是他不得已成为查理二世和路易十四的秘密谋划的知情者。他强硬坚持保王派关于国王应有较大个人权力的观点，被引诱去替查理二世向法国国王要钱。他设计使约克公爵的原配所生的玛丽同新教世界的英雄、名噪一时的奥兰治亲王威廉结婚，就使他岌岌可危的名望登峰造极。这门婚配影响极大。由于害怕天主教徒当上国王，荷兰的州长、炙手可热的人物威廉早就众望所归。威廉是查理一世的外孙，他那坚定的新教信仰、严肃的举止、出众的才能和高贵的血统已经使他上升为欧洲举足轻重的人物。约克公爵的女儿是英国未来的王位继承人，威廉同她结婚之后，似乎也有继位的可能。查理二世却不这样看，弟弟詹姆斯更不以为然。他们认为危险不大。查理二世倾向于认为，通过联姻，沙夫茨伯里的反对派会受到削弱。约克公爵对继承权信心满满，足以排除对他的继承权的潜在威胁。于是，这件婚事便成了，不久前还在海峡里激烈搏斗、场面令人难忘的两个海上强国被这件重要的联姻联合了起来。从此，荷兰和英国这两个民族在欧洲大事中一直很少发生分歧。

* * *

此刻，路易十四对自己的英国投资感到不满，对于可能把英国拖入荷兰阵营并且强力维护新教利益的婚事十分气愤，便决定搞垮丹比伯爵。他向大多接受他的贿赂而违背他利益的英国反对派披露了首席大臣一直向法国要钱的事情。事情经过精心准备，在下院里捅了出来，而且极具戏剧性。定时炸弹在可怕的时刻爆炸了。把新教英国置于罗马控制之下的阴险计划人人皆知。由于所谓的"天主教阴谋案"，到处流传着同法国国王签订了密约以及有关熊地精① 约克公爵似乎注定要继位的谣言甚嚣尘上，火上浇油。

声名狼藉的叛教教士泰特斯·奥茨博士背弃自己的信仰，以新教卫士的身份上场了。他手里掌握着英国天主教徒、耶稣会士写给圣奥梅尔等法国天主教中心的教友的信件。根据这些材料，他指控约克公爵夫人的私人秘书科尔曼阴谋弑君，招引法国人入侵，大举屠杀新教徒。上下两院的许多负责人相信奥茨的控告，或者假装相信。于是签发了科尔曼的逮捕令。现在肯定，科尔曼根本无意弑君，而他身居天主教活动和通信联络的中心倒是事实。他在被捕之前成功烧掉了大部分信件，但缴获的一些信件中，不慎提到恢复"旧教"的问题和天主教徒对查理的失望情绪。群情激愤的时刻，奥茨的控告便增色不少。1678 年 10 月，科尔曼的案子呈上，让地方治安官埃德蒙·贝里·戈弗雷爵士审查。案子审理期间的一个晚上，有人在格林贝里（现为普里姆罗斯山）山脚下发现了戈弗雷的尸体。为了所谓的凶杀案绞死了 3 人，他们的名字碰巧是格林、贝里和希尔② 。尽管如此，戈弗雷之死至今仍是谜案。累积的轰动效应让英国社会达到了疯狂。国教徒和清教徒都携带刀剑等防身器具，伦敦人人都

---

① 英国民间吓唬小孩的虚构魔鬼。

② 希尔（Hill）是山字的谐音，三个名字加在一起正好是"格林贝里山"。

在谈论要提防天主教徒的暗箭。奥茨在数月之内成为大众英雄，这个奸诈无比的家伙充分利用了这种有利的条件。这时候，革命老将沙夫茨伯里看出他乘风破浪的机会已经来到。

英国前驻法大使蒙塔古与辉格党和清教徒领袖们串通一气，披露了丹比伯爵的一些亲笔信。信中说，英国同意拟议中的法荷《奈梅亨条约》（Treaty of Nimwegen），可得到600万里弗的报酬；还有查理二世希望摆脱对议会拨款的依赖。通过这个条约，法国人将获利丰厚。作为回应，丹比伯爵也宣读了一些信件，结果减轻了事端，却不能推翻严酷的事实。弹劾已经板上钉钉。当年斯特拉福德的处境也不比他更危难。确实，他似乎保不住脑袋了。查理二世希望暂缓进行这种会把大臣置于死地的诉讼程序。控告有不公之处，何况丹比是为了博得国王的欢心才采取那些行动的。于是，查理二世在1678年12月解散了保王党议会。

这届议会持续了18年，其间有过几次休会。它诞生于保王派热衷王政复辟之时，而终止于国王坚信自己将被贬低到威尼斯总督的地位之时。在寿命上，它超过了"长期议会"。在忠于立宪制度同王权斗争方面，它在很长的时间里胜过初期朝气蓬勃的上届议会。保王派的胜利巩固了大叛乱的所有成果，在一定限度内恢复了王权和君主制的名誉，尽管当时都是虚构的理由，但从此以后就心照不宣了。另外还建立起议会对财政的控制，并且使大臣们进一步对议会两院负责。它建立在英国政体中的议会派和新教特色这块基石之上，向我们呈现了这些力量的集结，尽管它们之间严重疏远，但针对当时的主要问题，他们共同发动了1688年的革命。

＊　　＊　　＊

查理二世打碎这一长期支持他的支柱以后，并不打算信任别的一个集团。他希望新一拨议员比旧议员少一点僵化，不那么墨守成规、顽固不化。他设想，乡下比说一不二的、闹哄哄的伦敦更友好。但这一切只是错觉而已。乡下的敌意胜过了首都。各地选民享受着选举季，候选人买单，他们大吃大喝，兴致勃勃地争论。正如查理一世时代的"短期议会"以后发生的一样，反对国王的主要人物又都重新当选。忠于王室的可靠议员集结了150人，这次只有30人再度当选。局势酷似1640年，不过有一点根本区别：国王和全国人民有过痛苦的经历，都不希望受二茬罪。英国笼罩在内战及其可能引起的克伦威尔式暴行的恐怖之中。父王厄运的阴影紧跟着查理二世。此时，不惜一切代价拯救王权和他自己是头等大事。国王顺从全国的愿望，向敌对的议会低头了。丹比有丧失财产和公民权的危险，因而庆幸自己在伦敦塔内被遗忘了5年。然而他的戏并没有唱完。

首当其冲的是约克公爵詹姆斯。国王早已请他不要出席枢密院会议，此时劝他出国。于是约克公爵退隐低地国家，随行人员中有年轻的英军上尉、当过法军上校的约翰·丘吉尔，此人是他信赖的副官，办事干练。查理二世减轻了国内负担，便去直面如火如荼地反天主教风暴。奥茨和追随他的其他作伪证者实行恐怖统治，血腥镇压英国天主教徒中的知名人士。他们以作伪证和教唆别人作伪证的手段，把许多无辜的天主教徒送上了断头台。国王千方百计保护受害者，办不妥时，只能听天由命，让血腥的迫害进行下去。他对人生认识深刻，因而态度悲观。他在流亡时期经历过颠沛流离的生活，能够应付自如。他明知那些人无辜受冤，却签署了他们的死刑判决书；

忍受臣民强加给他的可怕折磨，并非出于卑鄙的动机。他的举止有
了重大的改变。鉴于自己的生命和王朝处于危险之中，他放弃了不
问政治的懒散生活，以其全部财力和现代学术研究中越来越推崇的
全部治世之才去夺回失去的地盘。他的最后5年的统治阶段是值得
记住的最光辉的一页。他同沙夫茨伯里的殊死斗争惊心动魄，真可
谓针锋相对。他起初似乎听任这位可怕臣子的摆布，可是他从长计议，
及时释放脾气，神出鬼没，妙计不断，最后胜出，而残酷无情、双
手沾满无辜者鲜血的沙夫茨伯里逃亡国外，后来客死他乡。

　　斗争的焦点是《排斥法案》（The Exclusion Bill）。全国大多数
人把防止天主教徒继承王位作为首要目标，是可忍孰不可忍？那么
应该由谁继承王位呢？沙夫茨伯里看好奥兰治亲王威廉，但更看好
查理二世同露西·沃特斯所生的私生子蒙默思公爵。蒙默思年轻英
俊，浪漫勇敢，灵光闪耀，是人们爱戴的新教公爵。他是婚生子还
是私生子呢？据当时的普遍看法，查理二世和露西以某种形式结过
婚，据说结婚证书放在一个"黑盒子"里，后被教皇使节盗走。英
国如今的强势集团希望确立蒙默思的合法地位，因为他们需要国王，
一位信奉新教的国王，一位属于圣公会的国王。他必须是在立宪制
度下熏陶出来的，必须有一些平民血统，才会比较理智，奉行明确
的方针，组织新教势力奋战路易十四所谋求的欧洲天主教统治地位。
只有一个人能解决这个问题。只要国王承认蒙默思是继承人，他的
一切麻烦问题便可迎刃而解，国家的前途就会得到保障，然而他无
论如何不肯背叛继承顺序。他耽于肉欲，生活放荡，相信不可知论，
对艺术浅尝辄止，但他有一点忠诚之处，即忠于王族血统和合法继
承权。不管这对他本人和整个王国是多么痛苦，他还是认为把王位

传给弟弟是他的神圣职责；其实他深知道，弟弟的优缺点都决定了
其最不合适戴上英国王冠。然而，关于"黑盒子"的传说流传至今，
我们现在还常常听说不幸的蒙默思的后代巴克卢公爵找到并销毁了
露西·沃特斯的结婚证书，因为它危及了王族。

新的下院比上一届下院解散时还凶猛得多，形成了反天主教的
绝对多数。它立即开始弹劾丹比伯爵，动作太慢时，就褫夺他的私权。
它集中精力推行《排斥法案》。这个措施背后有着严肃的逻辑：既然
法律禁止天主教徒在国内担任任何职务，为什么要由一名取缔的教
徒行使王权呢？查理二世费尽心机，提出妥协方案。他不同意议会
改变嫡系子孙继承王位的传统，玫瑰战争就是因僭越而爆发的。他
提出一些不寻常的限制措施，如果能被接受并且付诸实施，英国将
会产生受到严格限制的君主立宪制。如果天主教徒登上王位，国教
教会将不再支持国王。天主教徒不得充当上下议院的议员，也不能
担任任何官职、要职。国王逝世时的议会应该留任一个时期，如果
它已经休会，不经过召集便可自动复会。法官须经议会同意才得任命。
查理二世终于放弃了他父亲长期为之奋斗的兵权。控制民兵的地方
治安官、副治安官和海军军官将由议会指派。然而在当时的主导气
氛下，人们认为，如果天主教徒当上国王，任何限制措施都是不起
作用的。《排斥法案》二读时以压倒多数通过，于是查理二世亲临议
会，把它解散了。

然而，这个短命的立法机构为自己留下了永恒的丰碑。它通过
了一项《人身保护法》，确认并加强了个人不受政府随意逮捕的权利。
任何英国人，不论贵贱，只要公开法庭根据现有的法律不能确定他
的罪名，在监禁几天之内就必须获得释放。查理二世不反对这一点。

该时期，国内对立两派似乎势均力敌，所以他的朝臣、奴仆和以前的大臣或许有时也需要这种保护。他用诺曼底人的法语讲了这句惯用语："朕有此愿。"凡是世界上讲英语的地方，凡是不列颠帝国国王或美国政府管辖的地方，一切奉公守法的人都享受着人身自由。目前，许多大国堕落为专制主义，英国人的政治天才制定的《人身保护法》显出难能可贵之处，即使最粗心、最无知的人、最卑贱的人都一目了然。

　　新教的怒潮再次席卷英国大地，各地的选民纷纷反对约克公爵继承王位。真诚可敬的教士们企图说服他回归他的前辈和未来臣民所属的教会，而他执意不肯。他既有天生的骑士精神，又有皈依天主教者的热情。纳瓦拉王国的亨利为了获得俗世王冠，曾经低头就范，而约克公爵不想世故地做出妥协。他宁愿流亡异国、贫困潦倒、客死他乡，宁可国土在内战中变成废墟。对立双方的主导动机都是值得敬佩的，但也无情地带来了长期而深重的灾难。在天主教会利用它古已有之的权威反对俗界专制之际，世人很难看出，它在 1679 年的英国面前呈现的面貌，同史密斯菲尔德刑场上烧死新教徒的大火、圣巴塞洛缪节对新教徒的大屠杀、西班牙无敌舰队的讨伐和火药阴谋 ① 这些历历在目的事件究竟有什么区别。

---

　① 1605 年 11 月 5 日，天主教徒在议会的地下室安放火药，企图爆破。

第 24 章
辉格党与托利党

查理二世刚发现议会选举于事无补，便使新议会又休会了近一年。正是在此期间，我们初次看到"辉格党"和"托利党"这两个名称的应用，这两个党派将使岛国分裂约 200 年之久。虽然斗争的根源仍然是宗教问题，但在查理二世的统治之下，开明思想摆脱了宗派基础。英国的集体思维正在前进，从宗教缠斗的峡谷爬上来，来到开阔的高地，尽管那里的景致没那么诗情画意。宗教争议的冲动，至此对政治进步头等重要，但此后已退居第二位。党派斗争接替了昏天黑地的教义宗派斗争，尽管手段卑鄙，却不那么违背理性，不可控制。

1680 年，新议会召开之前，掌握全国大权的绅士阶级开始对猛烈的新教运动感到不安。拥护国王的圣公会教徒们从沙夫茨伯里的煽动行径中，越来越看出克伦威尔可怕的样貌。关于内战和所谓的"共和国"，老一辈有挥之不去的恶梦记忆。如果成千上万的城镇居民签署了驱逐约克公爵的请愿书，那么乡下人对于向国王提出的这些要求则普遍表示憎恨。不过双方都不愿戴上"请愿派"或"憎恨派"

这样的帽子。他们不为自己，而是给对方戴上帽子。性情乖戾、固执己见、善说黑话和贪财如命的苏格兰长老派被称为"辉格党"；洗劫庄园豪宅的爱尔兰天主教土匪被称为"托利党"。就谩骂能力而言，双方都不遑多让。"托利党人是有着英国人面孔、法国人心肠和爱尔兰人信仰的魔鬼。是长着宽额头、大嘴巴、大屁股的人，没有头脑。他们是一群野猪，要把现存的政体连根拔除……他们采取黑暗的灯笼政策，会即刻摧毁我们的两根自由支柱——议会和陪审团，把议会变成有名无实的巴黎议会，把陪审团变成法官的传声筒。"[1]而辉格党人"老是空谈新曙光和预言，宗教方面的收获，内在精神、化身、显灵、封印……带着鼻音，讲话激昂，使之增添了不小的说服力……这小喇叭会说话，说的话是'推翻''推翻'。他们的祈祷是"天哪"的狂想曲，合法化的狂吠，是灵感的瞪眼、叹息、哭泣、咋呼、喘气和呻吟。为国王祈祷，但比老实人起誓《神圣盟约》时有更多区分和精神保留。"[2]

从这些仇恨轻蔑的语汇中，可以看出英国险些没躲过另一场残酷的武装清洗。"辉格党"和"托利党"的名称不仅沿用了下来，而且受到同它们捆绑的人们的珍视和夸耀。它们逐渐进入整个国家生活，先后以各种形式反映了民族的主要气质类型。它们因取得了造福英国的难忘成就而增色，两者都为后来的扩张和强盛做出了贡献。尽管议题与时俱进，党派的阵容有变化，千家万户都把对党的忠诚和党派名称传之后代。演说家和名作家相信自己的号召力，骄傲地歌颂它们。

不胜烦恼的查理二世，没有正面应对他的第四届议会，而是采取一条权宜之计，这不禁使人想起他父王40年前同意而没有实施的"大磋商"。英国驻海牙使节威廉·坦普尔爵士建议成立人数少而实权足的枢密院。他积极主张采取反法政策，曾经一手促成在埃克斯拉夏佩勒遏制路易十四野心的反法三方联盟。根据他的建议，两党推荐 30 名要人，一半是官员，一半是独立人士，他们将取代曾经密谋签订《多佛条约》的"阴谋小集团"或内阁。国王的政策不管正确与否，应该公开。人们认为秘密外交行将结束。查理二世此时已同路易十四彻底决裂，因后者在英国反对派当中广泛散发贿赂金。他从善如流，成立了好名声的枢密院。他任命反对派领袖沙夫茨伯里为枢密院院长，可是这个好心的措施毫无结果。压力太大了，30 人的枢密院里不久便形成一个内部小圈子，办理着一切事务。沙夫茨伯里并没有因为重返官场而宽慰，没有放弃反对派运动和他所领导的党。恰恰相反，他利用自己的地位争取他们的利益。1680年 10 月议会开会时，他再次为通过《排斥法案》而斗争，此时他的声望达到了登峰造极的程度。他似乎兼有大臣的权力和初期造反运动领袖的威望。下院通过了《排斥法案》，而上院进行了激烈的斗争。

　　这场斗争之所以能够在不流血的情况下结束，主要是一位政治家的功劳，他使"两面派"一词从此家喻户晓。他就是哈利法克斯侯爵乔治·萨维尔，既反对天主教，也反对法国。他是天下少有的人物，沉着冷静，见多识广，行动果断。他能够以通常极端主义者才有的坚定态度保持中庸之道，善于随机应变，有时顺应潮流，有时逆流而行，而不至于丧失力量和威望。他在社会情绪猛烈爆发的时刻从不退缩，虽然被诽谤为随波逐流之人，他的形象却日益高大。德莱登的生花妙笔刻画了这个动荡时代的许多人物，其中最令人喜爱的形象便是约坦，他说道：

> 稍试不利的方案，
>
> 便做出正确的抉择。
>
> 这不是单一的选择，
>
> 而是改变了力量均衡。
>
> 勇敢者可以改地换天。

　　哈利法克斯侯爵积极与丹比为敌，在上院粉碎了《排斥法案》。很难提出其他王位继承人，容易完成任务。一些反对詹姆斯（即约克公爵）的人主张立他的长女、著名的奥兰治亲王威廉的夫人玛丽为继承人，因为其血管里也流着英国王族血脉。沙夫茨伯里也曾有此意，但他最后还是决定拥戴私生子蒙默思公爵。他把蒙默思拉入枢密院，纳入反对党的组织结构。辉格党人捏造宣传，说蒙默思毕竟还是婚生子。反正查理二世很喜欢他这个威武英俊的儿子。既然他身受压力，灾难临头，难道他不可以采取既稳妥又容易的办法，宣布蒙默思为婚生子吗？可是这种讨好反对派的办法查理决不容忍，也没有打动议会，因为每个议员都通过严格解释的世袭权利得到了土地、财产和权力。圣公会拒绝把私生子推上王位来反对天主教。上院以 63 票对 30 票的多数否决了《排斥法案》。

　　＊　　＊　　＊

　　针对天主教会阴谋案的愤怒情绪慢慢消弭在殉道者的血泊中。1680 年 11 月，最后殉道者之一斯塔福德勋爵在断头台上喊冤叫屈，人群喊道："我们相信您，老爷。"奥茨等人精心编织的谎言网渐渐磨破了。法官们开始着重细察，宣誓作证处死天主教徒的，证据自相矛盾，不着边际。恐惧气氛盛极必衰。看到国王明显地同路易十四分道扬镳，人们的政治激情也就缓和下来。查理二世认为，这种新风是召集一届有利于他的议会的良机。刚刚为国王立下汗马功劳的哈利法克斯却反对解散议会，他认为1680年的议会仍然有利用价值。可是，在枢密院充分辩论之后，查理二世否定了多数人的意见，他说："先生们，意见我听够了。"于是，3年内的第三次竞选角力开始了。这是对选民的一次挑战，让他们直接推翻上一次投的票。又一次，当选的大多数议员，性质并没有发生根本变化。

不久人们听说，议会将在牛津召开。在那里，伦敦城以及沙夫茨伯里的徒子徒孙，人称"白衣男孩"的，就无法要挟国王了。于是，双方都来到牛津。查理二世将其近卫军调到了牛津，并派兵扼守伦敦通往牛津的几处要津。上院的辉格党议员带来了武装市民，他们以决斗场上绅士们那种彬彬有礼的敌意看着宫廷的骑兵和卫士。一批下院议员四五十人相继来到牛津，由伦敦的议员们还有武装市民护送。较量在即，谁都说不清楚会不会发生流血冲突。绝大多数下院议员仍然坚持《排斥法案》。

查理二世似乎准备了两套行动方案。他让克拉伦登的儿子、约克公爵的内弟、干练的金融家劳伦斯·海德精确查明有关国王终身正常岁入的状况，看看通过厉行节约能否"自力更生"。这一算计的主要目的是要保证海军的军费，始终要摆在养情妇和享乐之前。海德报告说，单靠议会批准的关税和国内货物税以及后来让步批准征收的税款，根本不可能履行国王的职责。但假如紧缩开支，赤字不会太大。接着海德奉命同路易十四谈判，英国最终以不阻挠法国在大陆上的扩张野心的共识，每年可得到 10 万英镑的援助。有人认为，国王有了这些援助，可摆脱凶狠的议会的控制。如今英国落到了历史上的一个低点，就像"失地王约翰"沦落为教皇附庸，经历的压力不无相似啊。现代社会从宪法的角度评判查理二世的行动，对于君主以每年 10 万英镑的代价出卖国家外交政策的情景嗤之以鼻。但用现代社会的标准看，议会的宗教排外和沙夫茨伯里的党派暴力也应该受到谴责。

而且，如果不是对议会失望，国王也不会采取由他一手或者几乎一手制定的屈辱政策。他假装在千方百计应对全国民众对王位传给天主教徒的担心。决不允许打破王位世袭的神圣原则，除此之外可以作出各种保证。约克公爵一旦继位，只当名义上的国王，英国将由护国公和枢密院实行统治。推定接班人皈依罗马天主教的意外，不应剥夺王族身份，而应褫夺一切实权。行政大权应该掌握在新教徒手中。如果约克生了儿子，就给予新教徒的教育，在成年之时将立即继位。倘若没有儿子，约克的两个坚信新教的女儿玛丽和安妮将登基。同时，护国公别无选择，必须由奥兰治亲王威廉担任。

毫无疑问，查理二世本来会同意这种安排，然后能够不听法国的，同荷兰人和信奉新教的德意志公侯们结成联盟。没有人会轻易指责这个计划，国王有过这个打算，也揭示了他内心的痛苦斗争。沙夫茨伯里却另有想法，他和全党一门心思要把蒙默思推上王位。议会一开，双方立刻剑拔弩张。国王致辞谴责上一届议会有不讲理的宗派行为。下院老议长再次当选，他讲话谦和，暗示说，看不出有改弦易辙的必要。沙夫茨伯里仍是枢密院成员，在某种意义上也是政府要员。他当着满目惊叹的要人的面，同国王强硬对话。他把一份文件交给国王，要求他宣布蒙默思为继承人。查理二世回答说，这种做法违法，也不符合公道。沙夫茨伯里说："如果你只服从法律公道，那就依靠我们，由我们处理。我们将制定一些法律，使必要的安民措施具有合法性。"国王反驳道："不要异想天开了。我决不屈服，也决不受胁迫。人往往年纪越大胆子越小，而我却恰恰相反，我的余生里，决不让名誉受玷污。我的手中有法律和理性，一切头脑正常的人都站在我一边。我还有教会的支持。"说到这里，他指了指在座的主教们，"任何事情也不能使我们分离。"

两天以后，即1681年3月26日，下院召开决定性的会议。一位重要议员向大会透露了国王心目中要在约克公爵继位后设立清教徒摄政的计划。查理二世如果让讨论继续下去可能是明智的，但牛津是个兵营，两个武装起来的派系挨挤着，随时可能爆发冲突。正如约克公爵甘愿为宗教信仰做出牺牲一样，查理二世敢于为维护世袭原则舍得一身剐。为了防止爱子蒙默思取代他的总祸根——弟弟约克公爵，没有风险是他不愿冒的。

下院通过了驱除约克公爵的决议。下星期一，两顶轿子直奔议会而来。第一顶轿子里面坐着国王，王冠藏脚下，第二顶轿子遮得严严实实，里面放着国王的权杖和朝服。查理就这样奔向在牛津大学几何学院开会的上院。下院正在辩论国王起诉诽谤的管辖权问题，当一名议员慷慨激昂地论述大宪章对那一点的影响时，黑杖侍卫前来叩门召集他们到上院去。大多数议员认为，这预示着国王要向他们的意志屈服。他们看到国王穿着朝服坐在御座上，无不感到惊讶，当他们听到上院议长以国王的名义宣布解散议会时，则大惊失色。

没有人能预料这次解散有何种后果。40年前，苏格兰议会接到国王的命令时拒绝解散。100年以后，法国国民议会退守凡尔赛的网球场，确认继续存在。但是，英国内战这服药剂，仍然在1681年的国人身上发挥着效力。由于尊重法制，他们无力行动。国王在禁卫军的严密保护之下撤回温莎。沙夫茨伯里试图把已经解散的议会分子变成革命的代表大会，可是无人听从。查理二世的这步险棋走对了。前一天议会还把自己看作国家命运的负责任的监护人，随时准备进行殊死的斗争，第二天议员们却乱哄哄地争夺车辆载他们回家。

沙夫茨伯里从此开始倒霉，而深谋远虑的哈利法克斯走运了。处决天主教贵族和其他人的反对行动已经不言而喻，议会遭第三次解散时的顺从态度，使这一行动坐实了。两个月以内，国王感到其实力足以将沙夫茨伯里以煽动叛乱罪论处。怪人沙夫茨伯里此时几乎奄奄一息，他虽然意志坚定，而身体已经垮掉了。他几乎不会走路，追随者见了十分气馁。米德尔塞克斯地区的大陪审团忠于沙夫茨伯里，在控告他的议案上写了"不学无术"的字样，这就意味着他们认为证据不足。沙夫茨伯里依法获释。他在伦敦逃过一劫的同时，一名追随者却以同样的罪名在牛津上了绞刑架。他已经难以继续斗争，建议发动叛乱，而弑君似乎是开场白之一。他在这时候逃往荷兰，也许希望荷兰人给予支持，数星期之后便在海牙去世。他不能同议会制度的几个主要设计师相提并论。作为清教徒革命家，他懂得党争博弈的每一步骤，而他的双手有意识地沾满了无辜者的鲜血。他的首要目标是寻求本党派取得胜利，践行自己的宗旨。他终生的事业没有为英国留下任何遗产。他同皮姆一样厉害，可是他的名声却远远不及。

＊　　＊　　＊

此时引人注目的问题是内战会不会发生。所有的克伦威尔势力跃跃欲试。人们确实有一种恐惧心理，怕约克公爵一旦登上王位，摆在他们面前的只有两条路：要么改信天主教，要么火刑柱上烧死。1682年5月，约克公爵从流亡地归来，人们更加胆战心惊。科尼特·乔伊斯把查理一世从霍姆比山庄带离，只是近在上一代人的事情。已经退役的圆颅党军官"汉尼拔"·朗博尔德于难忘的1月30日在白厅刑场的断头台旁边值勤，如今住在纽马基特公路旁的拉伊城堡里。在那个地段，公路是开凿出来的。查理二世和约克公爵赛马休闲归来之时，如果这里埋伏50名狂热的铁甲军士兵，便可以轻而易举地战胜国王的小护卫队。除了这诡计，还有一个武装暴动的大阴谋，与伏击者互不通气。几年以后把约克公爵赶下王位的那些人当中，许多人，但不是所有的人，此刻确实准备动武。辉格党的许多贵族巨头一起进行了密谋。幸好纽马基特发生一场意外火灾，该镇大部分毁于烈火，结果国王兄弟俩提前几天回京，因而安然无恙地通过了拉伊城堡。数星期之后，有人泄露了这次阴谋的秘密，直接危及策划武装暴动的大集团。

消息在各地传开以后，时来运转的保王派做出强烈的反应。乾坤扭转了。此前，辉格党利用天主教会阴谋案使老百姓相信，罗马天主教徒即将弑君。现在来了灵丹妙药啊，辉格党或者说是清教徒反而阴谋弑君。英国人对君主制满怀敬意，查理二世举止优雅，尽管有一些要命地诱人的恶习，还是深受人们的爱戴。而且人们担心，国王一旦驾崩，信奉天主教的弟弟将接班，因此国人倍加珍惜。从这时起，查理二世已经高唱凯歌了。哈利法克斯催促召开新的议会，但查理已经吃尽这种动乱的苦头，他靠路易十四的补贴，刚刚自给自足。30 名天主教徒蒙冤遇害，他就不得不签署了死刑判决书，所以他随波逐流地决定报复，并不令人感到奇怪。

两位名士遭反噬。拉塞尔勋爵威廉和阿尔杰农·西德尼并没有图谋弑君，不过拉塞尔对暴动策划知情不报，而西德尼身边搜到一份未发表的为抵制王权进行辩解的学术文章。保王派的托利党人不再心有余悸，幡然醒悟，高喊复仇。查理二世把拉塞尔和程度稍轻的西德尼归入哈利·韦恩爵士之列，定为国家公敌。公审之后，两人上了断头台。拉塞尔拒绝向不抵制王权原则低头去买一条命。西德尼在生命最后一息，仍然坚信此刻已经称为辉格党的根本原则。政教方面合力与两位不屈之士进行了激辩，他们就是不让步。兰克有感人的论述："这是本世纪的特有标记：在政治和宗教观点争夺主导地位的冲突中，许多人形成了不可动摇的信念，使他们具有坚定内敛的性格，形成高于党争的思想境界。骰子掷下，人们可能掌权，得到实施其观念的广阔天地，也可能不得不向复仇行刑斧伸出脖子。"

这些处决意义深远。宗教殉道士不胜枚举。属于新教、天主教、清教、长老派、再洗礼教派和贵格派的教徒，曾经都毫不退缩，踏上不归路。宫廷大臣和公众人士曾经倒在其政策的废墟中，弑君者们也傲然面对极刑。而此时这些受刑的却是为政党利益牺牲的第一批烈士。分支繁多的整个贝德福德家族维护了拉塞尔的荣誉；对自己的称号比较满意的辉格党人，世代崇敬这些捍卫他们的原则和利益的斗士。他们长期颂扬"汉普登在战场上，西德尼在断头台上为之献身"的事业。辉格党已作古成为历史，当年的自由治国原则尚在自说自话和互相误解的世界上为得到承认和夺权而斗争。如今我们念及这原则对现代人的宝贵价值的时候，也必须向那么早那么朴素地身体力行的人们致敬。

从此查理二世在国内的权力无人挑战了，还具有反击的能力。辉格党的堡垒位于自治市和城镇，凭借特许状来控制地方治理和地方法官。议会选举中的影响也岌岌可危。通过施压和操纵，托利党当选为伦敦的司法行政官，从此可以组织可靠的陪审团，严惩作奸犯科的辉格党人。沙夫茨伯里那样逍遥法外的事情不会重演了。托利党在伦敦得势以后，在外省也如法炮制。辉格党的市镇当局收到责问令状，应当提出有关长期行使权利的合法依据。王室法官们感到高兴的是，这些依据多半漏洞百出。在这种压力下，许多一直抱着敌对态度的市自治机关向国王屈服，乞求国王开恩签发新的特许状。嫉妒自治市特权的乡绅阶级支持政府。辉格党人在乡村处于劣势，此时在城市的权力也受创。值得注意的是，他们竟然作为一股政治力量生存下来，而且事态的发展不久将恢复他们的优势。

获胜的国王违心地顺从法国恩主确定的外交政策。他生活日益节俭，情妇们开始关心自己的前途，互相争夺以印花税收入担保的年金。只有海军舰队得到关照。路易十四继续侵略扩张，向民主自由和新教开战。军队践踏西属尼德兰地区，染指斯特拉斯堡，进攻德意志诸公国，称霸欧洲，真是不可一世。伊丽莎白和克伦威尔统治时期，英国在欧洲事务中举足轻重，此刻除了国内政治，却一度蜷缩于休眠自足的社会之中，忙于贸易和经营殖民地，专心国内事务，而且庆幸自己活得自在。

大洋彼岸，英国势力广泛狂飙突进，往往是当地人士的主动进取，而不是伦敦发来有计划的指示。英国的贸易在印度和非洲西海岸拓展。1669 年成立的哈得孙湾公司在加拿大北部领地建立了第一批贸易站，势力不断加强。在纽芬兰沿海地区，英国渔民使最早开辟的英国殖民地恢复了生气。美洲大陆上，英国人几乎完全控制了整个东部沿海地区。他们夺取纽约，开辟新泽西殖民地，南北两大批殖民地连成一片。内陆地区的宾夕法尼亚在贵格派地主威廉·佩恩的指引下，开始成为各国受迫害者的避难国度。南面，南北卡罗来纳两个殖民地成立，以国王命名。到查理二世末年，美洲诸殖民地已经拥有 25 万人口，其中不包括源源不断地从非洲运来的黑奴。各殖民地的地方议会坚决维护英国人的传统权利，反对伦敦王室大臣的干涉。王政复辟时期，伦敦人沉浸在仇斗和喜乐之中，也许很少有人看到这遥远的相对小块美洲殖民地面前展现的广阔前景。温斯顿·丘吉尔爵士倒是瞥到了这番前景，他在垂暮之年著书颂扬伟大和古老的不列颠王国，书名为《神圣的不列颠》（Divi Britannici），尽管麦考利对这部书评价不高。丘吉尔自豪地提到了17 世纪的不列颠新天地，"其界线扩展到遥远的美洲，那里阳光灼热，已经成为我国的一部分，迅速发展，将比本土更大"。不过，这是后事了。

*　　*　　*

不让约克公爵继位的呼声渐行渐远。这时他成了法国拿下欧洲这一目标的热情支持者。他不但没有因为过去而学乖，反而变本加厉，梦想借法国武力使英国再度皈依罗马天主教。不过，他的个人威望竟然复苏了。他的行动到处传扬，没有被忘怀。

不列颠王室的荣耀，

敬爱的吉米①归来。

　　这是托利党打油诗人的吟诵。他官复原职，在只缺正式名分情况下再度成为海军上将大人。他向不抱任何幻想的查理二世详述，强硬政策的效力已显。他打起精神，狠下心肠，准备执行自己面临的使命。

　　查理二世只有56岁，表面上精神焕发，身体强壮，而实际上纵欲早已掏空了他的身体。倘若把他视为一介酒色之徒，则低估了他的性格和才智。他的一生是在无休止的斗争中度过的，少年时期目睹和忍受的悲剧，成年时期经历的险遇、艰难困苦，坚守王位25年的复杂政治斗争，"天主教会阴谋案"强加给他可恶的对外屈从，但在晚年被平静安详所取代。英国的各种烈焰已经消停下去，但余烬怡人，可供疲倦的国王烤火。

　　此时备受宠信的哈利法克斯仍在敦促国王冒险召集新议会，查理二世要不是在1685年2月中风躺下，也许会同意。当时的医生对他进行了令他痛苦不堪的治疗，毫无效果。他带着众生应感谢死亡而傲视死亡的神态，为自己"临终之时如此难缠"而表示歉意。约克公爵伺候一旁，拯救他的灵魂。在博斯科贝尔的橡树上避难前后曾经相助的老神父赫德尔斯顿被从秘道带到这里，以便把他带回罗马，并为他做最后的圣礼。除了世袭的君主制之外，查理二世在现世和来世别无所信。他要当国王，那是自己的权利，也要及时行乐。

———————————

　　①　昵称，约克的全名是詹姆斯·约克。

他并非残忍，而是玩世不恭，他并非宽容，而是漠然处之。他值得
国人感谢的主要方面，是对皇家海军的关怀。

第 25 章
信奉天主教的国王

自从詹姆斯一世朝以来，王权同议会的斗争一直凌驾在英国社会之上。现在，斗争又回到了起点。整整 80 年的可怕事端、命运的大波折使君主政体在外表上几乎恢复了都铎时代的专制主义，这是形势的实际需要。虽然英国经历了马斯顿荒野战斗和内斯比战斗，经历了处决国王、克伦威尔独裁、军事无政府时期、热情洋溢的王政复辟以及围绕天主教会阴谋案而狂暴酝酿革命，查理二世竟然能够在没有议会辅助下统治 3 年，然后把一个新教国家的王位传给天主教接班人。对于生活在那个峥嵘岁月的人来说，君主制重于生命，即使敌对宗教的障碍也不能阻止合法继承人在不列颠臣民的宣誓效忠声中登基。

哥哥在位的最后两年，詹姆斯在国内发挥了领导作用，他巧妙地利用了查理二世由于顺应逆境、等待时机和奉行屈辱的外交政策而为斯图亚特王朝取得的胜利。对詹姆斯来说，继位似乎证明了他始终维护的一边倒理念是正确的。他认为，要成为名副其实的国王，就只有走路易十四在欧洲大陆建立的模式，建立一支忠于王室的舰队和常备军，要训练有素、装备精良。战争式统帅国家的情景强烈地吸引着他的天性。他曾在蒂雷纳部下打过仗，也曾在海上第一线浴血奋战。他的首要目标是要建立一支忠于王权和他本人的海、陆军部队，这里有打开所有大门的钥匙。一旦国王手中有了坚韧而锋利的重剑，那么空谈的议会、有政治头脑的傲慢贵族、取得复位胜利的主教制度、大肆叫嚣的辉格党和愠怒沉思的清教徒都会乖乖地就位入座。大家对法国在君主专制制度下所达到的繁盛既敬畏又痴迷。法兰西民族平息了国内纠纷，力量在"伟大的国王"治下联合起来，因此成为当代的一大强国。不列颠诸岛为什么不该以类似的方法达到同样的强盛呢？

但这一切的背后，詹姆斯心中还满怀希望，要全体臣民和解，重新皈依天主教，医治造成基督教世界几代人不和的分裂局面。他决心至少使英国的全体基督徒具有宽容精神。这种精神是不是他的唯一目标，史学界尚有争议。他皈依了罗马天主教，而且是偏执狂，甘愿为自己的信仰做任何牺牲，后来终于为此丢了王位。他儿子自觉地继承他的宗教战争，结果自己被逐出。宽容自然是振兴天主教的第一步。詹姆斯国王决心保护天主教徒不受迫害，出于策略方面的考虑，后期保护也扩大到非国教教派。他申明他所追求的是宽容而已，这一点可能也加强了他的信念。他开明地运用豁免权，成为名副其实的全民之父。

詹姆斯坚定顽固，一心想着这些宏伟计划，而新教徒舆论毫不怀疑，假如他获得专制权力，他一定会跟路易十四那样残酷无情地把它用于实现宗教计划。他继位当年，法国国王废除了《南特敕令》，并以所谓的"龙骑兵"式迫害，镇压了胡格诺教派的最后反抗。詹姆斯写信赞成法国国王的迫害活动，信件至今仍存世。另一方面，他执政期间从不敢越过宽容界限。他还没有完成首期政策，便被赶下王位，所以，无法证明他的政策是否已经定型。在后来的流亡生活中，他同属于特拉普派的修道院院长朗塞建立了通信联系，60 封信件至今存世。信中，天主教信仰与宽容精神交叉出现。不过他如果回国，充其量只能指望宽容而已。一旦他如愿掌握绝对权威，新教英国如果把自己托付给他的仁慈宽容，那就未免愚不可及了。

国民们并没有那么做，而是对詹姆斯二世以宽容名义所采取的每一步抱着极端的不信任态度。根据詹姆斯的性格、前科、执信的誓言以及当时天主教会的整个面目，他们确信，一旦赋予了国王兵权，他们的选择要么是做弥撒，要么是火刑柱伺候了。

事件层出不穷地向前滚动着。查理二世的暴卒对他心爱的私生子蒙默思是一个沉重的打击。蒙默思当时在荷兰，快乐王子跳舞溜冰，同美貌的情妇温特沃思夫人尽情欢乐。他无忧无虑地消磨时光，等候英国新教徒的宗教热情和父爱为他赢得他认为的天赋权利。可是他突然发现，今后他必须与之打交道的不是无限宽容的父亲，而是毫不容忍、有无数旧账需要清算的叔叔。奥兰治亲王威廉在海牙把他奉为上宾，可是在查理二世的噩耗传来的那一天，威廉出于国家关系的考虑，竟下了逐客令。威廉对他提出忠告，建议他到皇帝的军队当军官，去同土耳其人作战。可是蒙默思处于流亡分子的控制之下，身边都是曾参与拉伊城堡阴谋的亡命之徒。他们说："为权利而斗争吧。机不可失，时不再来。"蒙默思本来会乐于同温特沃思夫人安然度日，可是这些乖僻狂暴之徒逼他走上了绝路。他们都想念自己在 1681 年逃离的故国，蒙默思也憧憬着自己的队伍在英国西部行进的场面。整个英国难道不会起来拥护"我们敬爱的新教公爵"对抗天主教徒继承王位吗？于是，3只小船载着神圣盟约阿盖尔伯爵之子小阿盖尔和"汉尼拔"·朗博尔德准备驶向苏格兰，另外3只载着拉伊城堡阴谋的其他参与者或沙夫茨伯里的追随者将陪同蒙默思踏上危险的挑战之旅。

詹姆斯就像当年的理查德·克伦威尔那样从容不迫地登基了。为了掌握王权，他未雨绸缪，采取了各种措施，登基伊始发表的声明使惴惴不安的全国人民吃了定心丸。他试图驱散人们认为他怀恨在心、向往专制统治的看法。"我毕生常常舍命保卫国家，以后也将像任何人一样，努力维护国家的全部正当权利和自由。"他宣布自己决心在政教领域维持法治政府系统。他还说："英国法律足以使英国国王成为伟大的君主。"他将维护王家特权，不会侵犯任何人的财产。据说他还说过，"至于他私人的宗教观点，别人不应该察觉到他拥有这些观点。"可是，他一旦感到自己是事实上的国王，便在即位之后的第二个星期天公开到他的小教堂去做弥撒。诺福克公爵带着御剑在前面导行，到教堂门口便止步了。国王说："公爵，如果是令尊大人，一定会进去。"诺福克公爵反唇相讥："陛下的父王在世，绝不会到这里来。"

詹姆斯公开参加天主教礼拜，立即引起圣公会教士的不安。不过，此事的影响一度没扩散到农村。国王的声明得到普遍的接受。召集议会，对随先王逝世而过期的王室岁入进行表决，十分必要。选民新选出的下院对新君忠诚友好，投票拨给他数量可观的终身岁入。随着贸易的发展，这笔收入接近每年200万英镑。老顽固托利党人爱德华·西摩爵士对他所在的西部地区的选举管理发脾气，只有他警告下院不要轻举妄动，要求暂缓。詹姆斯受议会态度的鼓舞，起先决定走立宪之路。他知道自己打算得到什么，希望议会能同意给予他。大臣当中没有发生重大的人事更迭，哈利法克斯这阵子仍然是首辅大臣。人人都在盼望加冕仪式。

就在此刻，蒙默思于1685年6月11日登陆了。他出海19天，躲过英舰的搜索，已经耗尽他的运气了。他进入离波特兰岬角不远的莱姆里吉斯港，民众立即出来欢迎。他发表公告，声明母亲的婚姻是有效的，谴责詹姆斯弑兄篡位。一天之内，就有1500人投效到他的麾下。信使飞马自白厅报告这一消息之后，詹姆斯神采奕奕，初显王威。他虽无浩荡的大军，却有王家骑兵和一个团的龙骑兵，司令官是久经考验的国王代表丘吉尔勋爵。此外，詹姆斯还有从已经弃守的丹吉尔前哨要塞撤回的柯克上校率领的两个正规步兵团。统治势力全部团结在国王身边，议会宣誓同生死、共患难。蒙默思的财产被剥夺了，还有悬赏要他的首级。议会还投票拨出特别给养，召集民兵，各地纷纷响应。长期居住在英国、受封为费弗沙姆伯爵的法国移民路易·达拉斯奉命统率王军。丘吉尔通过强行军已经接近现场。蒙默思带着增补到六七千人的狂热叛军长途行军，经过汤顿和布里奇沃特向布里斯托尔前进，在那里吃了闭门羹之后，便从巴斯和弗罗姆绕回来，在登陆一个月之后重返布里奇沃特。丘吉尔已经和柯克会师，每天在蒙默思身后紧追不舍，费弗沙姆伯爵也率王军渐渐逼近。

尽管平民热情支持蒙默思的事业，这位不幸的公爵知道末日来临了。他获悉阿盖尔和朗博尔德在苏格兰登陆战败被俘，马上被处死。不过他还有最后的机会——可以对王军发动夜袭。费弗沙姆驻扎在塞奇穆尔的营寨遭突袭,但没想到有一条叫作"巴塞克斯莱茵河"的深沟横着,未能短兵相接。警觉而活跃的丘吉尔接过指挥权。西部地区的农民和矿工遭到16门大炮的袭击,背后和侧翼受到王军夹击,却有如当年铁甲军那样顽强,坚守阵地,统统被屠。无情的追击,格杀处决,孤军奋斗,结局悲惨。蒙默思逃离战场,几天之后也被抓获。他无法求饶,也没有得到饶恕。詹姆斯国王同罪恶滔天、必死无疑的蒙默思会了一面,一直受到后人的责备。蒙默思在断头台上宣布:"我是作为英国国教的新教徒而死的。"他身边的教士们说:"老爷,如果你是英国国教,就必须承认不犯上的原则是正确的。"圣公会的教徒们竟然把他们的卑劣理论曲解到如此地步。

首席法官杰弗里斯被派往西部地区处理大批俘虏。这位能干、残忍的无良法官因"血腥的裁定"而遗臭万年。两三百人绞死了,八百来人流放到巴巴多斯,那里现在仍有他们的后代。宫廷女主们竞相出售这批可怜的奴隶牟利。而詹姆斯点名把那残忍的法官提升为大法官。现代社会不时有人提起的丘吉尔,接到请托替休林家族两个年轻的浸礼会教徒的死刑判决奔走。他能否帮助他们的妹妹见到国王呢?他托关系为她活动,但是他手放在壁炉架上对她说:"夫人,我不敢夸口有什么希望,也不敢说大理石会像国王的心那样有同情心。"两个年轻人还是被处死了。

奥兰治亲王威廉的行为显示出他管理国家有术。根据条约,他应该派三个步兵团援助詹姆斯。他欣然践约,甚至主动提出亲自来指挥。另一方面,他并没有竭力阻止蒙默思的远征军起航。倘若蒙默思获胜,英国将会有信奉新教的国王,而他必然会加入反对路易十四的联盟;假如他失败,威廉和夫人玛丽继承英国王位的最后一道障碍就将永远去除。在这两个可选方案中，他最喜欢的一个方案实现了。

* * *

如今詹姆斯达到了权力的顶峰。由于他击败叛军，防止了又一场内战，全国各阶层衷心拥戴。他立即着手利用这一有利条件。他所说的杰弗里斯"运动"一结束，他便建议枢密院废除《宣誓法》和《人身保护法》。哥哥查理二世留下的这两件可恨的遗产，似乎是他的主要攻击对象。当初在紧要关头，他录用了许多信奉天主教的军官，现在决意把他们留在人数增加两倍的新军队里。枢密院院长哈利法克斯指出，这样做将触犯一系列法规，掌玺大臣诺思也指出了主子所冒的风险。结果哈利法克斯不仅丢掉了枢密院院长的职位，而且干脆被赶出了枢密院。不久，诺思去世。"血腥的裁定"血债累累的杰弗里斯首席法官接替他的职务，担任大法官。同年，森德兰伯爵罗伯特·斯潘塞接任哈利法克斯的枢密院院长职务，同时兼任国务大臣，从此成为詹姆斯的首席大臣。森德兰是个令人费解的人物，他伺候过查理、詹姆斯、后来的威廉三世三个国王，是靠反水发家的。此刻为了取悦主子，他成了天主教徒。他比任何人都更了解英国政治和几大家族的态度，因此成为几代君王身边不可缺少的人物。

11月9日，议会举行第二次会议，詹姆斯国王提出了他的当前目标。他直截了当地宣布，民兵毫无用处，这话倒合情合理。他们在装备不全的蒙默思农民军面前曾经两次临阵脱逃。为了维护国内治安，一支强大的常备军不可或缺。他还明确，他不肯在天主教徒军官恪尽职守之后解散他们。这两个要求使友好的议会地动山摇，因为保王党精神已经根深蒂固，在议会里当家了。它最可怕的噩梦就是常备军，而它最宝贵的财富则是英国国教。全体议员的俗世和宗教感情受到伤害，他们担惊受怕，茫然不解，情绪激动，越来越愤怒了。尽管近来的危局所唤起的旧忠诚，仍然鼓舞着托利党的贵族和乡绅，但不犯上的原则支配着教会。双方都准备宽恕天主教军官在叛乱期间违反《宣誓法》的行为。下院追加 70 万英镑的拨款，用以加强皇家军队。他们仅仅要求得到王权不践踏议会法案的保证，以及保护新教的宽慰话，忠心可嘉。然而，詹姆斯国王作出了令人生畏的答复。

在上院，死硬的辉格党人德文希尔、前大名臣哈利法克斯、枢密院成员布里奇沃特、诺丁汉以及伦敦主教亨利·康普顿（其父为查理一世牺牲于纽伯里）起来维护民族的权利。确定了日期进一步讨论，还邀请法官就国王的议程是否合法的问题作出宣判。詹姆斯尚未把党羽塞满最高法庭。他清楚地看到，法官和上院可望作出的裁决，将对他行使豁免权构成巨大障碍，而他一心要解救提拔他的天主教徒们。于是他重复了查理二世 1681 年在牛津采取的手段，愤然解散议会。11 月 20 日，他突然来到上院，将下院议员召集到上院围栏，宣布休会。执政期间他再未召集过议会。

詹姆斯国王反复休会，摆脱了议会的反对，接着在 1686 全年里着手解救他的教友们。首先，他意欲废除对付军中天主教徒的《宣誓法》。他所咨询的法官们都反对。但经过多次撤换之后，法官们面目翻新，安排了黑尔斯诉戈登的判例案件。任命为朴次茅斯总督的天主教徒黑尔斯被他的车夫戈登串通起诉，而告密者戈登因举报违反《宣誓法》的人，要求获得 500 英镑的赏格。黑尔斯请求以国王赦免权作为辩护。法庭予以批准。詹姆斯有恃无恐，特许帕特尼地

方的副牧师继续任职，尽管后者已经成为天主教徒。同时，詹姆斯
把信奉天主教的上院议员安插进枢密院。更有甚者，他建立了一个
教士委员会，和被"长期议会"取消的旧高等宗教事务法庭大同小异，
主要职能是防止圣公会教士进行反对天主教的布道。康普顿主教早
已被挤出枢密院，此时被停止履行伦敦主教的职责。

这些行动令全国不安。詹姆斯为了恢复天主教而采取了专制手
段，这比专制制度本身更可怕。律师们发现，成文法和王权之间发
生了直接冲突。更主要的是，他们要求国王不仅服从法律，而且要
服从议会制定的法律，即成文法。普通法律师都拥护这个新要求。

到年底，詹姆斯已经赶走了他的许多忠实朋友，弄得人心惶惶。
曾经保护他免受《排斥法案》束缚的哈利法克斯，此时正在乡下盘
算。1684年刚刚从伦敦塔释放出来的丹比，不得已丢掉了对教会和
国王的幻想。他看出，在天主教国王的统治下，不可能实现这一套。
蒙克将军之子阿尔比马尔离开了王军。曾经忠实追随詹姆斯反对蒙
默思和阿盖尔的议会如再次召集，肯定发生争吵。上下两院议员们
在他们的佃户中间任职，郁郁寡欢，忧心忡忡。合法性的支柱、积
极主张不犯上的圣公会到处冒出压制不住的警报，仅凭罗切斯特伯
爵劳伦斯·海德对主教和教士们的巨大影响，才防止他们猛烈爆发。
很明显，国王本性直率果断，积极而目的明确，誓要推翻本土的宗
教信仰和宪法。

1686年、1687年这两年，詹姆斯使议会处于停摆状态，利用手
上的豁免权把天主教徒安置到关键岗位。辉格党和托利党相互靠拢。
詹姆斯正在使反对其兄的政党同热情维护其兄的政党联合起来。他
开始做大胆、狡猾而失算的政治运作。此前，他的努力目标只是拯

救天主教臣民。此时他要争取受压迫同样深的不信奉国教者的支援。如果辉格党和托利党合力，他就以天主教徒和不信奉国教者在王军支持下结成的联盟与之抗衡。威廉·佩恩是他的能干而有权威的代理人。此人是贵格派朝臣，也是大西洋彼岸宾夕法尼亚州的开创者，在当朝和上一朝统治时期均影响大。就这样，詹姆斯打破了他的王座的民族障碍，试图用杂七杂八而又不堪重负的新支柱把宝座再支撑起来。

　　1687年1月，海德兄弟相继倒台。长期以来，两人在职位上都很不幸。哥哥克拉伦登在爱尔兰被忠实追随詹姆斯的天主教徒泰康内尔伯爵所慑服，弟弟罗切斯特在白厅里被森德兰所压倒。1月7日，罗切斯特丢掉了财政大臣的职务，3天以后，克拉伦登为泰康内尔所取代。两人的朋友本来以国王的名义统治苏格兰，此时也被两名天主教徒接替。这些人事更迭标志着詹姆斯统治的第二个明确阶段。1685年底议会休会以后，保王派和圣公会教徒开始对国王产生了不满情绪。随着罗切斯特下台，发动革命的密谋便开始了。

　　詹姆斯在招兵买马。查理二世以前有7000军队，每年军费28万英镑，而詹姆斯已经有了2万多人马，每年要花费60万英镑。到1686年2月，除了卫戍部队以外，还有全副武装的3个近卫骑兵团、一个王家骑兵卫队、10个龙骑兵团、2个步兵警卫营和15个营的前线部队。詹姆斯每年夏天都在亨斯洛建立一个大兵营，在伦敦人面前炫耀武力。8月，兵营里已有约1万人。一年以后，费弗沙姆可以集中15000人马、28门大炮。国王常常到军营视察，想博得官兵的好感。他允许把带有轮子的木质小教堂拉到军营中心做弥撒，放在骑兵和步兵之间。他观看部队操练，并且同费弗沙姆、丘吉尔等将军一起进餐。他不断向军队输送信奉天主教的军官和爱尔兰新兵。约翰逊牧师写了致新教士兵的颠覆性传单，詹姆斯下令给他戴上颈手枷，从纽盖特监狱一直鞭打到泰伯恩刑场。詹姆斯为这支精兵的面貌感到欣慰，自克伦威尔时代以来，尚无如此强大的军队，国内也无人能敌。他越来越多地把天主教徒提拔到关键岗位，委任年仅18岁的贝里克公爵为朴次茅斯总督，赫尔和多佛两地的卫戍司令都是天主教徒，最后连英吉利海峡舰队的司令也是天主教徒了。

第 26 章
1688 年的革命

奥兰治亲王威廉密切注视着詹姆斯国王的一举一动。海德兄弟俩丢官不久，人品出众的荷兰人戴克维尔特作为威廉的使节到达伦敦，一是公开代他请求詹姆斯采取温和措施，一是探询反对派领袖们的口风。戴克维尔特看到所有的政治家都反对宫廷，便明确表示，他们可以指望威廉和玛丽的帮助。几个月以来，詹姆斯和天主教派一直半真半假地提出指定安妮公主为第一继承人的计划，条件是她先皈依天主教。安妮在"斗鸡场"家宅圈子里的人都是坚定的新教徒。康普顿主教是宗教引路人，约翰·丘吉尔是可靠顾问，丘吉尔夫人萨拉是她的密友。一听到有关詹姆斯这一企图的传闻，安妮的小圈子便紧密抱团了。安妮听说有人提出让她改变信仰，震惊不已，既气又怕，于是激励起了自己的殉道精神。在后来的事态中，这个紧密小圈子的坚定、忠诚，出于本性的态度发挥了重要的作用。戴克维尔特离开英国以后，约翰·丘吉尔在 1687 年 5 月 17 日致函威廉，向他保证："我签字画押，忠于宗教信仰，而个人地位和国王恩宠不在话下。我唯王命是从，只是宗教方面不行。愿上帝作证，我深知国王的恩遇，甚至乐于为他献出生命。"但他也宣布："虽然我不能做圣人，但如有机会，我决心勇于殉道。"

国王继续推行挑衅性的政策。他签署了第一项免罪令。这正是议会早就表示反对的、以王权取代了议会的法案。同时，他企图强派天主教徒去担任牛津大学莫德林学院的院长，并且驱逐了犯上的董事们，因此更为震动。7月，他计划公开欢迎教皇使节德阿达。萨默塞特公爵接到主持欢迎仪式的命令，其拒绝遵命的理由是，宗教改革运动曾经宣布，承认教皇的官员是非法行为。詹姆斯说："我凌驾法律之上。"公爵回答说："陛下确实如此，而我则不然。"因此，他立刻被撤销了一切职务。

用现代的说法，国王已经建立了政治平台，第二步便是创建政党机器，第三步是通过该机器搞定一届授权废除《宣誓法》的议会。当时选举权分布狭窄，在乡下，各郡的治安官和地方法官基本上可以控制选民，而城镇选民则可由市政当局控制。因此，国王把精力都倾注在这些方面。拒绝助他拼凑议会的治安官相继去职，其中包括许多地方的巨头，代替他们的是天主教徒或者效忠国王的人选。市政当局和地方法庭都遭到大清洗，以保证天主教徒和不信奉国教者能够有充分的代表权，甚至要保证他们的优势。政府企图迫使全部地方当局宣誓支持国王政策。将天主教徒和不信奉国教者置于圣公会教徒和保王派之上或者取代他们的过程，打破并改变了王政复辟时期确定的整个英国社会结构。这不仅激怒了极端傲慢且富有的贵族，也伤害了广大民众的感情。在反对国王的斗争中，有钱有势的阶级因此觉得赢得了无选举权民众的支持。

詹姆斯行为的辩护者们喜欢夸大英国天主教徒的数量，甚至说，经过世世代代的迫害，英国仍有八分之一的人口信奉"旧教"。但是，除了一些得宠者之外，信奉天主教的英国老家族对于国王推动他们进行的轻率冒险行动深感不安。教皇本人根据罗马教廷的政策，批评詹姆斯的政策太过急进，驻英使节也要求谨慎行事。然而詹姆斯不为所动，还加强了军队。

谈判又进行了好几个月。牧师们布道反对天主教，哈利法克斯发表了颇有说服力的《致不信奉国教者的信》（Letter to a Dissenter），以对抗国王拉拢不信奉国教者的企图。伯内特主教从海牙写信给圣公会教徒，呼吁他们坚决抵制国王的政策，别管不犯上原则。奥兰治亲王威廉也毫不隐瞒自己的观点。世界上最有权势的君主在法国奉行天主教的"宽容"政策，每天都有其不幸的受害者在英国沿海登陆，激起了举国上下恐惧天主教，仇恨天主教。各阶层和各党派都知道，英法两国的宫廷意气相投，密切合作。人们发现，自己在意的今生和来世的一切已经岌岌可危。因此他们义无反顾地走上了阴谋叛乱的道路，虽然不无犹疑与顾忌。

* * *

签订《奈梅亨条约》[1]以后的 10 年，路易十四达到其权力巅峰。英国苦于国内纷争，已经不再是欧洲事务的影响因素。哈布斯堡王朝统治的神圣罗马帝国在奥斯曼帝国入侵和匈牙利叛乱的夹攻之下，也同样瘫痪，无力插手西方事务。路易十四意识到自己的支配力，意在大规模复兴古查理曼帝国，而且把自己当作皇帝宝座的候选人。他深陷于一整套计划，要把西班牙及其在新大陆的帝国归复于法国

---

① 1678 年法荷两国在荷兰城市奈梅亨签订的和约。

国王的统治之下。他无休止地进犯邻国，1681年挥师突然渡过莱茵河，占领斯特拉斯堡。1684年，他炮击热那亚，围攻卢森堡，屯兵西班牙边界，对德意志西北部的大片领土提出主权要求。各邻国在他的无情祸害下痛苦而胆怯地龟缩起来。他猛烈打击胡格诺教派，同教皇也陷入激斗。他像整顿军队一样彻底驯服了法国的僧侣，并且掌握了教会的全部收入和资助人。他不仅要控制俗界，而且要求在许多方向控制教会。法国天主教会出于爱国主义的考虑，屈服于他的威权之下。异端者统统如胡格诺教派被消灭那样倒在重手打击之下。

在长长的教皇世系中，英诺森十一世是个杰出人物。这位出身军人的神职人员极其务实，能力超群。他的美德千秋万代，闪耀着现代性的光辉。他举止文雅，性情温和，为人仁慈，目光远大，领悟力强，却是意志坚毅，沉着大胆。他了解当时在世的所有政治家，也了解欧洲的政治力量平衡。他不赞成法国迫害新教徒，谴责以这种手段完成异教徒皈依，因为基督并没有起用武装使徒。"只能引导人们去教堂，而不应该把他们拖入教堂"。他从法国主教那里收回了全部宗教权力，发布禁止参加圣事活动和革除教籍的命令，最后加入了正在形成的反对法国霸权的全欧联盟。他一方面安抚天主教的神圣罗马帝国皇帝，但同时也结交加尔文派教徒奥兰治亲王。千百万人的心中，冲破阶级、民族、教派和自私自利的藩篱，产生了一个共同事业的感觉。这个过程很缓慢，断断续续，但毕竟稳妥地发生了。

1688年秋，英国如1642年一样，有内战迫在眉睫的态势。不过，此刻的力量组合同查理一世在诺丁汉举起战旗的时候大相径庭了。国王有了装备优良的正规大军，还有强大的炮兵。他确信自己掌握着即使不是当时最庞大的也是最精良的海军。军事上可以呼叫爱尔兰和法国的有力军事援助，凭可靠的天主教总督们掌握着主要港口和武库。王室有大量的岁入。他以为，不犯上的原则已经让圣公会瘫痪。另外，他尽量不让召集议会，以防范集体行动。反对阵营里不仅有辉格党人，而且有王室的几乎所有老朋友。参加王政复辟的人，在马斯顿荒野和内斯比为詹姆斯的父亲作战或牺牲的那些人的后代，为"神圣的权利"长期受迫害的圣公会主教和牧师所在的教会，熔毁金银餐具以充实查理一世的国库并派年轻学者参军的各大学，自身利益似乎同君主制紧密相连的贵族和地主阶级——所有这些低着头、内心燃烧的人，必须准备好以武力凛然面对国王。英国的贵族和国教从来没有像 1688 年那样受到那么严峻的考验，为民族做出那么大的贡献。他们毫不动摇，也毫不犹豫。

在这个广泛的秘密联盟中，有两种主要的政策分野。以哈利法克斯和诺丁汉为首的温和派主张谨慎行事，暂缓行动。他们说，大臣内部正在分化。没有如詹姆斯希望的那样，到处有人皈依天主教。他也永远不可能组成拥护他的议会。至今没有出现案例称得上叛国罪。温和派还告诫说，不要忘记常备军在战时招之即来的职能，要牢记塞吉穆尔①的教训，"欲速则不达"。另一方是以丹比为首的行动派。在上层人士当中，丹比最先致力于招引威廉和外国军队进入英国。丹比派有什鲁斯伯里、德文希尔等辉格党领袖。早在 1688 年春，他们就请求威廉进军。威廉回答说，在适当的时机接到英国主要政治

---

① 查理二世之子蒙默思公爵反对詹姆斯二世的叛乱，1685 年 7 月 6 日在塞吉穆尔被王军打败。

家的正式请求，就出兵。他还说，9 月份可以准备好。5 月底，就策划了全国性的叛乱阴谋，制订出详细计划。全国到处窃窃私语，神秘的人物来去无影。

军队的态度至关重要。如果部队服从命令，为国王打仗，英国将陷入内战分裂，何时终战，无人能预料。倘若军队拒绝打仗，或者以某种手段阻止部队参战，那么这些重大问题就会不流血解决。革命的总体密谋者有明确的军事核心，这一点虽无明证，却是可以肯定的。根据政治家的谋划，这个核心已经在军队中逐步形成，至少已在高级将领中形成了。军界和政界的所有密谋者的首要目标，是不用武力而能强迫国王就范。这就是丘吉尔酝酿已久的意图。同他密谋策划的有从丹吉尔撤回的两个团的柯克上校和特里劳尼上校，有统领禁卫军的格拉夫顿公爵以及奥蒙德公爵和其他一些军官。事态就这样如榔头击下了。

＊　　＊　　＊

4 月底，詹姆斯签发了第二个《大赦令》，并指示在每个教堂宣读。5 月 18 日，7 名主教在德高望重的全英主教长威廉·桑克罗夫特带领下，抗议詹姆斯如此使用赦免权。教士们服从教会上司的命令，没有宣读《大赦令》。詹姆斯见到抗命不遵的态度大发雷霆，显然对于他尽力削弱的教会竟敢背离不犯上原则感到震怒。他要求以煽动性诽谤的罪名审判闹事的主教。他的大臣森德兰为此感到震惊，极力劝说他不要采取这样极端的步骤。连大法官杰弗里斯也对克拉伦登说，国王做得太过分了。可是詹姆斯一意孤行，下令进行审判。各位主教拒绝送上门的保释，被关进伦敦塔。

人民至今仍然希望，詹姆斯国王一旦去世，会带走那些使国家不得安宁的压力。只要假定继承人玛丽或第二顺序继承人安妮登上王位，天主教君王和信仰新教的臣民之间的斗争可望停止。因此，喜欢平静生活的老百姓可以耐心静待暴君过世。不犯上原则似乎并不等于绝望。但在 6 月 10 日，审讯主教一案尚待进行时，王后生下了一个儿子。于是，英国人民前景里面临一个信奉天主教的国王谱系，而且在未来生活中绵绵若存。

以前不受欢迎、备受痛恨的主教们此时成为全国崇拜的偶像。他们登上驳船前往伦敦塔时，庞大的人群向他们欢呼致意，其中交织着敬意和政治同情。主教团也初次与伦敦百姓结盟了。主教们 6 月 15 日带回威斯敏斯特宫、6 月 29 日在法庭受审时，同样欢声雷动。审判持续到深夜，陪审团整夜聚在一起。翌日，宣判主教们"无罪"时，人们一片欢呼。当主教们离开法庭时，一生反对主教制度的人随着人群跪下，请求主教予以祝福。不过，军方的态度更为重要。詹姆斯到亨斯洛军营去看望他们，离开时听到了震耳欲聋的欢呼声。他问道："这是在喊什么？""陛下，没有什么，士兵们为主教获释而感到高兴。"詹姆斯说："这怎么能说是没有什么呢？"

当天晚上，在庆祝胜利的礼炮声和民众的狂欢声中，身为行动派领袖的 7 名领头主教聚集到什鲁斯伯里公馆，在那里签发了写给威廉的著名信件。这封信语气平静，带有公事公办的味道。信中说："如果形势的发展使殿下认为能够在今年及时赶到这里给予援助……我们联名者必将迎接阁下登陆。"落款签名的是什鲁斯伯里、丹比、拉塞尔、康普顿主教、德文希尔、亨利·西德尼和拉姆利。信件由乔装为普通水手的海军上将赫伯特交给海牙政府，信件的签署者则散布到岛国各地，目的是要对国王发动战争。什鲁斯伯里原来是天主教徒，后来改信新教。他抵押了自己的庄园，筹得 4 万英镑，然后渡海去同威廉会合。丹比着手动员约克郡支持者。康普顿到北方"去见他的姐妹们"。自 1685 年以来一直在查茨沃思隐居的德文希尔，将他的佃户组成一个骑兵团。斯图亚特王朝男性继承人的出世对威廉的野心是沉重的打击，他喊道："此时不动手，更待何时！"于是他开始准备远征英国。

小王子的出生对全国人民的希望是残酷的一击。人们听到消息，不管是真心还是故意，普遍表示不相信。一开始就有人怀疑王后婚后多年方才有喜的真实性。天主教徒祈祷，乞求并很有把握地预言说，王后将诞下男孩。人们因此纷纷断定，此事大有文章。官方点燃的篝火之余烬尚未从街上清除，有关一个孩子被装在长柄暖床器里偷偷地带进圣詹姆斯宫的传说便不胫而走。由于詹姆斯缺乏先见之明，婴儿出生时在场的人多半是天主教徒、天主教徒的妻子和外国人。坎特伯雷大主教没有在场，那天他已经被带到伦敦塔内了。海德兄弟二人都没有接到入宫的通知，他们是枢密院成员，是詹姆斯的内兄和两位拥有王位继承权的公主的舅舅，婴儿出生时理应在场。对威廉负有特殊职责的荷兰大使也没有接到邀请。也许更重要的是，安妮公主也不在场，她当时和丘吉尔一家正在巴斯。必须证明婴儿是假王子，这是国家命运攸关的。英国新教徒真诚坚持合法继承原则，因此只有这个手段来避免天主教徒继承王位的不堪现实。他们把长柄炭炉的传说供起来，当作衡量政治信念的根本准绳。直到多事之秋过去之后，直到这个问题已经没有任何实际价值的时候，他们才加以放弃。

8 月，丘吉尔向威廉重申了他在一年零三个月以前作出的保证，给威廉写了亲笔信。这封信至今还保存着，当时如果泄露出去，他一定性命难保。信中写道："西德尼先生将向您介绍我的意向，我认为这是对上帝和祖国应尽的义务。我冒昧把自己的名节托于殿下之手，自信无虞。倘若您认为我还应做出其他努力，请尽管吩咐，自当完全遵命，因为我决心献身于上帝赐予您意志和力量以保护的宗教。"可是，这位当时担任属下的非凡人物，却仍然担任着他在军内的一切职务，而且无疑打算在时机成熟之时利用他对部队的影响反对詹姆斯国王。他希望通过这种方式迫使国王屈服，或者剥夺其一切抵抗手段。他目的真诚，手腕高超。他似乎真的在指挥作战。而且，密谋活动中，欺诈手段是必不可少的。

在大海对岸，率领荷兰军队和舰队的奥兰治亲王威廉，每天密切注视着集结的法国大军。他部下有 6 个英格兰苏格兰团，是远征军的核心主力。欧洲新教国家和英国都把威廉视为它们反对路易暴政和侵略的先锋。可是在入侵英国之前，他必须得到荷兰议会的许可。在法国大军磨刀霍霍、待命出击之时，很难使惶恐不安的荷兰市民和面临威胁的德意志公侯们相信，只有把荷兰军队派往英国，他们才能得到最大的安全机会。不过，威廉说服了勃兰登堡的腓特烈三世，从他那里得到一支由朔姆贝格元帅指挥的部队。其他德意志公侯对普鲁士的看法持默许态度。大多数信奉天主教的西班牙人把政治放在宗教之上，因而毫不犹豫试图推翻信仰天主教的国王。教皇使神圣罗马帝国皇帝消除了宗教方面的顾虑。于是各种不同的利益和信念统一起来，形成远大的战略目标，这只有对共同危险有深刻认识之时才会产生。

然而，万事取决于法国如何行动。如果法军进攻荷兰，威廉和荷兰就必须举国迎敌，那么英国只好自求多福了。相反，如果路易在勃兰登堡进攻莱茵河和德意志诸邦同盟，那么威廉的远征军就可以出海。路易十四到了最后一刻还在卖关子。假如詹姆斯最终愿意同法国结盟，路易一定会入侵荷兰。不过詹姆斯既有狂热的宗教情绪，又有爱国主义的自尊心，一直举棋不定，以至荷兰人以为他和法国人结盟，而法国人则以为他同荷兰人结盟。因此路易十四断定，上上策是希望英国内战无暇顾及欧洲事务。9 月底，他挥军突过莱茵河中段。此时威廉免除了后顾之忧，荷兰议会授权他登陆英国。于是，詹姆斯的死期到了。

       *   *   *

秋月过去，岛国群情涌动，局势更趋紧张。全国主要力量参加的重大密谋活动正在绷紧的事态下起起伏伏。詹姆斯企图从泰康内尔为他征召的爱尔兰天主教军队中抽调几个团到英格兰，这引发了危险的征兆，计划只好作罢。各个阶级对爱尔兰人和天主教徒的仇恨和恐惧，在一首侮辱嘲弄的民间谣曲《丽丽伯列洛》中表现出来。该谣曲就像后来的第一次世界大战军歌《蒂珀雷里之歌》一样家喻户晓，让隐晦的战争信息深入人心。这顺口溜出于沃顿勋爵之笔，他十分了解黎民百姓，熟知他们的思想和表达方式。是否与威廉有关系，无法证明，更没有提及入侵和叛乱。可是齐声吟唱的悦耳声音深深打动了军队。伯内特主教说，"没有亲眼看见的人是想象不出来的"。人人都在观察风向，见风使舵。全国各地谣言四起，传说爱尔兰人要来了，法国人要来了，天主教徒打算对新教徒进行大屠杀，英王国已经卖给路易十四。总之，一切都不保险了，也无人值得信任。法律、宪法、教会——一切都岌岌可危。好在救星将出。只要东风一起，他就会率领雷霆大军渡海而来，把英国从天主教的奴役之下拯救出来。沃顿写了名义上针对泰康内尔的两行诗，产生了新的意义，反其意而用之：

哦，为何他久久不来？

凭良心啊！这是一股新教之风。

这股新教之风吹入人们的心田，阵阵袭来，势成强烈的风暴，不久将吹过北海！

威廉的大规模备战工作和英国各地令人惊诧的群情，吓坏了森德兰和杰弗里斯。两位大臣劝说国王拨乱反正，建议立即召集议会，停止实行后续咄咄逼人的天主教措施，同国教讲和。10月3日，詹姆斯同意取消教士委员会，关闭天主教神学院，恢复马格达伦学院内的新教评议会员，实行不利于天主教徒和不信奉国教者的《统一法例》(the Act of Uniformity)。已经撤职的治安官应邀去各郡复职，不听话的市又得到自治的特许权，还恳求主教们捐弃前嫌，并敦促托利党绅士重返地方法官的旧任。在执政的最后几个月里，詹姆斯被迫放弃他亲手举起的战旗，牺牲他的一切目标，企图平息他激起的怒潮，可为时已晚。

10月19日，威廉扬帆出征。他的军队人数不多，却是欧洲新教徒各国的缩影，其中有荷兰人、瑞典人，丹麦人、普鲁士人、英格兰人、苏格兰人，还有一队孤独且勇于献身的法国胡格诺教派。远征军共有14000人，乘坐500来艘船只，由60艘战舰护航。威廉计划在英格兰北部登陆，丹比等贵族在那里等候加入。可是他被风吹了回去，然后又被吹过多佛海峡，在英法两岸的众目睽睽之下通过。11 月 5 日，他在德文郡沿海的托贝登陆。有人告诉他这天是"火药阴谋"的周年日，他便对伯内特说："这回你相信宿命论了吧？"

詹姆斯闻讯，起初并不惊慌失措，他打算把威廉困在西部地区，并阻滞威廉的海上交通。詹姆斯把派往约克郡的部队调回到南方，指定索尔兹伯里为王军的集结点。在这危急关头，詹姆斯竟然能调动克伦威尔在极盛时期所拥有的那么多的军队。他养的正规军将近 4 万人，大约 4000 名苏格兰士兵刚刚到达卡莱尔，3000 名爱尔兰士兵大部分尚未赶到切斯特。此外，至少还要留下 7000 人保卫伦敦。即便如此，詹姆斯 11 月 19 日抵达索尔兹伯里时，已经有 25000 名官兵云集周围，几乎等于威廉远征军的两倍。英国以前从未有过如此训练有素的常备大军。

不过，许多人相继背叛，给可悲的君主以沉重打击。克拉伦登伯爵的长子康伯里勋爵是王家龙骑兵的军官，尽力率 3 个骑兵团投奔威廉帐下。詹姆斯接到多方的警告，考虑逮捕丘吉尔。丘吉尔和格拉夫顿公爵企图带领大批人马投降不果，便在 11 月 23 日夜晚率 400 多名军官和骑兵逃离王军营地。与此同时，安妮公主在萨拉·丘吉尔的伺候下，由康普顿主教带着逃出白厅，急速北上。这时，全国各地叛乱四起。丹比在约克郡，德文希尔在德比郡，德拉米尔在柴郡，都揭竿而起。巴斯勋爵把普利茅斯献给了威廉。后来成为海军上将的乔治·宾以舰长们的代表身份来到威廉的司令部，向他报告说，英国海军和朴次茅斯听候命令。一个城市接着一个城市发生叛乱。一次自发的大骚动，英格兰民族就这样抛弃了詹姆斯。

国王发现组织抵抗不可能了，便召集仍在伦敦的上院议员和枢密院成员开会，听从建议，开始同奥兰治亲王谈判，同时远征军继续向伦敦挺进。詹姆斯将王后母子送往国外，自己于12月11日夜溜出白厅王宫，渡河，骑马到了海边。他努力把国家推入无政府状态。他把国玺扔进泰晤士河，传令费弗沙姆解散军队，去达特茅斯，在那里随便找一些船只渡海爱尔兰。全国上下广泛传言说，爱尔兰有大屠杀现象。伦敦暴民抢劫了外国大使馆，恐怖气氛席卷首都，那夜史称"爱尔兰之夜"。枢密院仍在伦敦行使职权，不采取坚决行动，伦敦无疑会陷入一片混乱之中。他们克服种种困难，平息了这场风暴，然后请求威廉速进军伦敦，承认威廉的权威了。

　　詹姆斯已经逃到船上，但没赶上涨潮，被渔民和市民抓住拖到岸上，押回伦敦。过了好几天痛苦的焦虑，他再度出逃。这一次他得以永久离开英国国土。这位行动失策的国王在下台逃亡之时灰溜溜的，然而历史为他恢复了尊严。他为宗教做出的牺牲使自己赢得了天主教会的长期爱戴，在终身流亡中，他一直保持着君主的尊严和气节。

尾 注

第 1 章

1. *The Reformation of the Sixteenth Century*, ed. C. Beard（1927）, pp. 298—299.

第 3 章

1. A. F. Pollard, *Henry VIII*（*1919*）, pp. 39—40.

第 5 章

1. 求恩祈祷文是依国王指定, 教堂会众为某人、某事求恩的祈祷。

第 9 章

1. Laughton, *Defeat of the Spanish Armada*（Navy Records Society, 1894）, vol. i, p. 273.

第 13 章

1. Ranke, *History of England*, vol. i, p. 537.

第 14 章

1. 写作于 1938 年。

第 15 章

1. Ranke, *History of English*, vol. ii, p. 287.

第 16 章

1. Ranke, *History of England*, vol. ii, p. 394.

第 17 章

1. Gardiner, *History of the Great Civil War* (*1901*), vol. i, p. 371.

第 18 章

1. G. M. Young, *Charles I and Cromwell*.

2. G. M. Young, *Charles I and Cromwell*, p. 67.

3. Gardiner, *History of the Great Civil War* (*1901*), vol. iv, p. 23.

第 19 章

1. Thomas Carlyle, *Oliver Cromwell's Letters and Speeches*, 1846, vol. ii, pp. 59—62.

2. 写于 1938—1939 年。

第 20 章

1. G. M. Young, *Charles I and Cromwell*.

第 24 章

1. David Ogg, *England in the Reign of Charles II* (1934), pp. 609—610.

2. Ibid.

推荐阅读书目

ALDRITT, KEITH. *Churchill the Writer*: *His Life as a Man of Letters*. London: Hutchinson, 1992.

ASHLEY, MAURICE. *Churchill as Historian*. New York: Scribner, 1968.

BLACK, J. BENNETT. *Reign of Elizabeth*, *1558—1603*. New York: Oxford University Press, 1959.

BUCHOLZ, ROBERT. *Early Modern England*. MA: Blackwell, 2003.

CANNY, NICHOLAS, ED. *The Origins of Empire*. New York: Oxford University Press, 1998.

CHURCHILL, WINSTON. *Lord Randolph Churchill*. London: Library of Imperial History, 1974.

CHURCHILL, WINSTON. *Marlborough*: *His Life and Times*, *2 vols*. Chicago: University of Chicago Press, 2002.

CHURCHILL, WINSTON. *The Second World War*, *6 vols*. Boston: Houghton Mifflin, 1985—1986.

CHURCHILL, WINSTON. *The World Crisis and the Aftermath*, 5 *vols*. London: Odhams Press, 1923—1931.

DAVIES, GODFREY. *Early Stuarts, 1603—1660*. New York: Oxford University Press, 1937.

GILBERT, MARTIN. *Churchill: A Life*. New York: Holt, 1991.

GILBERT, MARTIN. *In Search of Churchill: A Historian's Journey*. Hoboken, NJ: JohnWiley, 1997.

GUY, JOHN. *Tudor England*. New York: Oxford University Press, 1990.

HIRST, DEREK. *England in Conflict*. New York: Oxford University Press, 1999.

JENKINS, ROY. *Churchill: A Biography*. New York: Farrar, Straus & Giroux, 2001.

KEEGAN, JOHN. *Winston Churchill*. New York: Viking Books, 2002.

LUKACS, JOHN. *Churchill, Visionary, Statesman, Historian*. New Haven: Yale University Press, 2002.

MACAULAY, THOMAS BABINGTON. *The History of England*. Harmondsworth: Penguin Books, 1979.

MACKIE, JOHN DUNCAN. *Earlier Tudors, 1485—1558*. New York: Oxford University Press, 1952.

MANCHESTER, WILLIAM. *The Last Lion: Winston Spencer Churchill, 2 vols*. Boston: Little Brown, 1983—1988.

MULLER, JAMES W. *Churchill as Peacemaker*. Cambridge:

Cambridge University Press, 2002.

ROSKILL, STEPHEN. *Churchill and the Admirals*. London: Pen and Sword, 1977.

SCOTT, JONATHAN. *England's Troubles*. Cambridge: Cambridge University Press, 2000.

SHARPE, J. A. *Early Modern England: A Social History*. New York: Arnold, 1997.

SOAMES, MARY. *Winston Churchill: His Life as a Painter: A Memoir by His Daughter*. Boston: Houghton Mifflin, 1990.

TREVELYAN, GEORGE MACAULEY. *A Shortened History of England*. Harmondsworth: Penguin Books, 1987.

WRIGHTSON, KEITH. *Earthly Necessities*. New Haven: Yale University Press, 2002.

译后记

　　丘吉尔的《英语民族史》，诚如作者在序言中说明的，"并不想与历史学家的专著一较高低"。他面面俱到地介绍了大英帝国版图中的所有英语民族，包括美利坚合众国。他对重大的历史事件和较大影响的帝王将相进行不厌其烦的陈述，做了鞭辟入里的分析和评论。译者认为这是本书的看点所在，也是翻译工作中需要着重斟酌的内容。译者一贯主张忠实原文，所译按照作者的思路表达出来。丘吉尔表述其深邃的思想时，往往采用超乎常人的庞大词汇量，以及比较复杂的句式，本译著在深刻理解原文的基础上进行翻译，希望能保留原汁原味。少量句子乍一看似乎费解，但思维脉络还是清晰的，相信读者反复多读几遍，定能理解个中深意。而且作者对史实的评价散布于各种句子结构之中，翻译时需小心提示，以免漏译而辜负了他的本意。例如，"他始终辅佐，或者说控制着威廉一世及其后两任皇帝，直到1890年他与年轻的威廉二世最终发生冲突而悻悻然下台"。此处"悻悻然"，原文中的"acrimoniously"赫然在目，反映了丘吉尔对前辈俾斯麦的揶揄。但我核对目前已经出版的本书其他中文版，均未发现此词。

　　本书四卷共计 1000 多页，翻译费时。有幸得到翻译教学班上一批学生的初译帮助。其中，仲丽洁完成第二卷前半本。参加初译的同学还有汪燕妮、戴海娇、肖颖、潘殊瑶，以及冯译天、谢宏桥、颜天罡、沈晓云、苏敏、温世程、汪梦瑶、胡韵娇、张秀、王恒叶、周燕、茅雨晨、熊莎、康素香、管海佳等。全部内容都是我仔细核对原文定稿的，故全权负责本书的翻译质量。

王之光

于浙大宁波理工学院外国语学院

2022 年 12 月 10 日